Konservativ –
Chance und Zukunft

Konservativ – Chance und Zukunft

Neue Aspekte für Politik, Kultur und Weltanschauung

Herausgegeben von Robert Kriechbaumer

Tyrolia-Verlag · Innsbruck-Wien-München

Das Erscheinen dieser Publikation haben gefördert:

Bundesministerium für Wissenschaft und Forschung, Wien
Amt der Salzburger Landesregierung
Kammer der Gewerblichen Wirtschaft für Salzburg

1979

ISBN 3-7022-1327-9

Satz, Druck und Buchbinderarbeit
in der Verlagsanstalt Tyrolia Gesellschaft m. b. H., Innsbruck

Inhaltsverzeichnis

Vorwort

Es gehört zu den Merkmalen der jüngeren politischen Ideengeschichte, daß im deutschen Sprachraum das Wort „konservativ" im Gegensatz etwa zum anglikanischen Bereich mit reaktionär, ewig gestrig, ja sogar faschistisch gleichgesetzt wird. Unter diesem Aspekt wird es verständlich, daß man dem Konservativismus lediglich eine Vergangenheit, jedoch keine Zukunft vorhersagte. Sprach man von einer Zukunft des Konservativismus, so meinte man damit im allgemeinen die eventuell drohende neofaschistische Gefahr. Diese Formel wurde in Mitteleuropa nach 1945 so dominant, daß sich keine Partei in diesem Raum mehr als konservativ zu bezeichnen wagte. Dieses Etikett wurde von allen Parteien stets mit Entrüstung zurückgewiesen.

Anfang der siebziger Jahre jedoch konstatierte Kurt Sontheimer einen „verstohlenen Konservativismus" und Ernst Klett bemerkte in einem vielbeachteten Aufsatz, daß man „wieder darüber sprechen" könne[1]. Und als auch die linksliberale „Zeit" auf ihrer Titelseite einen Artikel Rolf Zundels mit dem Titel „Man trägt wieder konservativ" abdruckte, erhob sich überall die Vermutung, man habe es nun mit einer „Tendenzwende" zu tun[2]. Das Zeitalter des Neokonservativismus sei angebrochen.

Welches sind nun die Ursachen des neuen Konservativismus? Vor allem zwei:

1. Die offensichtliche Nichtbewältigung gesamtgesellschaftlicher Probleme durch die Technologie und die mit ihr verbundene Fortschrittsideologie.

2. Die Frage nach dem „Sinn". Das Versagen der säkularisierten Heilslehre des Neomarxismus in den späten sechziger Jahren bewirkte die Trendumkehr vieler seiner Propheten und Förderer. Gerhard Szczesny bemerkte dazu: „Unser Abschied von der Linken ist mehr als ein Abschied vom Radikalismus der Rigoristen – es ist ein endgültiger Abschied auch vom Glauben an eine naive Freiheits- und Fortschrittsideologie."[3]

Die negative Bewertung konservativen Gedankenguts nach 1945 ergibt sich u. a. aus der Rolle des „revolutionären Konservativismus" in der intellektuellen Vorbereitung des Nationalsozialismus. Der Begriff stammt von Hugo von Hofmannsthal, der in seiner Münchner Rede 1927 diese neue geistige Bewegung ansprach. Er sprach von einer „Legion der Suchenden", die sich immer stärker zu formieren begann.

Er nannte sie „Deuter" und „Seher", in denen „das witternde, ahnende deutsche Wesen" wieder hervortritt, „witternd nach Urnatur im Menschen und in der Welt, deutend die Seelen und die Leiber, die Gesichter und die Geschichte, deutend die Siedlung und die Sitte, die Landschaft und den Stamm; Schriftleser, Handleser, Sternleser – und die Wucht der Erfahrung oder die Not der Jugend löst ihnen das Wort vom Munde, der Wirbel die Vielheit oder die Ergriffenheit vor dem einzelnen. Um sie ist ein Kreisen von Begegnenden und Mitgerissenen, von Sektierern aller Sorten . . . dies alles kreist mit – aber wo Wirbel sind, dort ist Kraft wirksam, Wirbel ziehen Wirbel an sich zu stärkerem Kreisen, und es gibt den Geist nicht, der sich der saugenden Kraft dieses Feldes von ringenden Wirbeln entzöge, es wäre denn ein Abgestorbener."[4]

Hofmannsthal hatte damals die Faszination und Bedeutung dieser Bewegung erkannt, welche in Ernst Jünger, Arthur Moeller van den Bruck und Edgar Jung ihre bekanntesten Vertreter hatte. Sah Jung in den gegenwärtigen politischen Verhältnissen der Weimarer Republik lediglich die „Herrschaft der Minderwertigen", so sprach Moeller van den Bruck vom Kommen des Dritten Reiches. Jünger interpretierte seine Zeit aus einem metaphysischen Geschichtsbild heraus, das dem Chaos Sinn verleihen sollte. Hinter den Erscheinungen sah er die treibende Kraft jenes metaphysischen Weltganges, das Schicksal schlechthin. Das hinter allem stehende Schicksal ordnete für ihn die Bewegung der Kräfte zu einem höheren Sinn hin, dem „Schicksalsraum". Hier wurde für ihn erst die Sinnfrage sichtbar. Auf der Suche nach dem Sinn des anscheinend Sinnlosen, Fragestellung einer ganzen Generation, wandte sich deren bedeutendster Wortführer vom Bereich des logisch-diskursiven Denkens ab und floh in eine irrationale Grundposition.

Der revolutionäre Konservativismus war nicht revolutionär im Sinne einer sozialen Emanzipationsbewegung gewesen, sondern sein Revolutionsbegriff schloß die Umwandlung der Sozialordnung aus. „Werden ihre Inhalte beurteilt, so erweist sich die konservative Revolution als machtpolitisch orientierte Reaktion gegen die Demokratisierung einerseits, als Rechtfertigungslehre eines bestimmten, bereits existierenden Gesellschaftssystems andererseits." [5]

Was aber machte dann diese Bewegung revolutionär? Es war vor allem ihre Definition von Staat und Gesellschaft, welche nicht mehr auf der traditionellen Perspektive des Konservativismus beruhte, also der Analyse des Bestehenden, sondern visionär wurde und sich selber als Typus der kommenden Führerschicht verstand. Damit waren aber einige Grundzüge konservativen Denkens zumindest tendenziell so weit in die Geschichte zurückverlegt, daß der Versuch ihrer Reaktivierung unter den Bedingungen der Weimarer Republik einer Revolution gleichkam. Damit hatte man für einen „gegenrevolutionären Eingriff in den geschichtlichen Prozeß" optiert [6].

Das Trauma des Zweiten Weltkrieges ließ bei den bürgerlichen Parteien Mitteleuropas die Diskussion um konservative Elemente der eigenen Programmatik fast völlig verschwinden. „Für das allgemeine Bewußtsein ... hatte der Konservativismus seine ideologische Unschuld verloren." [7]

Die Flucht in den Pragmatismus kam einer weit verbreiteten Grundstimmung entgegen, welche man als direkte Resultante des Weltkrieges betrachten kann. Diese Flucht in einen hektischen Pragmatismus, dessen oberste Maxime das Funktionieren des Wiederbelebten schien, verbannte jeden Versuch einer Rekonstruktion konservativen Gedankenguts. Das Erfolgskonzept der konservativen Gruppen in der Tagespolitik sollte sich in den folgenden zwanzig Jahren bewähren. Erst die Studentenbewegung der ausgehenden sechziger Jahre brachte eine Reideologisierung der Politik.

Die Studentenbewegung bedeutete zunächst das radikale Infragestellen des Pragmatismus und die neuerliche Akzentuierung der Sinnfrage in der Politik. Die von Marx ausgehende Gesellschaftskritik einer neuen Generation deckte die (vermeintlichen) Schwächen der bestehenden Strukturen auf. Im Zuge dieser Reideologisierung der Politik wurden Begriffe wie progressiv, sozialistisch, emanzipatorisch und konservativ neu diskutiert und etikettiert.

Ausgehend von Mannheims Analyse des konservativen Denkens wurde Konservativismus als ein „spezifisch historisches und modernes Phänomen“ definiert[8]. Mannheim bezeichnete Konservativismus als Reaktion auf die Emanzipationsbewegung der Aufklärung und ordnete sie soziologisch zunächst dem Adel zu. Der Liberalismus wurde der Bourgeoisie, der Sozialismus und Marxismus dem Proletariat und der Konservativismus dem Adel zugeordnet. Damit war der Konservativismus unlöslich mit Feudalismus, ancien regime, Großgrundbesitz und ständestaatlicher Ordnung verbunden. „Er wird zum unversöhnlichen Widersacher des Mittelstandes, der Arbeiterschaft, der industriellen Entwicklung, der Demokratie, des Liberalismus und Individualismus.“[9] Der historischen Entwicklung der kapitalistischen Ordnung gemäß erweiterte sich jedoch der Konservativismus nach Mannheim allmählich zu einem allgemeinen systemstabilisierenden Faktor der an der bestehenden Gesellschaftsstruktur profitierenden Kreise, welche sich im 19. Jahrhundert nach unten erweiterten. Soziologisch gesehen sind nach Mannheim somit im späten 19. Jahrhundert Adel, Großbürgertum, Beamte und Armee die Träger des Konservativismus. Ausläufer dieser Bewegung sind Bauerntum und Kleinbürgertum.

Entsprechend dem systemstabilisierenden Interesse der oben genannten Gruppen ist nach Mannheim der Konservativismus ein Phänomen, welches zwar auf wesentlich sozio-ökonomische Wurzeln zurückgeht, diese materiellen Interessen jedoch durch eine metaphysische Interpretation der Geschichte überdeckt[10]. Die Bedrohung durch die Emanzipationsbewegung von unten bewirkte schließlich die metaphysische Rechtfertigung der bestehenden Institutionen durch die in ihrer sozialen und politischen Position gefährdeten Schichten. „Hätten sich nicht bestimmte Schichten in ihrer sozialen Existenz bedroht gefühlt und nicht das Erlebnis der Möglichkeit des Unterganges ihrer Welt empfunden, so wäre auch nicht jene lebendige Beziehung zustande gekommen, in der sympathetisch das Werden der historischen Gebilde erfaßt wird.“[11] Horkheimer definierte diesen Zustand später als eine perpetuierte Versklavung des Menschen[12]. Der Bogen wurde von der Reaktion auf 1789 bis in die Gegenwart gespannt und das historische Kontinuum herausgehoben und damit zum Fetisch des einsetzenden Kritizismus. Adel und sich emanzipierendes Bürgertum wurden damit zu jenen Trägern des Konservativismus, an denen sich exemplarisch der Tatbestand der Emanzipationsfeindlichkeit demonstrieren ließ. Parallel zur neomarxistischen Kritik an der bestehenden bürgerlich-demokratischen Gesellschaftsordnung wurden bestimmte Trägergruppen derselben abstrahiert und gleichsam zu einer metaphysischen Komponente des historischen Prozesses erhoben. Der politische Tageskampf akzentuierte diesen aufgezeigten Tatbestand noch erheblich. Von den nach der Macht strebenden Gruppen wurde der Begriff „konservativ“ zu einem wirksamen diffamierenden Vokabel der politischen Propaganda. Dabei kam der Umstand zu Hilfe, daß man sich bei den Nachfolgeorganisationen der ehemaligen konservativen Parteien nicht um eine Revitalisierung des Begriffs „konservativ“ bemüht hatte. Der Begriff wurde zu einer Leerformel, welche man im politischen Tageskampf beliebig verwenden konnte. Um dem Geruch der Rückschrittlichkeit zu entkommen, distanzierten sich die christlichsozialen Parteien in Deutschland und Österreich vom Begriff „konservativ“ und ersetzten ihn durch jenen der „Mitte“. Diese Entwicklung traf nun um die Mitte der sechziger Jahre mit der beginnenden Erschütterung des religiösen Universalanspruchs „der

Naturwissenschaft als theoretischer Erklärung der Welt und ihrer menschlichen Probleme" zusammen[13]. Der Optimismus der Zukunftsvision wich einer allmählich immer stärker werdenden Skepsis.

Die Berichte des Club of Rome, die Diskussion um den Begriff der Lebensqualität sowie die immer stärker in den Vordergrund drängenden sozialpsychologischen Probleme trafen mit den Bemühungen um eine „Rekonstruktion des Konservativismus" zusammen[14]. Die Aktualität konservativen Denkens wurde über die politischen Lager hinweg erkannt. Christoph Allmayer-Beck hatte diesen Umstand bereits 1959 diagnostiziert, als er schrieb: „Die gesellschaftliche Nivellierung, vor allem die Depossedierung des Adels, die Zerschlagung des alten Mittelstandes und andererseits der materielle Aufstieg der früher minderbemittelten Volksschichten hat dazu geführt, daß der Konservativismus heute sich nicht mehr nur auf eine sozial abgrenzbare Schicht erstreckt. Mehr als je ist er zu einer ‚überparteilichen', ‚unorganisierten' Bewegung geworden, zu einem fast allgemein verbreiteten Bedürfnis, dem auch im politischen Tageskampf die Parteien der verschiedenen Richtungen Rechnung zu tragen gezwungen sind. *Man* sehnt sich nach Ruhe, *man* ist weiterer Experimente müde, *man* will nicht mehr oder minder spärliche Reste, die man aus den zurückliegenden Katastrophen noch retten konnte, nicht noch einmal für irgendeine neue Heilslehre aufs Spiel setzen, *man* wünscht sich nur noch Sicherheit."[15] Die Renaissance des konservativen Denkens erfolgte in den siebziger Jahren nicht durch verschiedene politische Parteien, sondern zum Großteil von jenen Intellektuellen, welche zu einem erheblichen Teil auf der Seite der hemmungslosen Fortschrittsideologie gestanden waren. Lübbe, Topitsch und Szczesny warnten vor einem neuen Totalitarismus, der unter dem Deckmantel des Fortschritts und der Emanzipation einherschreitet. Während sich die christlich-demokratischen Parteien Mitteleuropas in einem emphatischen Nacherleben des Traumas der verlorenen Macht ergingen, hoben einige ihre Stimme, um vor einer kollektiven Kapitulation zu warnen. Golo Mann etwa wandte sich mit der Feststellung gegen den blinden Progressismus, daß man eben auch den Mut haben müsse, sich gegen den Zeitgeist zu stellen. „Es gibt ein französisches Bonmot: ‚Wenn der Deutsche graziös sein will, dann springt er zum Fenster hinaus.' Was *wirft* er nicht alles hinaus, wenn er progressiv sein will . . . Was uns droht, ist ein neues Zeitalter der Kapitulation. An der Spitze bleiben, zumal, wenn man selber nicht mehr der Jüngste ist; um Gottes willen den Anschluß an den stürmisch fortschreitenden Zeitgeist nicht verlieren! – Ich denke, dies Risiko muß man auf sich nehmen."[16]

In Österreich galt Heinrich Drimmel 1970 noch als einsamer Rufer in der Wüste, als er auf die „maßlose Eskalation des revolutionären Prinzips" im 20. Jahrhundert hinwies, dem kein konservatives Prinzip mehr entgegengesetzt werde, sondern lediglich eine „aus verschiedenen Ursachen stammende Trägheit, die retardiert"[17].

Die aktuelle Diskussion des Begriffs des Konservativismus befreite ihn aus seiner bisherigen Einengung auf eine bloße Rechtfertigungs- oder Restaurationsideologie. Es erhob sich nun die Frage, ob denn Konservativismus notwendigerweise mit den Interessen einer bestimmten sozialen oder ökonomischen Gruppe verbunden sei. Oder ist Konservativismus nicht eine Frage des „Willens und der Intelligenz", wie Russell Kirk,

der führende Vertreter der „New Conservatives", formulierte[18]? Wenn man dies akzeptierte, so ergab sich die letzte Frage: Gibt es eine konservative Theorie?
Die bisher vorliegende Konservativismusliteratur verneint diese Frage zum überwiegenden Teil. Es gibt wohl in der Tat keine geschlossene und einheitliche Theorie im Sinne eines ahistorischen metaphysischen Systems. „Die Frage, ob eine bestimmte politische Handlung ‚konservativ' ist, läßt sich nicht anhand eines überzeitlichen Konservativismus-Schemas beantworten. Der Konservativismus ist kein Naturgesetz. Eine bestimmte politische Handlung läßt sich erst aus dem Strukturzusammenhang, in dem sie einzuordnen ist, als konservativ oder progressiv qualifizieren." [19] Konservativismus ist somit eine Antwort auf bestimmte, in der historischen Entwicklung, wenn auch unter jeweils geänderten Bedingungen, immer wiederkehrende Situationen, die man als einen fundamentalen Angriff auf etablierte Institutionen charakterisieren kann. Es gibt kein konservatives Utopia, es ist auch niemals beschrieben worden. Deshalb gibt es auch kein konservatives Ideal, sondern nur die situationsgebundene Reaktion auf die drohende Revolution. Dies bedeutet jedoch weder, daß der Konservative der Veränderung prinzipiell feindlich gegenübersteht noch ein intellektuelles Defizit seiner Vertreter. „Der Konservativismus ist die geistige Grundlage der dauernden institutionellen Voraussetzungen menschlicher Existenz. Er besitzt eine notwendige und wichtige Funktion. Er ist die rationale Verteidigung des Seins vor dem Bewußtsein, der Ordnung vor dem Chaos. Wenn die Fundamente der Gesellschaft bedroht sind, erinnert die konservative Ideologie den Menschen an die Notwendigkeit seiner Institutionen und daran, daß die bestehenden wünschenswert sind. Nicht alle Ideologien müssen ideationaler Natur sein. Die Theorie des Konservativismus ist von anderer Art und erfüllt einen anderen Zweck als andere politische Theorien, dennoch ist sie eine Theorie. Konservativismus bedeutet nicht einfach Abwesenheit von Wandel. Er ist der klar erkennbare, systematische, theoretische Widerstand gegen einen bestimmten Wandel." [20]
Seine Position bezieht dieses konservative Denken aus der Einsicht, daß es „keine Heilslehre und kein Weg zur Erlösung von allem Übel" ist[21]. Es ist vielmehr ein Bewußtsein von der Notwendigkeit einer gewissen gesellschaftlichen Stabilität, der rationalen Burk'schen Reflexion[22]. Dies vor allem deshalb, da die Vernunft mit Sicherheit nicht mehr exklusiv progressiv ist. Sie ist nüchterner geworden durch den Verlust ihrer revolutionären Unschuld.
Die im folgenden wiedergegebenen Versuche zum Thema des Konservativismus gehen auf eine Vortragsreihe zurück, welche der Herausgeber in Zusammenarbeit mit dem ORF-Landesstudio Salzburg 1973/75 veranstaltete. Sie versuchen dem Thema in seiner Vielschichtigkeit gerecht zu werden und damit einen Beitrag zur aktuellen Diskussion zu liefern.

Salzburg, im Sommer 1978. *Robert Kriechbaumer*

Anmerkungen

1 Evangelische Kommentare. 4. Jg. 1971, 413.
Merkur. 25. Jg. 1971, 841.
2 Rolf Zundel, Man trägt wieder konservativ. In: Die Zeit 29. 3. 1974, 1.
3 Gerhard Szczesny, Das sogenannte Gute. Vom Unvermögen der Ideologen. Reinbek bei Hamburg 1974, 23.
4 Hugo von Hofmannsthal, Ausgewählte Werke 2 Bde. Wien o. J., Band II, 734f.
5 Heide Gerstenberger, Der revolutionäre Konservativismus. In: Sozialwissenschaftliche Abhandlungen. Heft 14. Berlin 1969, 35.
6 Klaus Fritzsche, Konservatismus. In: Handbuch Politischer Theorien und Ideologien. Hrsg. v. Franz Neumann. Reinbek bei Hamburg 1977, 65–105, 82.
7 Hans Gerd Schumann (Hrsg.), Konservativismus. Köln 1974, 13.
8 Karl Mannheim, Das konservative Denken. In: Ders., Wissenssoziologie. Berlin/Neuwied 1964, 412.
9 Samuel Huntington, Konservatismus als Ideologie. In: Konservativismus. Hrsg. v. Hans Gerd Schumann, 89–111, 89.
10 Vgl. dazu Martin Greiffenhagen, Das Dilemma des Konservativismus in Deutschland. München 1971.
11 Mannheim, a.a.O., 469.
12 Max Horkheimer, Traditionelle und kritische Theorie. Frankfurt am Main 1968, 32.
13 Helmut Schelsky, Die Arbeit tun die anderen. Klassenkampf und Priesterherrschaft der Intellektuellen. Opladen 1975, 62.
14 Vgl. besonders Gerd-Klaus Kaltenbrunner, Rekonstruktion des Konservatismus. Freiburg i. Breisgau 1972.
15 Christoph Allmayer-Beck, Der Konservativismus in Österreich. München 1959, 71.
16 Golo Mann, Wenn der Deutsche progressiv sein will . . . In: Süddeutsche Zeitung Nr. 126, 2./3. Juni 1973.
17 Heinrich Drimmel, Der konservative Mensch und die Revolution. Wien/München 1970, 77.
18 Russell Kirk, A Program for Conservatives. Chicago 1954, 22.
19 Wilhelm Ribhegge, Konservativismus. Versuch zu einer kritisch-historischen Theorie. In: Konservativismus. Hrsg. v. H. G. Schumann. 112–137, 118.
20 Samuel Huntington, Konservatismus als Ideologie. In: Konservativismus. Hrsg. v. H. G. Schumann. 89–111, 95.
21 Gerd-Klaus Kaltenbrunner, Rekonstruktion des Konservatismus. Freiburg i. Br. 1972, 53.
22 Vgl. Waldemar Besson, Um einen deutschen Edmund Burke bittend. In: Monat. Nr. 22, 1970, Heft 265, 81–84.

Erika Weinzierl

Konservativismus in Österreich

Als der Bundeskanzler der ersten ÖVP-Alleinregierung seit 1945, Josef Klaus, am 22. April 1970 sein Amt seinem sozialistischen Nachfolger Bruno Kreisky übergab, nannte er diesem die Namen einiger Vorgänger, deren Werk sich jeder österreichische Regierungschef würdig zu erweisen habe: Kaunitz und Metternich, Seipel und Schober, Raab und Gorbach. Es steht wohl außer Zweifel, daß alle Genannten – der Großdeutsche Schober und Klaus selbst eingeschlossen – als Konservative angesehen werden können. Ebenso ist es aber auch evident, daß diese Männer sehr unterschiedliche Positionen vertreten haben, wie groß – auch von der transformierenden Komponente Zeit abgesehen – die Bandbreite des Konservativismus selbst in der kleinen Republik Österreich ist. Dieses Problem bereitet allen Wissenschaftlern, die sich mit Konservativismus beschäftigen, große Schwierigkeiten, wenn auch die Feststellung Gerd-Klaus Kaltenbrunners, daß nach wie vor Ungewißheit darüber herrscht, was Konservativismus überhaupt sei, da das, was jeweils konservativ ist, sich je verschieden nach der geschichtlichen Lage und den nationalen Bedingungen bestimmt, wohl etwas überzogen ist. Sicher ist jedenfalls, daß die Beschäftigung mit ihm eine besonders sorgfältige Differenzierung erfordert. Das Bemühen um sie steht auch hinter den zahlreichen, zum Teil einander widersprechenden Versuchen einer Begriffsklärung und Kategorienbildung des Konservativismus, wovon noch zu sprechen sein wird.

Hier sei zunächst im Anschluß an Karl Mannheim und Fritz Valjavec davon ausgegangen, daß Konservativismus wie jede säkulare politische Bewegung eine zeitlose Grundhaltung des Menschen ist, der bestimmte geschichtliche und soziale Situationen eine selbständige geistige und politische Ausprägung verleihen. Die Aufklärung, in Kontinentaleuropa die eigentliche Entstehungszeit politischer Strömungen als Vorstufen politischer Parteien, hat daher eine schon längst vorhandene traditionalistische Haltung ins Bewußte gesteigert, welche die Artikulation konservativer Anschauungen bewirkt. Die österreichische Form der Aufklärung ist der *Josephinismus,* in dem es schon vor 1789 einen radikal fortschrittlichen und einen konservativen Flügel gegeben hat. Nach 1780 ist eine deutliche Verstärkung beider Tendenzen feststellbar. Im Mittelpunkt jedweden josephinischen Denkens stand jedoch der Staat, dem eine entscheidende sozialreformerische Rolle zugeschrieben wurde. Der leider viel zu früh verstorbene deutsche Historiker Valjavec hat daher mit Recht die Frage aufgeworfen, ob nicht das Interesse für die soziale Frage in Österreich sowohl bei den frühen Katholisch-Konservativen als auch bei den Sozialdemokraten unter anderem auch im Josephinismus wurzele. Darüber hinaus war der Josephinismus trotz seiner starken Staatsgläubigkeit der Nährboden für den Liberalismus, der seinerseits wieder die Basis für alle politischen Massenparteien dieses Landes war.

Die Radikalisierung der Französischen Revolution hat dann in Österreich relativ rasch eine Wende bewirkt. Von den neunziger Jahren des 18. Jahrhunderts bis 1848 war offiziell der Konservativismus die herrschende politische Kraft. Seine Ideologie war von der katholischen Romantik geprägt, für die Wien zur Zeit des Kampfes gegen Napoleon geradezu ein europäisches Zentrum geworden war. Baader, Schlegel, Müller lebten damals in Wien, gehörten mehr oder weniger intensiv dem Kreis um Klemens Maria Hofbauer an. Vieles von den Staats- und Gesellschaftstheorien – u. a. auch die ständische Idee – dieser Männer ist im letzten Viertel des 19. Jahrhunderts von Karl von Vogelsang wieder aufgenommen worden und durch ihn sowohl in der Konservativen als auch in der Christlichsozialen Partei und damit zum Teil bis in unsere Zeit wirksam geworden.

Ab 1830 ist jedoch trotz der konservativen Staatsführung vor allem im Bürgertum jener Liberalismus immer stärker geworden, der in der bürgerlichen Revolution des Jahres 1848 zum Durchbruch kam, über deren Wirkungen auf die österreichische Bevölkerung jedoch noch zu sprechen sein wird.

Nach ihrer Niederringung setzte sich die konservative Restauration im Neoabsolutismus von 1849 bis 1860 noch einmal durch. Während seiner Herrschaft wurde 1852 eine anonyme Schrift mit dem Titel „Die Alt-Konservativen in Österreich" veröffentlicht, als deren Ziele angeführt wurden: Kampf gegen Gottlosigkeit, Sozialismus, Liberalismus und Konstitutionalismus, Wiederherstellung der legitimen Landesverfassung, christliche Monarchie und ständisch gegliederte Volksvertretung.

Außenpolitische und militärische Niederlagen bewirkten den Zusammenbruch des Neoabsolutismus und damit den Beginn der liberalen Ära. Am Beginn des neuen und diesmal erfolgreichen Weges zum Verfassungsstaat steht der Kampf um das 1855 abgeschlossene Konkordat, mit dem sich der Neoabsolutismus die Stützung durch die Kirche hatte sichern wollen, und das Oktoberdiplom, die österreichische Verfassung, in der der konservative Föderalismus seine stärkste Ausprägung fand. In demselben Jahr wurde die konservative Zeitung *„Vaterland"* gegründet. In ihrem Gründungsaufruf heißt es: *„Dem Geist von 1789 gelte unser Kampf!"* Und weiter: „Wir wollen in allem auf dem Boden der erhaltenen konservativen Prinzipien stehen, wir wollen kämpfen und streiten für die Mächte des Beharrens in der materiellen und geistigen Weltordnung, für ihre Existenz, ihr Recht, ihre Interessen, weil auf sie die feindlichen Angriffe zumeist gerichtet sind."

Zu diesen Mächten gehörte damals noch unbezweifelbarer als heute die katholische Kirche. Im Kampf um ihre Ansprüche und Rechte, in der Reaktion auf die liberalen Angriffe auf sie formierten sich daher auch die konservativen Katholiken, zunächst vor allem von Adeligen geführt, zu Vorstufen einer katholischen politischen Partei in katholischen Kasinos, katholisch-politischen Volksvereinen und katholischen Studentenvereinigungen. 1869 erklärte Graf Walderndorff als Deputierter des Volksvereins für das Viertel ober dem Wiener Wald auf der Generalversammlung der Michaelsbruderschaft: „Unser Glaube und unsere Kirche beruhen nicht auf konstitutioneller Grundlage. Aber die Rechte unserer Kirche werden verletzt, wenn wir uns ferner vom konstitutionellen Leben enthalten. Wenn durch die konstitutionelle Verfassung Unheil kam, kann durch diese Verfassung geholfen werden. Zweck unseres konstitutionellen Volksvereins ist es, alle Männer zu einer Partei zu vereinigen, welche den Mut haben, offen ihre religiöse und politische Überzeugung zu bekennen."

Da es ein gemeinsames, *alle* sozialen und nationalen Gruppen umfassendes und verpflichtendes konservatives Parteiprogramm im Gegensatz zu den modernen demokratischen Massenparteien ebensowenig gab wie bei den Liberalen, kommen Aussagen dieser Art grundsätzliche Bedeutung zu. So hat z. B. das „Vaterland“, das Sprachrohr der Konservativen, die im Gegensatz zu den jüngeren Christlichsozialen das Allgemeine gleiche Wahlrecht ablehnten, mit seinem Kommentar zu den Wahlrechtsdemonstrationen der Sozialdemokraten von 1905 eine Anschauung formuliert, die da und dort auch heute noch anzutreffen ist: „Der Reichskanzler und sein Stallknecht, der Latifundienbesitzer und sein Taglöhner, der Universitätsprofessor und sein Buchbinder haben, wenn es bei den Wahlen um die Entscheidung über schwebende politische, soziale, finanzielle, kirchenpolitische usw. Fragen geht, ganz genau dasselbe Recht: eine Stimme, nicht mehr und nicht weniger. Daß dies die einzig gerechte oder gar die einzig naturgemäße politische Ordnung sei, wer möchte das wohl behaupten?“

Kehren wir aber noch einmal zu den Anfängen der *Konservativen Partei* zurück, die im Reichsrat bei ihren Gegnern sehr rasch die *„klerikal-föderalistische“* oder die *„Konkordatspartei“* genannt wurde. Sie konnte zwar die einseitige Kündigung des Konkordates durch Österreich 1870 ebensowenig verhindern wie seine praktische Annullierung durch die konfessionellen Gesetze von 1868, doch haben die starken konservativen Neigungen des Kaisers Franz Joseph die Bildung der konservativen Regierungen Potocki und Hohenwart-Schäffle Anfang der siebziger Jahre ermöglicht. Sie haben sich von ihren liberalen Vorgängern und Nachfolgern positiv durch die stärkere Berücksichtigung der Wünsche der Nationalitäten unterschieden. Die Wirtschaftskrise infolge des großen Börsenkrachs von 1873, die starke Zunahme der sozial ungeschützten Industriearbeiterschaft bei gleichzeitiger Verschuldung der Handwerker, der Kleingewerbetreibenden und Bauern erschüttern auch das Vertrauen der Wähler in die liberale Partei. Ab 1879 leitet der Jugendfreund des Kaisers, Graf Taaffe, ein Jahrzehnt eine immer stärker konservative Regierung, die 1883 die Gewerbereform durchführt und in den folgenden Jahren eine Reihe von Arbeiterschutzgesetzen – die ersten in Österreich – erläßt. Im Parlament kann sie auf die Unterstützung durch mehr als die Hälfte der Abgeordneten zählen.

Dennoch bewirkten die großen sozialen Umschichtungen Ende der achtziger Jahre die Formierung demokratischer Massenparteien: der Sozialdemokraten und Christlichsozialen. In ihrem ersten, von dem deutschen katholischen Sozialreformer Karl von Vogelsang, seit 1875 Chefredakteur des „Vaterlands“, inspirierten und dem katholischen Moraltheologen Franz Schindler formulierten Parteiprogramm von 1891 – im Jahr der ersten päpstlichen Sozialenzyklika „Rerum Novarum“ –, ist bereits klar ersichtlich, an welche Schichten sie sich wenden. Sie fordern Besteuerung des mobilen Kapitals, Reform des Wahlrechts durch Berücksichtigung der Landgemeinden, Dienstpragmatik für öffentliche Beamten, Regelung der rechtlichen Stellung der Lehrer, Gesetze zur Erhaltung eines lebenskräftigen Bauernstandes, Weiterentwicklung der Gewerbereform zum Schutz des Kleinhandels und Ausbau der Gewerbekammer.

Mit diesem Programm und dank der Führung des vor allem in Wien legendär populären Karl Lueger werden die Christlichsozialen, denen sich auch ein so prominenter konservativer Abgeordneter wie Prinz Aloys Liechtenstein anschließt, rasch die stärk-

ste katholische Partei. Ihr 1894 gegründetes Parteiorgan „Reichspost" wird vom niederen Klerus, von Beamten und Gewerbetreibenden gelesen; das nie mehr als in 4000 Exemplaren gedruckte „Vaterland" gilt dagegen als das „Bischofsblatt". 1895 scheitern die Interventionen des Außenministeriums und des hohen Klerus gegen die Christlichsozialen in Rom, deren revidiertes Programm von 1895 hat allerdings auch schon viel von den konservativen Prinzipien in sich aufgenommen. Die Partei bekennt sich als papst-, kaiser- und reichstreu. Der Kernsatz des Programms lautet: *„Die christlichsoziale Partei strebt demgemäß als Hauptziel an, das durch die unheilvolle Herrschaft des Liberalismus zerrüttete gesellschaftliche und wirtschaftliche Leben gemäß den Lehren unserer christlichen Religion zu erneuern."*
Die im Vergleich mit den Konservativen deutschnationale, antisemitische und demokratische Partei ist zu Beginn des 20. Jahrhunderts bereits die Partei der kleinen Gewerbetreibenden, der Handwerker und der Bauern, deren Interessen sie auch nachdrücklich vertritt. 1907 erfolgt der parlamentarische Zusammenschluß der Konservativen mit der Christlichsozialen Partei; 1911 wird das „Vaterland" eingestellt. Nur in Tirol hat es auch noch in der Zwischenkriegszeit eine sich als solche bezeichnende Konservative Partei gegeben.
Unter Berufung auf den Willen ihrer Wähler vor allem in Westösterreich hat die Christlichsoziale Partei dann auch im November 1918 der Ausrufung der Republik zugestimmt. Angesichts der politischen Bedeutungslosigkeit der deklariert monarchistischen Parteien – nach Wilhelm Böhm eigentlich die einzigen Konservativen – *in der Zwischenkriegszeit ist die Christlichsoziale Partei dennoch sicherlich die politische Heimstatt der Mehrheit der Monarchisten und auch der Konservativen im alten Sinn geblieben.* Diese Gruppen konnten sich jedenfalls mit dem bedeutendsten christlichsozialen Politiker der Ersten Republik, *Ignaz Seipel,* voll identifizieren. Daß die Partei als solche – wenn auch dezidiert antimarxistisch – jedoch weit weniger homogen war als die alte Konservative Partei, ist aufgrund ihrer Position und ihres Anspruches einer Massenpartei, einer christlichen Volkspartei, verständlich. In der Zwischenkriegszeit stoßen Liberale bzw. Großdeutsche in solchem Maß zu ihr, daß sie die Partei sogar in ihrem Programm von 1926 berücksichtigt: Das Schulwesen muß auf Religion und Volkstum aufgebaut werden. Die Pflege „deutscher Art" ist erwünscht. Die Partei „bekennt sich zum Kampf gegen die Übermacht des zersetzenden jüdischen Einflusses auf geistigem und wirtschaftlichem Gebiet" und das Verhältnis zum Deutschen Reich soll nach dem Selbstbestimmungsrecht ausgestaltet werden.
Es ist daher kein Wunder, daß Anfang der dreißiger Jahre nicht nur der langjährige Koalitionspartner der Christlichsozialen, die Großdeutschen, von den Nationalsozialisten fast ganz aufgerieben wurden, sondern daß auch die Christlichsozialen bei den Landtagswahlen von 1932 eine merkbare Stimmenzahl an die Nationalsozialisten verloren.
Die Machtergreifung Hitlers im Deutschen Reich hat jedoch in der christlichsozialen Partei einen Klärungsprozeß hervorgerufen, in dem der Cartellverband eine rühmliche Rolle spielt. Die Partei bekannte sich unter der Führung von Bundeskanzler Engelbert Dollfuß entschieden zur Selbst- und Eigenständigkeit Österreichs, aufgrund der

Enzyklika „Quadragesimo anno", aber auch infolge des Einflusses der radikal antidemokratischen Heimwehr, die insgesamt nicht als konservativ bezeichnet werden kann, und der von dieser progagierten Ideen Othmar Spanns zum alten konservativen ständischen Gedanken. Nach der Ausschaltung des Parlaments 1933 und der Sozialdemokratie durch den Bürgerkrieg vom Februar 1934 ist Österreich ja auch durch die Verfassung vom 1. Mai 1934 zum christlichen Ständestaat deklariert worden. Ob er, wenn er die Zeit dazu gehabt hätte, hätte realisiert und auch – wie manche seiner Anhänger auch heute noch meinen – demokratisiert werden können, sei dahingestellt. Ein autoritärer und betont katholischer Staat war er sicherlich, ob auch das Ideal *aller* Konservativen jener Zeit, kann füglich bezweifelt werden.

Zu seinen Positiva gehört die bewußte und betonte Pflege österreichischer Traditionen vor allem im kulturellen Bereich. Dieses bewußte Österreichertum und ihre Kirchlichkeit hat dann auch viele führende Politiker und Funktionäre des Ständestaates und der Vaterländischen Front nach dem 11. März 1938 in die KZs der Nationalsozialisten gebracht bzw. den Weg in den Widerstand finden lassen. Daß sich unter ihnen eine relativ große Zahl von Legitimisten befand, sei ausdrücklich vermerkt. Nach der Befreiung Österreichs war die erste Partei, die bereits im Juni *1945* mit einem kurzen *Programm* an die Öffentlichkeit trat, die *Österreichische Volkspartei,* deren Gründer damit zeigten, was sie seit 1938 gelernt hatten. Sie erklärte, daß sie das Erbe jener politischen Gruppen übernehme, die stets auf dem Boden der österreichischen Überlieferung standen. Sie sei zugleich eine neue Partei für alle vaterlandstreuen Österreicher, die sich zur *Demokratie* bekennen. Sehr stark wird der Gedanke des Rechtsstaates betont. Gefordert werden: Gewissens- und Religionsfreiheit, Freiheit der Kirche, Stärkung und Aufbau der österreichischen Nation, Sozialisierung nur innerhalb der tragbaren Grenzen, Förderung des Bauernstandes und des Gewerbes sowie ein echter Sozialstaat unter besonderer Berücksichtigung der Familie.

Im *Programm von 1952,* dem Jahr des ersten Nachkriegskatholikentages, wurde der Grundgedanke des Solidarismus ausgeformt und weitgehender *Einfluß der Lehren Christi auf das Zusammenleben der Bürger dieses Landes* gewünscht. Dennoch sei sie eine *konfessionell ungebundene Partei* mit der Devise: Freie Kirche im freien Staat. Im *Grundsatzprogramm von 1958* ist die *christliche Note etwas weniger betont,* als soziales Leitbild gilt: Ein Volk von Eigentümern. Die Kerngedanken des Klagenfurter Manifestes von 1965 waren das Bekenntnis zum Föderalismus, zum Subsidiaritätsprinzip, zur christlichen Soziallehre und zur Bildungsgesellschaft. Vom ständischen Prinzip ist expressis verbis nach 1945 niemals die Rede: Es war einerseits durch den Ständestaat belastet, andererseits im Kammer- und Verbändestaat ohnedies durchaus zum Zug gekommen.

Daß die Volkspartei 1945 auf demokratischem Weg die Mehrheit erringen und bis 1966 erhalten konnte, geht jedoch kaum auf den Erfolg ihrer Programme zurück, die nur wenigen ihrer Wähler bekannt sind, sondern sicherlich zunächst auf die politische Atmosphäre nach der großen Niederlage von Faschismus und Nationalsozialismus, die Josef Klaus folgendermaßen beschrieben hat:

„Die Politik hatte in den meisten westlichen Staaten der Nachkriegszeit konservative und restaurative Grundzüge. Es galt nicht nur, einen technisch-wirtschaftlichen Wiederaufbau zu leisten und die soziale Sicherheit auszubauen. Die verschütteten und zertrümmerten Werte der Religion, der Freiheit und Würde des Menschen, der Solidarität und der Selbstbestimmung der Völker, der Demokratie und des Rechtsstaates mußten ausgegraben und wiederhergestellt werden."

In erster Linie aber wurde der Erfolg der ÖVP durch die Persönlichkeit jener vier Männer bewirkt, die in dieser Zeit Bundeskanzler waren: Figl, Raab, Gorbach und Klaus. Fragt man sich, was ihnen allen und z. B. auch einem Withalm oder Drimmel denn mit Sicherheit immer gemeinsam war, so lautet die Antwort: Sie alle kamen aus dem Cartellverband, waren ihr Leben lang praktizierende Katholiken und haben sich als Konservative verstanden.

Womit wir wieder beim Ausgangspunkt angelangt wären und damit wieder bei der Frage nach möglichen Differenzierungskriterien. Christoph Allmayer-Beck, selbst ein deklarierter Konservativer und Großneffe jenes konservativen Ministerpräsidenten Allmayer-Beck, der 1907 das allgemeine Wahlrecht ermöglichte, hat 1959 in einem geistreichen Essay den österreichischen Konservativismus in folgende Kategorien einzuteilen versucht:

Den überzeitlichen strukturellen Konservativismus des Österreichers, der in seinen geschichtlichen Erfahrungen und seinem Temperament, im Föderalismus, in der Armee, dem Beamtentum und der Kirche wurzelt. Den gouvernementalen Konservativismus eines Metternich, des Neoabsolutismus und des Ständestaates. Den romantischen Konservativismus des ersten Drittels des 19. Jahrhunderts, den feudalen Konservativismus um 1860, den liberalen Konservativismus und die christlich-konservative Sozialbewegung des ausgehenden 19. und des 20. Jahrhunderts. Allmayer-Beck betont selbst mehrmals die Problematik dieser im wesentlichen chronologischen Typologie. Versucht man, die vier Bundeskanzler der ÖVP nach 1945 in sie einzuordnen, so wird man zum Schluß kommen müssen, daß mit Ausnahme des feudalen Konservativismus wesentliche Züge aller anderen Allmayerschen Konservativismen – sicher unterschiedlich stark und von ihrer Entwicklung abhängig – bei jedem dieser vier Männer aufgezeigt werden könnten. So anregend eine solche Analyse wäre, es erhebt sich doch die Frage, ob diese Kategorien nicht doch in erster Linie von historischem Wert sind, ob sie für eine Gegenwarts- oder gar Zukunftsortung des Konservativismus genügen. Für sie halte ich die einfachere Unterscheidung von Klaus Epstein in Status-quo-Konservative, Reformkonservative und Reaktionäre für geeigneter. Sie läßt sich auch deutlich in österreichischen Reaktionen auf Revolutionen nachweisen.

In Österreich hat keine einzige Revolution ihren Ursprung, d. h. alle Revolutionen sind den Österreichern „passiert", z. B. der Josephinismus als Revolution von oben, oder sie wurden importiert wie jene von 1848 oder von 1918, falls letztere überhaupt einen derartigen Namen verdient. Vielleicht ist das ein Grund dafür, daß die für den Historiker faßbaren österreichischen Reaktionen auf Revolutionen zu einem beträchtlichen Teil distanziert, zwiespältig und manchmal auch zwielichtig sind. Sie sind vielleicht gerade deswegen für den Problemkreis „Konservativismus in Österreich" nicht ganz uninteressant. So nahm schon 1793 einer der führenden Aufklärer des

Kaiserstaates, Joseph von Sonnenfels, heftig gegen das „hohle Schallwort der Volkssouveränität, gegen die mißgekannte Freiheit und die geträumte Gleichheit“, sowie gegen die Blutgreuel der Französischen Revolution Stellung. Von den aufgeklärten Angehörigen der alten Aristokratie läßt sich im allgemeinen sagen, daß sie den Verlauf der Revolution bis 1793 mit interessierter Sympathie verfolgten. Die Hinrichtung Ludwigs XVI. und Marie Antoinettes, einer Tochter Maria Theresias, bereitete dieser Haltung jedoch ein jähes und unwiderrufliches Ende.

Danach hatten sich nur noch einige, nun auch hart verfolgte Geheimgesellschaften zu den Ideen der Revolution und ihren Folgen bekannt. Eigenartig gebrochen ist die Einstellung des Freiherrn von Kübeck, der vor und nach 1848 eine leitende Stellung im Staate innehatte. 1798 ist der damals 18jährige von einigen Ideen der Französischen Revolution enthusiasmiert: „Die Freiheit, noch mehr aber die Gleichheit, belebt, ich kann es nicht leugnen, jede Fiber meines Leibes, und begeistert mein ganzes Ich.“ Auch die französische Julirevolution von 1830 findet Kübecks Sympathie. Er hält sie jedoch für unvollendet, „weil sie zu vieles der Zukunft überließ“. Vor 1848 übt er in seinen Tagebüchern an der Zensur beißende Kritik, ist „die ideale Republik die Herrschaft des Gesetzes.“ Schon im August 1848 feiert er jedoch Radetzky, er notiert: „Gott stehe dem Rechte und der Ordnung bei.“ Im September gibt er seiner Bewunderung für Windischgrätz Ausdruck und bezeichnet den „österreichischen Revolutionsschwindel“ als Ergebnis feiger Unwissenheit. Mit diesem Gesinnungswandel ist Kübeck typisch für das Verhalten des josephinisch-liberalen Bürgertums vor, während und nach der Revolution, mit dem auch Grillparzer in dieser Beziehung völlig konform geht.

Im März 1848 brandet zunächst die Begeisterung hoch. Ein fast rührendes Beispiel für sie ist das erste, in Österreich ohne Zensur gedruckte Buch „Österreichs glorreichste Tage, der 13., 14., 15. März 1848“ mit der Dankadresse an den bekannt debilen Kaiser Ferdinand (S. 41, 1. u. 2. Absatz). Schon im April veröffentlicht jedoch ein für Vereins- und Pressefreiheit engagierter Priester – Sebastian Brunner, übrigens ein fanatischer Antisemit – in der vierten Nummer der von ihm gegründeten „Wiener Kirchenzeitung“ eine Warnung an den Antiklerikalismus der liberalrevolutionären Bürger, die an Deutlichkeit nichts zu wünschen übrigläßt:

„Mit dem Glauben an den *dreieinigen Gott,* also mit dem Glauben an Erlösung und einstiges Gericht, *fällt zuletzt auch der Glaube an den Besitz!* Der euch nicht an Gott, an Erlösung und Gericht glaubt, seid versichert, dem werdet ihr den Glauben an einen Besitz nimmer beibringen können, der muß ein Kommunist sein, *wenn er nichts besitzt* und kann sein Besitztum durch keinen stichhaltigen Grund mehr halten, wenn er *ein solches hat.* Oder mit einem Wort . . . mit dem Abfall von der Kirche gibt es am *Ende* kein Privateigentum mehr, der *Verleugnung Gottes, wie ihn die Kirche lehrt,* folgt notwendigerweise die Verleugnung allen *Besitzrechtes,* was die bisherige Gesellschaft gelehrt und aufrecht erhalten hat. Denn das Anerkennen eines gerechten Besitzes fordert ja bei weitem mehr Glauben, als das Anerkennen eines gerechten Gottes.“

Die utopischen Vorträge kommunistischer Redner, die den politisch-jungfräulichen Wiener Boden aufhetzten, vergrämten daher auch Liberale wie den Schriftsteller Eduard von Bauernfeld. (Karl Marx war bekanntlich im Sommer 1848 in Wien, verließ es jedoch bald wieder wegen Mangels an Echo). Die Angst vor Anarchie und Kommunismus bewirkten daher auch eine der bemerkenswertesten Folgen des Jahres 1848: die Aussöhnung der Schriftsteller und Dichter mit dem Regime. Ihre Produkte sind alle Zeugnisse derselben Bewegung: anfangs leicht entflammter Enthusiasmus, dann verdrießliche Furcht vor Anarchie und schließlich Anrufung der Ordnung, innerhalb kürzester Zeit also eine Wandlung von Revolutionären und Reformkonservativen zu Status-quo-Konservativen bis zu Reaktionären. Selbst Robert Hamerling, ein unbestrittener 1848er, zog es vor, der Revolution nur *im Geiste* zu dienen. Als er anläßlich der Verteidigung Wiens gegen die Truppen Windischgrätz' im Oktober 1848 vom Fenster aus kochendes Wasser über die Köpfe der Feinde gießen sollte, begnügte er sich damit, am Klavier die Marseillaise zu spielen . . .

Die Mehrheit der Wiener war allerdings nicht tapferer als die Dichter. Das beweist eine bittere Karikatur aus einer Wiener Zeitung vom Oktober 1848, auf der zwei Wiener vor dem Hintergrund der beschossenen Stadt zueinander sagen: „Ah! Da wird ja aus Ernst geschossen, kumm der Herr Vetter, da gehen wir nach Haus!"

Auf ähnlicher Linie bewegt sich ein Zitat aus Nestroys 1849 geschriebenem Stück „Lady und Schneider", in dem weiser Verzicht und vernünftige Beschränkung auf den eigenen Familienkreis gepriesen werden: „Ah, wenn d' Freiheit Kommunismus wird, nein, da hört es auf, ein Vergnügen zu sein."

Vor diesem Hintergrund ist es verständlich, daß sich die Reaktion des Neoabsolutismus ein volles Jahrzehnt an der Macht erhalten konnte und dieses beim Bürgertum ähnlich verhaßte System wie das Metternich'sche erst nach den großen äußeren Niederlagen der Monarchie von 1859 zusammenbrach. In der danach wieder einsetzenden freieren öffentlichen politischen Diskussion rückt auch die Revolution wieder mehr ins Blickfeld. Ihr widmete 1864 – im Jahre des Syllabus – ein niederösterreichischer Dechant ein eigenes Büchlein, in dem er zwei Fragen zu beantworten versucht:

1. Was ist Revolution?
2. Kann die Revolution nach christlichen Prinzipien gerechtfertigt werden?

Die Antwort auf 1. war: „eine gewaltsame Umwälzung", auf 2. ein klares „Nein". Als Grundursachen der modernen Revolution galten die immense innere Verkommenheit so vieler Menschen, alle Häresien, die geheimen Gesellschaften, an ihrer Spitze die Freimaurerei, die schlechte Erziehung der Jugend, die Presse und die Künste, aber auch Absolutismus, schlechte Verwaltung, die Industrialisierung samt Gewerbefreiheit und der Pauperismus, das „Mißverhältnis der Vermögenslosen oder der armen Volksklasse hinsichtlich ihres Auskommens zu den Besitzenden." Dennoch ist Katholiken unter keinen Bedingungen erlaubt, bestehende Regierungen mit der Waffe zu bekämpfen, selbst dann nicht, wenn diese uns zumuten, „Unrecht zu tun oder Unrecht zu leiden."

Der Seelsorger, an den sich das Büchlein vornehmlich wendet, hat sich vor einer Revolution aufklärend und versöhnend – „Armut ist keine Schande, wie Christus selbst bewiesen hat" – zu betätigen. Während einer Revolution darf er auf keinen Fall mitmachen, doch muß er unter allen Umständen, selbst im Geheimen, seelsorglich tätig sein. Nach der Revolution sind im Falle ihrer Niederlage wiederum Versöhnung und Frieden sein oberstes Ziel. Hat sie jedoch gesiegt und ist faktische Obrigkeit geworden, „dann helfe der Seelsorger mit, sie aus der sthenischen Periode in die asthenische, aus der inflammatorischen Stasis in die gangrenös insensible oder indifferente hinüberzuleiten. Auch leiste er nicht nur dem Staatsgesetze Gehorsam, sondern predige denselben auch Anderen, solange das Staatsgesetz Gottes Gebote nicht alteriert und selbst in diesem Falle lasse er sich nicht zum aktiven Widerstande verleiten und auch Andere ermuntere er nicht dazu, sondern nur den passiven rathe er an und bringe ihn auch selbst in Anwendung, der Verfolgung aber setze er stilles Dulden und fromme Ergebung in Gottes Willen entgegen." Zu diesem Zeitpunkt gab es in der Monarchie 35.000 Priester, auch nach der Meinung des Verfassers eine „starke Macht", die sich damals im wesentlichen aus Status-quo-Konservativen, aber auch aus Reaktionären und einigen Reformkonservativen zusammensetzte.

Dieser Staat erschien auch nach seiner offiziellen Umwandlung in einen liberalen Verfassungsstaat manchen – besonders ausländischen Historikern – bis zum heutigen Tag als dennoch klerikal, vor allem aber immobil bis zum Untergang, weil unfähig zur Selbsterneuerung. Ob diese Haltung ihren tieferen Grund tatsächlich in einer Indifferenz gegenüber dem Leben und einem Fetischismus gleichen Totenkult – Tod als Bollwerk gegen Veränderung – hat, wie dies neuestens der Amerikaner Johnston meint, sei dahingestellt. Auf jeden Fall war in Österreich, vor allem in Wien, vieles Unwahrscheinliche möglich. In einer Stadt, in der damals Viktor Adler, Karl Renner, Karl Menger, Ludwig Boltzmann, Gustav Mahler, Ernst Mach, Martin Buber, Theodor Herzl, Karl Kraus und Sigmund Freud lebten, wurde Schnitzlers „Grüner Kakadu" vom Spielplan des Burgtheaters abgesetzt, weil einer Erzherzogin die Rühmung der Französischen Revolution mißfallen hatte.

Der Zusammenbruch der Monarchie 1918, nach Meinung der österreichischen Sozialisten „ihre" Revolution, ist den Österreichern unterschiedlichster Standpunkte offensichtlich durch dasselbe Phänomen manifest geworden: durch das Herabreißen der Chargenzeichen und Auszeichnungen von Schultern und Brust der aus dem Krieg heimgekehrten Offiziere. Der nachmalige Heimwehrführer Ernst Rüdiger Starhemberg dachte nach seinen eigenen Worten in diesem Moment: „Verfluchtes Gesindel, mit Euch werde ich noch abrechnen" – was er später ja tatsächlich getan hat. Nach 1945 sah er dann die Gegenwart als Produkt einer langen revolutionären Entwicklung, die mit dem Zerfall des Mittelalters begonnen hatte.

Die Deklassierung der Offiziere machte jedoch auch auf die von Jugend an linke Schriftstellerin Hilde Spiel, die ehemalige Pen-Club-Generalsekretärin, einen solchen Eindruck, daß sie noch 1946 in ihrem Tagebuch ein 1918 in Wien populäres Lied notierte: „Die noblichten Herr'n mit die goldenen Stern', die wer'n jetzt die Straßen aufkehr'n –".

Daß sich tiefgreifende Veränderungen vor allem darin äußern, daß bisher Führende und Besitzende Straßen kehren und säubern müssen, oder zumindest sollten, scheint übrigens eine österreichische Volkserfahrung des 20. Jahrhunderts zu sein. Ich erinnere nur an Qualtingers Herrn Karl, der 1938 den Juden Tennenbaum zum Straßenaufreiben abführt und sich nach 1945 darüber wundert, daß der zurückgekehrte Tennenbaum seinen Gruß nicht erwidert.

Daß Gleichgültigkeit, Skepsis, Ironie bis zum Zynismus zu den Folgen österreichischer Erfahrung mit der Geschichte, mit ihrer Veränderung, gehören und wesentliche Bestandteile des in seinen Grundzügen konservativen österreichischen Charakters sind – Allmayer-Becks „überzeitlicher struktureller Konservativismus des Österreichers“! –, ist hinlänglich bekannt. Nicht damit möchte ich jedoch diese fragmentarischen Reflexionen schließen, sondern gleichsam in einem dialektischen Umschlag, was auch nicht ganz unösterreichisch ist – mit der Deklaration des Bildhauers Fritz Wotruba über „Die Kunst im neuen Staat“ aus dem Jahr 1945, die von einem Neubeginn aufgrund der Erfahrung spricht, also im Epstein'schen Sinn von bestem Reformkonservatismus geprägt ist:

„Wir stehen auf einem Trümmerhaufen, wir fangen an, wie das Menschengeschlecht nur je angefangen hat. Aber wir haben eine Kostbarkeit, die unsere Urväter und Urmütter nicht besessen haben: die Erfahrung. Ihr sind wir verpflichtet, sie ist der Zeiger, der uns die Kontrolle unserer Handlungen erlaubt. Wenn die Völker auch nackt wie bei der Geburt der Erde vor dem Neuen stehen, die Kräfte, die dazu genügten, eine Welt von Jahrtausenden in ihren sichtbarsten Zeugen, ihren Städten und Kulturen, tödlich zu verwunden – diese selben Kräfte, nur geläutert und gestärkt, werden die Welt von morgen auferstehen lassen. Der Wille ist alles.“

Martin Greiffenhagen

Dilemma und Chancen des Konservativismus

Um das Wort konservativ war es nach dem Kriege in Deutschland zunächst auffallend still geworden. Hatte der Konservatismus vom ersten Drittel des 19. Jahrhunderts an bis zum Jahre 1933 in der politischen Diskussion und Praxis eine wichtige Rolle gespielt, so gilt er seither für problematisch. Als Eugen Gerstenmaier Anfang der fünfziger Jahre auf einem Parteitag die CDU eine konservative Partei nannte, erfuhr er deutlichen Widerspruch. Zur selben Zeit sprach der konservative Kuehnelt-Leddihn von einem „sogenannten Konservativismus" und sagte wörtlich: „das Wort konservativ – seien wir aufrichtig – war und bleibt eine Belastung". Im Jahre 1962 veranstaltete die Zeitschrift „Der Monat" ein Forum über die Frage „Was ist heute eigentlich konservativ?". Diese Diskussion wurde vornehmlich unter zwei Gesichtspunkten geführt: einmal unter der Frage, wieweit der Konservatismus an den nationalen Unglücksfällen der deutschen Geschichte, vor allem am Nationalsozialismus Schuld oder Ursache sei, zum anderen, ob der Konservatismus, wie Hans Zehrer es in seinem Beitrag ausdrückte, „heute wieder zukunftsträchtig" sein könne. Seit Beginn der sechziger Jahre ist das Thema Konservatismus in der Bundesrepublik nicht mehr obsolet, und es scheint, als ob konservative Gedanken mit jedem Jahr an Boden gewinnen. Dem einen bedeutet solche Wiederaufnahme konservativer Gedanken die Gesundung unseres nationalen Selbstbewußtseins, dem anderen ist sie eher ein Alarmzeichen für eine Gefahr, der das deutsche Volk in den zwanziger und dreißiger Jahren schon einmal begegnete und im Dritten Reich unterlag. Diese zwielichtige Situation bezeichnet ein Dilemma, das im Wesen des deutschen Konservatismus selbst begründet liegt. In England lebt der konservative Gedanke in Gestalt einer traditionsreichen großen Partei bis heute ungebrochen fort, in Frankreich hat ihn weder die Action Française noch das Vichy-System noch der Algerien-Krieg in ein Dilemma bringen können, das dem deutschen Konservatismus gleichkäme.

Wir wollen fragen, wo die Ursachen für diese schwierige Lage liegen, und tun dies, indem wir uns der wichtigsten historischen Wendepunkte des Konservatismus in Deutschland versichern. Es ist üblich, in der politischen Ideengeschichte der Moderne drei Hauptströmungen zu unterscheiden: den Liberalismus, den Konservatismus und den Sozialismus.

Liberalismus und Sozialismus gehören insofern zusammen, als beide politische Bewegungen Ausformungen des Rationalismus sind, jenes Emanzipationsprozesses also, in dem der abendländische Mensch sich kraft seiner Vernunft aus der Hut des mittelalterlichen Weltbildes begab und die Welt in eigene Regie zu nehmen begann. Der Konservatismus hat sich zur selben Zeit wie der politische Rationalismus entwickelt, verdankt also seine Entstehung einer Situation geistigen und politischen Umbruchs. Aber er zieht aus dieser Lage die umgekehrte Folgerung, indem er es ablehnt, ein Gesamtkonzept von Natur und Gesellschaft zu entwerfen. Mit seiner Ablehnung des politischen Rationalismus gerät der Konservatismus in einen Zweifrontenkrieg hinein: auf der einen Seite wendet er sich gegen das rationale System des absoluten Staates mit seiner mechanistischen Staats- und Wirtschaftsauffassung, seiner zentralistischen Bürokratie als dem Steuerungsorgan allgemeiner Ordnung und Wohlfahrt. Unter dem Titel „Der jetzige Hang zu allgemeinen Gesetzen und Verordnungen ist der gemeinen Freiheit gefährlich" schreibt Justus Möser, der bedeutendste konservative Kritiker des deutschen Absolutismus im Jahre 1772: „Die Herren beim Generaldepartment möchten gern alles, wie es scheint, auf einfache Grundsätze zurückgeführt sehen. Wenn es nach ihrem Wunsche ginge, so sollte der Staat sich nach einer akademischen Theorie regieren lassen, und jeder Departmentsrath im Stande sein, nach einem allgemeinen Plan den Localbeamten ihre Ausrichtungen vorschreiben zu können . . . In der That entfernen wir uns dadurch von dem wahren Plan der Natur, die ihren Reichthum in der Mannigfaltigkeit zeigt, und bahnen den Weg zum Despotismus, der alles nach wenig Regeln zwingen will, und darüber den Reichthum der Mannigfaltigkeit verlieret."

Der zweite Gegner des Konservatismus ist der Liberalismus. Er ist sein bedeutendster Widersacher und hat diese Rolle seit der Französischen Revolution bis heute beibehalten. Die rationale Gleichheitsvorstellung des politischen Liberalismus, den man im Gegensatz zum Absolutismus einen „Rationalismus von unten" nennt, ist dem absolutistischen Zentralismus darin verwandt, daß auch er seine Zielvorstellung von einer Gesellschaft, wie sie vernünftigerweise sein soll, reißbrettartig konstruiert. Die politische Verfassung ist die gleichsam für alle Zukunft programmierte Lochkarte, nach welcher sich die Gesellschaft automatisch zu ihrem Heile entwickeln soll. Gegen diesen Glauben an die Unfehlbarkeit der Vernunft und die Möglichkeit eines politischen Neuanfangs richtet sich die konservative Kritik. Man kann, so sagen die Konservativen in allen europäischen Ländern, eine Verfassung nicht machen wie einen Pudding. Eine rational zusammengeschriebene Verfassung könne unmöglich der wirklichen Verfaßtheit des Volkes entsprechen, sondern sei als Ergebnis einer einmaligen Beschlußfassung ein Kunstprodukt. „Der Gedanke allein, eine neue Regierung zu fabrizieren, genügt, uns Engländer mit Ekel und Grauen zu erfüllen", schreibt Edmund Burke, der größte konservative Kritiker der Französischen Revolution.

Der Hauptangriff des Konservatismus richtet sich dabei weniger gegen die liberale Freiheits- als vielmehr gegen die Gleichheitsforderung, die dem Freiheitsbegriff jedoch immanent ist. Nach konservativer Auffassung sind die Menschen zu verschieden, als daß man sie einander gleichstellen könnte. Die Natur schafft nichts Gleiches, und so soll es auch in der menschlichen Gesellschaft Farbigkeit und Varietät geben. Verschiedene Rechte sind nur Ausdruck der Differenziertheit menschlicher Lebensweisen und gesellschaftlicher Ordnungen.

In Deutschland war die Kritik am Liberalismus von Anfang an besonders heftig. Der Grund dafür liegt einmal in dem Fehlen einer genügend starken rationalen Tradition. Der Calvinismus, die rationalste Ausprägung des Protestantismus, hat in Deutschland nie recht Wurzeln geschlagen, während er in Westeuropa und in Amerika bekanntlich ein wesentlicher Faktor für das Entstehen der Demokratien war. Auf der anderen Seite war die ökonomische und technische Entwicklung in Deutschland noch nicht soweit fortgeschritten, daß man die Notwendigkeit entsprechender politischer Wandlungen hätte unbedingt einsehen müssen. Hinzu kam der Mangel einer deutschen Zentralregierung. Frankreich war durch den absoluten Staat bereits zum Zentralismus erzogen, Deutschland war eine bunte Landkarte.

Seine erste spezifisch deutsche Ausprägung erfuhr der Konservatismus in der sogenannten politischen Romantik. Die Denker der politischen Romantik übernahmen den von Herder über die Sprache und die Kunst gewonnenen Volksbegriff und gelangten so zu einem Nationalverständnis, das den Mangel einer einheitlichen Staatsgrenze durch den Inhalt eines durch Dichtung, Malerei und Musik verbundenen Volkes auszugleichen suchte. Die Größe dieses Volkes wurde notwendig in der Vielfalt verschiedener Stämme und Landschaften gesehen. Für die solcher Mannigfaltigkeit zugrundeliegende Verbindung von Boden und Tradition prägte Adam Müller den Begriff des *„Raumgenossen"*, ein Wort, dessen Gegnerschaft zum liberalen *„Zeitgenossen"* man deutlich spürt. Das politische Ideal, an dem der deutsche Konservatismus in steigendem Maße die Gegenwart mißt, wird das Mittelalter, d. h. eine Zeit, die längst entschwunden und zu der die unmittelbare geschichtliche Kontinuität abgerissen war. Die kleine Schrift von Novalis über Europa zeigt bereits jene für den deutschen Konservatismus bezeichnende ästhetische und poetische Auffassung politischer Gegenstände, die sich noch bei Ernst Jünger findet.

Im Laufe des 19. Jahrhunderts wird die Kritik an der Gegenwart in Deutschland immer heftiger, der Gegensatz zu Frankreich als dem Ursprungsland des politischen Rationalismus immer artikulierter und die Berufung auf das Mittelalter als die Zeit, wo eine angeblich natürliche Gesellschaft in Einheit mit ihren Institutionen lebte, immer dringlicher und sehnsüchtiger.

Es sind im wesentlichen zwei Wege, auf denen der deutsche Konservatismus im Fortgang des 19. Jahrhunderts sich zu behaupten suchte. Beide Versuche haben im Konservatismus der Weimarer Republik eine Rolle gespielt und sich teilweise verbunden, so daß Hitler am sogenannten Tag von Potsdam einen großen Teil der Konservativen zu täuschen vermochte. Es handelt sich einmal um den *Historismus* und zum anderen um den reaktionären Legitimismus. Beide bilden zugleich wesentliche Elemente des spezifisch deutschen Nationalismus.

Der Historismus verschiebt den politischen Gegenstand und geistigen Inhalt des Konservatismus auf die Ebene der Erinnerung. Der Konservatismus bezieht sich somit nicht mehr auf Gegenwärtiges, sondern gerät in eine politisch unfruchtbare Besinnung auf das, was er in längst entschwundener Zeit als das alte Wahre zu entdecken glaubt. Die Männer des Historismus vertiefen sich mit Liebe und gelehrtem Fleiß in die Welt des Mittelalters und folgen damit dem Ansatz der Romantik. Wie durch die Märchen-, Sagen- und Liedsammlungen eine, wie es heißt, Vertiefung des Gemütes geschieht, so werden auch die auf dem Wege geschichtlicher Forschung gewonnenen politischen Inhalte nur noch im Bewußtsein verarbeitet und im Gedächtnis rein bewahrt, eignen sich aber nicht mehr zur Grundlage und zum Maßstab politischer Forderungen. Die einzige politische Bedeutung des Historismus liegt in einem selten ausgesprochenen, dafür aber unterschwellig desto nachhaltiger wirkenden Anspruch auf Stillstand der für verderblich gehaltenen modernen Entwicklung. Diese versteckte Reaktion sollte sich später verhängnisvoll auswirken.

Den genau umgekehrten Weg einer betonten Zuwendung zur Gegenwart beschreitet der Legitimismus. In seiner reaktionären Verteidigung des Bestehenden stützt er sich auf die Trias von Königtum, Beamtentum und Heer und verteidigt damit eine staatliche Wirklichkeit, die Möser noch bekämpft hatte, denn alle drei Elemente sind Produkte des Absolutismus, auch das Königtum, das trotz des konservativen Versuchs, ihm eine mittelalterliche Gloriole zu geben, das Königtum des Absolutismus war. Dem liberalen Nationalismus gegenüber, der sich im Fortgang des Jahrhunderts immer mehr vom Imperialismus und von der industriellen Expansion her verstand, brachte der restaurative Konservatismus später mit dieser Trias in der Tat ein inzwischen zur Tradition gewordenes Element staatlichen Lebens zur Geltung. Im Vergleich zu der wachsenden Dynamik der bürgerlichen Erwerbsgesellschaft nämlich bedeuteten Königtum, Beamtentum und Heer die Stabilität einer Ordnung, die ihren Inhalt jedoch in immer stärkerem Maße von der Nation, oder, wie man sagte, vom Reich her bekam. Vorbild dieser staatlichen Ordnung war Preußen. Die nationale Hegemonie Preußens wurde mit Eifer verteidigt, und gegen Ende des Jahrhunderts fällt es immer schwerer, die Konservativ-Nationalen von den National-Liberalen zu unterscheiden. Politisch waren die Konservativen bekanntlich zum Scheitern verdammt. Schließlich wird selbst die ursprünglich konservative Verbindung von „Thron und Altar" eine ausgesprochen nationalliberale Maxime.

In seine eigentliche Krise geriet der Konservatismus jedoch erst nach dem Ersten Weltkrieg. Dieser erste technische und gegen Schluß totale Krieg machte mit einem Schlage deutlich, daß das Abendland in eine völlig neue Epoche seiner Geschichte eingetreten war. Das Gesicht der Welt hatte sich auf allen Gebieten verändert. Die Gesellschaft war industriell und technisch fungibel geworden, die einst gegliederten Stämme Deutschlands, seine Dörfer und Städte verloren in zunehmendem Maße die Individualität und Kontinuität geschichtlicher Tradition. An die Stelle der Stände waren schon im 19. Jahrhundert die Klassen getreten.

Zu dieser die abendländische Welt im ganzen betreffenden Entwicklung traten in Deutschland nach dem Ersten Weltkrieg noch besondere Belastungen hinzu, Belastungen, die scheinbar sämtlich auf das Schuldkonto des Liberalismus gingen. Jedenfalls wurden der Versailler Vertrag, die Reparationspolitik der Alliierten, die Nichtanwendung des nationalen Satzes der Selbstbestimmung der Völker über ihr politisches Schicksal auf einstmals deutsche Gebiete, die Inflation, die Wirtschaftskrise und als Produkt von allem: das schlechte Funktionieren der ersten parlamentarischen Demokratie dem Liberalismus zur Last gelegt.

Da der deutsche Konservatismus den Anschluß an die gesellschaftliche Entwicklung längst verloren hatte, war er mit Ausnahme des legitimistischen Nationalismus geschichtlich tot. Er konnte abtreten. Daß er dies nicht tat, sondern sich zu einem verzweifelten Kopfsprung entschloß, hat ihn in ein Dilemma getrieben, das ihn von allen anderen europäischen Spielarten des Konservatismus unterscheidet. Dieses Dilemma war es auch, das ihn in so fatale Nähe zum Nationalsozialismus gebracht hat. Der Liberalismus also schien die volle Verantwortung für die nationalen Unglücksfälle der Nachkriegszeit zu tragen. Da er zugleich für die allgemeine Auflösung der alten Welt die Schuld trug, entschloß sich der deutsche Konservatismus zu einer Verzweiflungstat: er wurde revolutionär. Damit gab er sein Wesen auf und machte den bisherigen Inhalt und Maßstab seiner Kritik zum politischen Programm. Als revolutionäre Gegenideologie zum Liberalismus nahm er den Inhalt seines Programms nicht aus der Kontinuität der geschichtlichen Entwicklung, sondern unter Benutzung der liebevollen Vorarbeit historisch-romantisierender Forschung aus den Epochen, zu denen die geschichtliche Entwicklung längst abgerissen war, nämlich aus dem Mittelalter und schließlich aus der germanischen Frühzeit.

Die innere Verzweiflung dieses Schrittes zum revolutionären Denken tritt nirgends deutlicher zutage als in der Begründung für die Notwendigkeit der konservativen Revolution selbst. Es gilt, so wird durchgängig argumentiert, zunächst, die bestehenden Verhältnisse völlig umzustürzen, reinen Tisch zu machen und den Boden zu säubern, auf dem dann das Neue, d. h. aber zugleich das Alte wachsen kann. Ziel der Revolution ist also nicht, wie in den rationalen politischen Ideologien des Liberalismus und Sozialismus, eine zukünftige Ordnung, sondern ein alter Zustand, für den es keinen lebendigen Anknüpfungspunkt in der Gegenwart mehr gibt. Möller van den Bruck, ein Vorkämpfer dieser konservativen Revolution, sagt 1926, man müsse einen Zustand schaffen, den zu erhalten sich lohne.

Zerlegt man alle gleichzeitig zusammen auftretenden Argumente der konservativen Revolution in ihre logische Folge, so ist ihr erstes Ziel die Zerstörung des Liberalismus als Geist und Wirklichkeit. Dieses Ziel verlangt vor allem den Kampf gegen den Rationalismus, wo immer er die, wie es heißt, ursprünglichen, elementaren Kräfte des Menschen zu lähmen droht. Der revolutionäre Konservatismus gerät mit dieser Angriffsrichtung in die Nähe jener vitalistischen Philosophien und Soziallehren, die unter Berufung auf Nietzsche und Bergson dem Leben als der lebendigen Bewegung selbst den höchsten Wert zusprechen. Dieser Irrationalismus ist überhaupt ein Kennzeichen der Zeit nach dem Ersten Weltkrieg und verbindet den Existentialismus Heideggers mit der dialektischen Theologie Karl Barths und Gogartens und mit dem politischen Dezisionismus Carl Schmitts. Er ist Ausdruck für ein Weltwendebewußtsein, einer nihilistischen Entschlossenheit und einer revolutionären Stimmung, der das Ziel nichts, die Kraft zur Zerstörung alles gilt.

Wie in jeder Revolution spielen auch in der konservativen Revolution die Worte Kampf und Opfer eine große Rolle. Und doch unterscheidet sich die konservative Motivation dieser kriegerischen Tugenden wesentlich von der sozialistischen. Der konservative Revolutionär versucht nämlich im Prozeß des Kampfes und im Opfer zu den Werten zu gelangen, die für den linken Revolutionär von vornherein das revolutionäre Ziel bestimmen. Aus der Unbedingtheit des Kampfes, aus der Heiligkeit des Opfers selbst erwartet der Konservative die Geburt einer Wertwelt, der gegenüber er dann seine ursprüngliche Funktion zu bewahren, zu erhalten und zu schützen wieder ausüben kann. Auf diese Weise erscheint der Krieg als solcher eine Werthierarchie schaffen zu können. Im Kampf und Opfer scheinen Kräfte frei zu werden, die an sich selbst ethische Dignität besitzen. *Ernst Jüngers* Kriegsbücher offenbaren diese Philosophie sehr eindrücklich. Wenn er Granateinschläge auf dem Schlachtfeld von

Verdun im Bilde leuchtender Blumen begreift, zeigt er dem Leser, daß es ihm weniger um Kriegsziele oder um das Leiden und Sterben von Soldaten geht, als um das Erlebnis des Krieges als eines Mythos, einer Urgewalt, die den Menschen, für ihn selbst undurchsichtig und sinnlos, beherrscht.

Neben den Momenten Kampf und Opfer, zu denen sich dann vor allem noch Gehorsam und Führung gesellten, so daß der Ruf nach dem Führer im Kreise der konservativen Revolutionäre immer stärker wurde, finden sich schon im Ansatz des konservativrevolutionären Denkens die beiden Hauptinhalte des alten Konservatismus, nämlich Boden und Geschichte. Beide Elemente erscheinen nun als die Triebkräfte des revolutionären Denkens selbst, das sich empört gegen bloße Ideen, gegen Intellektualismus und Doktrin. Die Revolution empfindet sich als aus diesen beiden alten Quellen gespeist und will auch in ihrem inhalts- und ziellosen Radikalismus noch von ihnen leben.

Bei einigen jedoch werden Boden und Geschichte zu ausgesprochenen Zielen der Revolution. Ernst Niekisch, der trotz seines National-Bolschewismus der konservativen Revolution angehört, forderte 1931 allen Ernstes die Verödung der Großstädte. Es müsse unter Deutschen selbstverständlich werden, der Großstadt den Untergang in Pech und Schwefel zu wünschen. Er schreibt wörtlich: „Dem deutschen Volke tut der Mut zu seinem Barbarentum not, seine Stärke beruht in Germaniens Wäldern: je tiefer es sich dorthin zurückzieht, desto mehr findet es sich selbst. Es braucht die Schluchten des Teutoburger Waldes, um den Welschen die Köpfe abschlagen zu können."

Die Zivilisationskritik der konservativen Revolution wendet sich auch gegen den kapitalistischen Wirtschaftsteil. Man fordert vom deutschen Volk den Willen zur Armut und den Rückzug aus der Weltwirtschaft. Die Unterbrechung des internationalen Warenstroms soll die sogenannte Überfremdung auf der Konsumseite verhindern und eine Erneuerung im Geiste schaffen, eine neue Bodengebundenheit des Denkens und Fühlens, anstelle eines freischwebenden Intellektuellentums.

Auf dem Felde der Geschichte verfährt man ähnlich. Anstelle des wachsenden kulturellen Pluralismus, der in den Künsten auftauchenden Motive und Elemente aus anderen Kulturen und Erdteilen will man eine eindeutige Linie deutscher Überlieferung schaffen, das heißt aber „finden", denn es kommt alles darauf an, nichts Künstliches, nichts Gemachtes und Gewolltes zu schaffen. Wie schwierig und innerlich unmöglich es in Deutschland war, die Kontinuität einer eigenen Geschichte zu halten, wenn man sich auf das Mittelalter und „das Germanentum" zurückzog, wird an Sätzen Niekischs deutlich, die zugleich zeigen, auf welche Weise die emotionale Quelle der Revolution mit ihrer Zielvorstellung in eins gedacht ist: „Ruht noch germanische Substanz in den Tiefen unseres Wesens, dann ist unsere geschichtliche Aufgabe eindeutig vorgezeichnet: sie befiehlt, zu den Goldadern dieser Substanz vorzudringen, sie bloßzulegen, alle Schalen, mit denen die Jahrhunderte sie überdecken, zu durchstoßen, zu zermahlen und fortzuräumen. Das bedeutet, daß wieder Fäden aufgenommen werden müssen, die seit langem abgerissen sind. Wir kommen voran und aufwärts nur, indem wir zurückkehren bis hinter Karl dem Großen, die Varusschlacht, bis hinter die Zeit förmlich, in der zuerst sich eines Römers Fuß auf deutsche Erde setzte."

Daß sich solche geschichtlichen Spekulationen zu realen politischen Forderungen verdichten konnten, zeigt das 1921 erschienene Buch von Othmar Spann mit dem Titel: „Der wahre Staat", in welchem er unter dem Hinweis, daß das jetzige Polen, Böhmen, Ungarn und Südslavien einst deutsche Lehen waren, die Rückgewinnung jener Gebiete fordert. Auf diese Weise harre des deutschen Volkes eine glänzende, an die alte Kaiserzeit gemahnende Zukunft.

Boden und Geschichte waren schon in der Romantik in einem politisch relevanten Begriff des Volkes verbunden. Dieser Begriff wird auch im revolutionären Konservatismus zum Kernbegriff. Im Gegensatz zum liberalen parlamentarischen Staat, der dem Individuum und seinen persönlichem Glücksstreben dient, soll das Volk als die Summe der geschichtlichen und blutmäßigen Kräfte die Einheit des politischen Willens repräsentieren und den einzelnen in den Dienst dieses Gemeinwillens stellen. Im Volk sollen alle jetzt noch heterogenen, einander bekämpfenden Gruppen ihren organischen Ort erhalten. Im völkischen Staat soll Autorität wieder wachsen, Verantwortung wieder geübt werden. Vor allem aber soll dieser Staat ein deutscher Staat sein und nicht ein allgemeiner, westlicher, auf rationale Prinzipien gebauter Staat liberalen Konzeptes.

Hier bot sich ein Anknüpfungspunkt zu der nationalistischen Ausformung des alten Konservatismus. Wenn schon der Thron leer, Preußen durch den Verlust der Hegemoniestellung geschwächt war, und die Armee nur noch in stark reduzierter Form weiterbestand, existierten in Kirche, Beamtentum und Heer die gesellschaftlichen Kräftegruppen weiter, denen der nationale Konservatismus sich als Tradition verbunden wußte. Diesen preußisch orientierten Konservativen gegenüber gelang Hitler 1933 eine geschickte Täuschung: der Tag von Potsdam bedeutete manchem Konservativen in der Tat, was er seinem Anspruch nach sein sollte: „die Verbindung der ruhmreichen Vergangenheit des deutschen Reiches mit der kraftvollen Wiedergeburt der Nation"; oder wie es im Flaggenerlaß Hindenburgs, der zweiten Irreführung hieß: „die Vermählung zwischen den Symbolen der alten Größe und der jungen Kraft".

Wennschon sich das nationalsozialistische Staatsverständnis von dem des revolutionären Konservatismus in wichtigen Punkten unterschied und eine ganze Reihe von konservativen Revolutionären durch Hitler ausgewiesen, verfolgt oder ermordet wurden, zeigen gerade die dreißiger Jahre das Dilemma, in das der deutsche Konservatismus geraten war: da eine sinnvolle Kontinuität zu Epochen und Gesellschaftsformen, die zu erhalten gewesen wären, nicht mehr bestand, wählte sich der Konservatismus, je weiter er selber in der Geschichte voranschritt, immer ferner gelegene Maßstäbe und Idole für sein goldenes Zeitalter. Hatte Möser noch den rationalen Absolutismus bekämpft, so berief sich bereits Novalis auf das Mittelalter. Im zwanzigsten Jahrhundert ging man noch weiter zurück, zu Karl dem Großen, zur Völkerwanderungszeit, bis die Nationalsozialisten schließlich in der germanischen Frühzeit angelangt waren. Dieser paradoxe Rückgriff auf immer entfernter liegende Zeiten findet sich in keinem anderen europäischen Konservatismus. Im Gegenteil pflegen die englischen und französischen Konservativen der vorwärtsschreitenden Zeit gemäßigten Schrittes zu folgen und die gerade vergehende oder vergangene Epoche als eine Verpflichtung für die Gegenwart zu empfinden. Es gab diese Tendenz auch im deutschen Konservatismus, etwa, wenn man sich im legitimistischen Konservatismus auf die absolutistische Staatsstruktur berief, die Möser noch als rationalistisch bekämpft hatte. Aber der stark völkische Charakter hat den deutschen Konservatismus in den dreißiger Jahren ein System mit vorbereiten geholfen, das ihm die Paradoxie und das Dilemma eines Konservatismus, der revolutionär wird, vor Augen führte. Zwar haben auch die anderen faschistischen Bewegungen Europas, der italienische Faschismus und die Action Française in dem Maße Verbindungen zu konservativen Bewegungen gehabt, als der Konservatismus wie der Faschismus vornehmlich an einer integralen Gesellschaft interessiert sind und sich deshalb im Kampf gegen den Liberalismus verbinden können. Aber keine der genannten Bewegungen hat sich von Tradition und Geschichte so weit entfernt wie der deutsche Konservatismus der dreißiger Jahre.

Wir wollen nun ausdrücklich nach der gegenwärtigen Situation des deutschen Konservatismus fragen. Dabei wird sich zeigen, daß es um sehr verschiedene Bewegungen und Positionen geht. Trotz dieser Varietät gibt es Gemeinsamkeiten, die, wie schon zur Zeit der Weimarer Republik, vornehmlich in der Negation und Abwehr bestimmter moderner Erscheinungen liegen.

Zunächst schien es, als ob mit der konservativen Revolution die Geschichte des Konservatismus in Deutschland beendet sei. Aber die Vorstellung, die gegenwärtige Zeit erlaube die Rede vom Konservieren nicht mehr, hat die Geschichte des Konservatismus stets begleitet. Und so ging konservatives Denken und konservative Politik auch in Deutschland weiter ihren Weg. Es dauerte nicht lange, bis sensible Geister sich über den restaurativen Charakter der Epoche Gedanken machten. So jedenfalls drückte sich Walter Dirks in einem Aufsatz aus, der 1950 in den Frankfurter Heften erschien und seither als ein Zeitdokument ersten Ranges immer wieder zitiert wird. Dirks meinte, die einzige konservative Position von einiger Bedeutung sei die der Gewerkschaften. Der Großgrundbesitz habe seine Basis verloren, das Bauerntum könne sich guten Gewissens nicht mehr durch Bewahrung retten, sondern nur noch durch Wandlung. Dasselbe gelte von allen anderen überlieferten Positionen. Gleichzeitig aber stellte er fest, daß dennoch der Geist der Restauration in allen Institutionen anzutreffen sei. Ob Katholiken oder Protestanten, Sozialisten oder Christ-Demokraten, Universitäten, studentische Verbindungen oder Wirtschaftsmächte, überall werde versucht, Fäden nach hinten wiederanzuknüpfen. Vor allem aber werde das sozioökonomische System, das noch den Nationalsozialismus getragen hatte, wieder etabliert. Dirks schrieb wörtlich: „Es war ein restauratives Symptom, daß nicht zuerst Wohnungen, Volkshäuser und Schulen, sondern Cafés, Luxusgeschäfte, Restaurants und Goethe-Häuser gebaut wurden. Jeder Blick in fast jede illustrierte Zeitung zeigt, wo die Interessen der Leser vermutet werden: in der Vergangenheit."

Der entscheidende restaurative Akt geschah nach dem Urteil von Walter Dirks mit der Währungsreform. Die folgenden Sätze bekamen mit jedem Jahr größere Bedeutung und würden von Dirks vermutlich heute auch noch geschrieben werden können. „Jetzt sind wir bereits wieder soweit, daß eine bestimmte Schicht von Industriellen nicht nur die Stahlproduktion sich erhöhen, sondern dahinter auch die Macht zurückkehren sieht. Zu ihrem restaurativen Geist gehört jener Schuß Angst um die neuen Konjunkturgewinne, der sie nach parteipolitischen Rückversicherungen Ausschau halten und mannigfache Deckungen im internationalen Gefüge der Restauration suchen läßt." In der letzten Wendung kündigt sich die Vorstellung einer gesamteuropäischen Entwicklung konservativen Charakters an, und Dirks schrieb: „In Bonn, Rom, Wien, Brüssel, Lissabon sind Machtpositionen erobert, in Frankreich ist noch nichts verbaut, Spanien ist ein heimlicher Bundesgenosse und wird eines Tages ein offener sein, . . . und sind nicht in England die künftigen Herren, die eine europäische Politik begünstigen, die Konservativen? Wie mischt sich in diesem Konzept das Interesse der Privilegierten, das Weltbild des Bürgers, das Denken der Alten, die Angst vor der Zukunft, der gute Wille zum Ausgleich, die Sorge um das Christentum!"

In den Augen mancher war der Konservatismus auch deshalb an ein Ende gekommen, weil eine allgemeine Entideologisierung nach dem Zweiten Weltkrieg eingetreten sei. Der Begriff konservativ, schrieb Siegfried Landshut, tauge zur Kennzeichnung von gegenwärtigen Erscheinungen nicht mehr. Hans Schuster meinte, der Gegensatz zwischen konservativ und liberal, der in der Zeit des Kulturkampfes seinen Höhepunkt erreicht hat, gehöre heute der Geschichte an. Nun benützen Konservative die Entideologisierungsthese mit besonderer Vorliebe, weil sie ihnen erlaubt, der für sie immer unangenehmer werdenden Frage auszuweichen, was denn heute unter konservativ zu verstehen sei. Ein gewisses Recht allerdings kann man etwa Hans Mühlefeld nicht absprechen, wenn er in seinem Buch „Politik ohne Wunschbilder" zeigt, daß im Neoliberalismus sich heute Elemente konservativen Denkens finden. Sowohl bei Röpke wie Rüstow, auch bei Hajek und Böhm findet sich eine kritische Einstellung zum zivilisatorischen Fortschritt.

Man folgt zwar dem liberalen Konzept, soweit es sich auf die Wettbewerbsordnung bezieht, verteidigt auch die Notwendigkeit eines wachsenden Sozialproduktes. Trotzdem schlug Alexander Rüstow, der sich der Jugendbewegung zeitlebens verbunden wußte, allen Ernstes vor, in bestimmten Produktionszweigen die Heimarbeit wieder einzuführen. Morgens solle ein Lastwagen die Rohprodukte bei den zuhausebleibenden Arbeitern abladen, um sie des Abends in bearbeiteter Form wieder einzusammeln. Noch ein anderes Argument wurde in den fünfziger Jahren gegen die Vorstellung einer Wiederbelebung konservativen Denkens geltend gemacht: die Idee einer Weltgesellschaft und einer Weltethik mache den konservativen Rekurs auf nationale Herkunft unmöglich. Gegenüber dieser Vorstellung entwickelte sich bei einigen deutschen Konservativen die Vorstellung von einer europäischen Politik, die an die Stelle früherer nationaler Politik treten müsse. Europa würde überhaupt in konservativen Kreisen zu einer Art Ersatz für Nation, Volk, oder Reich.

Trotz vieler Faktoren, die eine konservative Politik eher behinderten als förderten, erschienen schon in den fünfziger Jahren Schriften, die eine konservative Erneuerung verlangten, eine konservative Funktion behaupteten, zu konservativer Sammlung aufriefen. Abgesehen von den rechtsradikalen Splittergruppen, die es gleich nach Kriegsende schon wieder gegeben hatte, gewann konservatives Denken allgemein in der Politik wieder an Boden. Das Thema konservativ war nicht mehr obsolet, sondern wurde in Sondernummern von Zeitschriften behandelt, so etwa in einer Nummer des neuen Abendlandes im Jahre 1956. Im Jahre 1962 veranstaltete die Zeitschrift „Der

Monat" – wie schon erwähnt – ein Forum über die Frage „Was ist heute eigentlich konservativ?".

Seither gewinnen konservative Gedanken mit jedem Jahr an Boden, und Franz Joseph Strauß konnte auf einem Parteitag der CSU den Begriff konservativ mit Erfolg verteidigen, allerdings mit einer der merkwürdigsten Begründungen, die je als Interpretation für den Begriff konservativ abgegeben wurden. Konservativ bedeutet nämlich, wie Strauß sagte: „an der Spitze des Fortschritts marschieren."

Ob diese Charakteristik wirklich so absurd ist wie sie klingt, wollen wir am Schluß fragen. Es scheint, als ob die jüngste Entwicklung des Konservativismus in Deutschland diesem Selbstverständnis recht gibt. Ich stütze mich für die folgenden Überlegungen vornehmlich auf den Anthropologen Arnold Gehlen, den Soziologen Helmut Schelsky, den Staatsrechtler Ernst Forsthoff und die Publizisten Rüdiger Altmann und Armin Mohler, alles konservative Theoretiker, die in einem gewissen Verbund eine Theorie entwickelt haben, die verschiedene Namen trägt, aber in einer Behauptung dasselbe meint: die Bundesrepublik sei in ein neues Stadium der Formierung, der Kristallisation, der institutionellen Verfestigung eingetreten, und zwar durch das, was man heute Technokratie nennt. Ich entfalte kurz die wichtigsten Schritte.

In seiner Institutionslehre behauptet Arnold Gehlen, der Mensch müsse, um sein Leben sichern zu können, sich in Institutionen einhausen, die ihm gegenüber einen Selbstwert im Dasein hätten. Im Unterschied zum primitiven Menschen, der im Wege des Ritus den Institutionen diesen Selbstwert zuerkannt habe, befindet sich der moderne Mensch im Stadium der Dauerreflexion und unter dem Druck ständiger Entscheidungszumutungen. Sein Verhältnis zur Aufklärung ist somit wie das jedes reflektierten konservativen Denkers ambivalent. Einerseits ist Gehlen selber Aufklärer, insofern er sich seine Fragen durch eine Analyse gegenwärtiger Verhältnisse aufgeben läßt: Zweifel und Kritik sind die Anstöße seines Denkens. Andererseits denkt er gegen die Aufklärung, wenn er den Fortschrittsoptimismus, den gesellschaftlichen Pluralismus und den philosophischen Subjektivismus in immer neuen Anläufen kritisiert. Eine zentrale Kategorie bei Gehlen ist die der Entlastung. Dadurch, daß ein Verhalten auf institutionelle Dauer gestellt wird, sichert es sich und entlastet von ständigen Entscheidungszumutungen. Die Dauer der Institution tilgt somit die Vergänglichkeit des einzelnen und stellt sich Gehlen als ein Wert an sich selbst dar. Die Reflexion aber ist das Geschäft der Intellektuellen, gegen die sich Gehlens Haß zunehmend wendet. In Arnold Gehlens Sozialphilosophie finden sich die wichtigsten Positionen deutschen konservativen Denkens versammelt. Instrumentelles oder utilitaristisches Bewußtsein wird ebenso abgelehnt wie jede Vorgabe eines rationalen, außerhalb des institutionell abgesicherten Handelns liegenden Zweckes. Ein tiefes Mißtrauen gegenüber allen Regungen der Subjektivität beherrscht das gesamte Werk Gehlens. Stabilisierung nach rückwärts soll den Sinn für die Verpflichtung, für das Opfer und den Dienst garantieren. Nur durch Aufopferung für die Institution entgeht der Mensch der fatalen Möglichkeit, sich selbst leben zu wollen. Das Industriesystem aber hat zu einer Einebnung und Aufweichung der Toleranzgrenzen und zu einer psychischen Desarmierung geführt.

Nun ist Gehlens Urteil über die zukünftige Entwicklung der Menschheit im Blick auf die von ihm geforderte institutionelle Sicherung ambivalent. Auf der einen Seite stellt er fest, daß die parasitäre Veranlagung des Menschen heute deutlicher denn je hervortritt. Auf der anderen Seite aber glaubt er nicht, daß diese Entwicklung anhalten oder je an ihr volles Ende gelangen kann. Da das menschliche Leben, um für lohnend gelten zu können, stets um andere Ziele als des bloßen Am-Leben-Bleibens eingesetzt werden muß, führt die zunehmende Subjektivierung des Lebens zu Angst, Neurosen und einer allgemeinen Primitivierung. Der aussichtslose Versuch des Menschen, die Führung des Lebens selbst zum Thema seines Handelns zu machen, muß letztlich scheitern. Und so meint Gehlen heute, daß sich bereits gewisse Stabilisierungen feststellen lassen. Die Ursachen dafür sind verschieden. Zum einen glaubt Gehlen, es sei außerordentlich unwahrscheinlich, daß noch prinzipiell neue Ideologien auf den Plan treten werden. Gehlen sagt somit die Voraussage, daß die Ideengeschichte abgeschlossen ist, und daß wir im Posthistoire angekommen sind, so daß der Rat, den Gottfried Benn dem einzelnen gab, nämlich „Rechne mit deinen Beständen", nunmehr der Menschheit als ganzer zu erteilen ist.

Ähnlich wie Gehlen, der für diesen Zustand neuerlicher institutioneller Verfestigung den Begriff „Kristallisation" gebraucht, versteht Rüdiger Altmann mit dem von ihm geprägten Begriff der „formierten Gesellschaft" die Garantie neu gefundener Stabilität. Altmann schreibt: „Unsere Gesellschaft lebt bereits im Gefühl, wenn auch nicht im klaren Bewußtsein ihrer Einheitlichkeit. Diese Einheit gründet sich auf die Einebnung gegensätzlicher Tradition, auf soziale und nationale Erfahrungen." Der Pluralismus ist für Altmann kein Einwand gegen seine These, im Gegenteil: „Pluralismus und Integration sind komplementäre Begriffe geworden, wobei Integration augenscheinlich den höheren Funktionswert besitzt."

Über die Entideologisierung und den Abbau von gesellschaftlichen Konflikten hinaus, sieht der deutsche Konservativismus gegenwärtig Stabilisierungen, Formierungen, Kristallisationen auf Grund von Faktoren entstehen, für die man das Wort Sachzwang gefunden hat. Dieser Begriff steht in deutlicher ideologischer Verbindung zu dem, was bei Gehlen Selbstwert im Dasein oder Eigengesetzlichkeit heißt. Diese Sachzwänge sind politischer, ökonomischer und technischer Natur. Ernst Forsthoff hat seit seiner vielbeachteten Schrift: Die Verwaltung als Leistungsträger (1938) den wachsenden Bereich staatlicher Daseinsvorsorge immer neu beschrieben. Der wachsenden Allmacht des Staates, aber auch gesellschaftlicher Gruppen entspricht eine zunehmende Inkompetenz der Bürger, über ihr politisches Schicksal zu entscheiden. Die Staatsbürger verhalten sich nach Meinung Forsthoffs darin systemgerecht, daß sie sich auf die Ausübung des Wahlrechts als der fast einzigen Art staatsbürgerlich zulässiger Aktivität beschränken. Rüdiger Altmann betont wie alle Konservativen die Notwendigkeit staatlicher Autorität und gibt innerhalb der politisch-sozialen Stabilisierung dem Bereich der Wirtschaft besonderes Gewicht. Hier wird die ideologische Abhängigkeit des modernen Konservativismus vom kapitalistischen Wirtschaftssystem besonders augenfällig. Altmann sieht im wesentlichen zwei große Aufgaben, denen Gesellschaft und Regierung gewachsen sein müssen: die Garantie der wirtschaftlichen Entwicklung und die Verteilung des Sozialprodukts.

Gehlen spricht von einer „Produktions- und Wohlstandsunion", in der die Steigerung der wirtschaftlichen Leistung einerseits, die Garantie von Wohlstand und ziviler Sicherheit andererseits die beherrschenden Imperative ausmachen. Forsthoff ist überzeugt, daß an eine Veränderung der Strukturen dieses sozioökonomischen Systems nicht mehr zu denken ist. Gehlen vergleicht die alte Naturordnung mit der neuen Union Gesellschaft – Staat – Wirtschaft und meint, daß diese neue Kristallisation zur Anpassung zwingt und womöglich zur Mythenbildung anregen kann.

In dem Maße, wie Sachverhalte, Sachzwänge, Eigengesetzlichkeiten die Voraussetzungen des kristallisierten Systems ausmessen, gewinnt der Fachmann an Bedeutung, und die Trennung des Fachmannes vom Laien erzeugt ein neues Autoritätsmodell. Im staatlichen, wirtschaftlichen, technischen und vor allem im wissenschaftlichen Bereich gilt die Autorität des Informierten, die Sachkenntnis des Fachmannes, die Berufserfahrung gegenüber dem Nichtinformierten, dem Laien und dem Dilettanten. In dem Maße, wie Sachverhalte Selbstwert erhalten und, wie Gehlen sagt, die Maschinenkultur einen Rekord der Zwecksetzung ohne Zweck aufstellt, herrscht technisches Können als Verfügung über Menschen. Hand in Hand mit der Behauptung dieser Entwicklung zum Sachzwang aber geht die konservative Behauptung, daß demokratische Freiheit in einem technokratischen Gesellschaftssystem nicht mehr praktiziert werden könne. Ernst Forsthoff stellt mit wünschenswerter Deutlichkeit fest: „Der Geist der Technik, auf nichts anderes bezogen als auf deren Perfektion, schließt individuelle Freiheit grundsätzlich aus."

Inzwischen haben konservative Theoretiker eine Theorie des technischen Staates entwickelt. Das Startzeichen gab im Jahre 1961 Helmut Schelsky mit seiner Schrift: „Der Mensch in der wissenschaftlichen Zivilisation." Sie ist bis heute der deutlichste Beweis für die vom Konservativen klar erkannte Unvereinbarkeit zwischen Technokratie und Demokratie. Der Sachzwang der technischen Mittel macht die Frage nach dem Wesen des Staates, nach Gerechtigkeit oder Demokratie überflüssig. Die moderne Technik bedarf keiner Legitimität, mit ihr herrscht man, weil sie funktioniert und solange so optimal funktioniert. Der Staatsmann des technischen Staates ist daher gar nicht einer, der entscheidet oder herrscht, sondern einer, der analysiert, konstruiert, plant. Schelsky schreibt wörtlich: „Gegenüber dem Staat als einem universalen technischen Körper wird die klassische Auffassung der Demokratie als eines Gemeinwesens, dessen Politik vom Willen des Volkes abhängt, immer mehr zu einer Illusion."

Jürgen Habermas hat in seiner Kritik des technokratischen Modells gezeigt, daß hinter den Theorien einer optimalen Verbindung von Technik und Politik die voraussetzungsvolle Unterstellung steckt, es gäbe ein Kontinuum der Rationalität in der Behandlung technischer und politischer Fragen. Gerade die Praxis kommunistischer Politik hat gezeigt, daß ein wachsender Grad technischer Verfügung nicht unbedingt konvergieren muß mit einem Absterben dessen, was Marx unter politischer Herrschaft verstand. Der technische Staat bewirkt eine Entpolitisierung des Bürgers, der die Sachverhalte, die es zu entscheiden gilt, nicht mehr beurteilen kann. Diese Entpolitisierung wird vom Konservativen begrüßt. Das deutlichste Dokument für diesen Umschwung konservativen Denkens von einer der Technik gegenüber kritischen Einstellung zu einer vollen Bejahung der Industriekultur ist eine Schrift Armin Mohlers, die den Titel trägt: „Konservativ 1969". Mohler gibt zunächst zu, daß die Konservativen heute in eine Sackgasse geraten sind, weil sie mit dem Phänomen der industriellen Gesellschaft nicht fertig wurden. Er verweist auf die durchgängig kulturkritische Stimmung, die bei Konservativen heute immer noch anzutreffen ist, meint aber, es sei falsch, Modelle aus verflossenen Gesellschaftszuständen zu holen in der Annahme, nur dort habe es klare Hierarchien und Strukturen gegeben. Dagegen stellt er fest, daß die gesellschaftspolitischen Rollen zwischen rechts und links heute vertauscht sind. Er schreibt wörtlich: „Die Linke hat so mit den Konservativen die Rollen getauscht. Sie, die sich so lange im avantgardistischen Glanze sonnte, hat nun die Rolle der Maschinenstürmer und damit der ‚Nachzügler der Weltgeschichte' übernommen. Die Konservativen aber hat ihr Widerstand gegen mutwilliges Zerstören unversehens auf die Seite der Industriegesellschaft gedrängt, der sie so lange mißtrauisch gegenübergestanden waren. Die Bedeutung dieses Vorganges ist noch gar nicht ins allgemeine Bewußtsein gerückt, und nicht einmal in das der Konservativen selbst." Mohler bezieht sich auf die Ereignisse des Mai 1968 in Paris. Die Erfahrung, daß eine relativ kleine Gruppe gegen den Widerstand des Staates und der stärksten Gewerkschaftszentrale weite Bereiche der Industriegesellschaft zu lähmen, die Währung zu erschüttern und den technischen Fortschritt um Jahre zu verzögern imstande war, zeigt ihm, daß die Konservativen sehr wohl auf der Seite von Industrie und Technik zu finden sind.

Wenn immer es den Konservativen um Hierarchie geht, so ist leicht einzusehen, daß die Hierarchie einer Leistungsgesellschaft eher noch unerbittlicher ist als die der alten Ständegesellschaft. Der Konservative also, meint Mohler, komme um die Industriegesellschaft nicht herum. Die Konservativen müssen eine ganz neue Sprache, ja zu einem neuen Denken und Handeln finden.

Nun liegt in dieser Situation, wie Mohler selbst sieht, ein Dilemma, denn natürlich fällt es dem Konservativen schwer, sich mit Haut und Haaren der Technik und der Industriegesellschaft auszuliefern, um sie zugunsten einer neuen Ordnung in Dienst zu nehmen. Aber gerade hier ist Mohler eindeutig, wenn er schreibt: „Es wirkt peinlich, wenn man auf Konservative stößt, die heute noch mit Mösers Vokabular oder dem des Herrenklubs, dem von Rerum novarum um sich werfen. Selbst die Worte eines Burke, so richtig sie damals waren, werden in der heutigen, so veränderten Situation zu Geschwätz." War bisher das Wort natürlich unter Konservativen ein Kennwort, so spricht Mohler am Schluß seines Aufsatzes vom Popanz einer heilen Welt und gibt offen zu: „daß die Welt des Menschen, seit es sie gibt, immer künstlich war. Der Mensch der Industriegesellschaft lechzt zwar nach Natur, nach dem Unbebauten, Nichtorganisierten, dem Überraschenden, Nichtvorhergesehenen – das wissen wir. Aber es wäre falsch, das Unverbaute einfach dort zu suchen, wo früher einmal unbebautes Gelände war." Nur wenn der Konservative heute diesen Formwechsel vornimmt, gibt ihm Mohler für die Zukunft eine Chance, sonst bleibt er eine komische Figur.

Indem Mohler die sozioökonomischen und technischen Strukturen des gegenwärtigen Systems in den Rang einer zweiten Natur erhebt, will er über den in diesen Strukturen herrschenden Sachzwang die alten konservativen Tugenden des Dienstes und der Unterordnung wieder einführen. Der Dualismus zwischen Wissenden und Unwissenden wird identisch mit der Unterscheidung zwischen Mächtigen und Ohnmächtigen. Das aber ist nichts anderes als die wahrhafte Durchführung der konservativen Revolution, deren Maxime, Dinge zu schaffen, die zu erhalten sich lohnt, nun erst voll begreiflich wird. Allein in dieser Perspektive gibt auch der überraschende Ausspruch von Franz Joseph Strauß Sinn, konservativ bedeute, „an der Spitze des Fortschritts zu marschieren". Es scheint, als ob diese Position gegenwärtig Aussicht hat, ausgebaut zu werden. Die Frage bleibt, ob die in ihr steckenden alten konservativen Prämissen und Forderungen uns vor politischen und moralischen Rückschlägen bewahren, wie sie uns die bisherige Geschichte des deutschen Konservativismus, der hier in Rede stand, beschert hat.

Gerd-Klaus Kaltenbrunner

Prospektiver Konservatismus

Vorläufige Bemerkungen zu einer konservativen Theorie

Gestatten Sie mir, mit einem Bekenntnis zu beginnen. Obwohl ich, zum Unterschied von vielen Konservativen, der Annahme huldige, daß Konservatismus nicht bloß eine Sache irrationalen Glaubens und Fühlens, sondern durchaus auch theoriefähig, also mit rationalen Argumenten zu rechtfertigen ist, bilde ich mir nach etlichen Veröffentlichungen zum Thema weniger denn je ein, daß diese Annahme leicht, unschwer Freunde finden wird. Ich mache mir auch keine Illusionen darüber, was man auf so engem Raum sagen kann. Ich werde deshalb weniger versuchen, Sie von der Richtigkeit meiner Ansichten zu überzeugen, als Sie anzuregen und, im Rahmen des Möglichen, zu provozieren.

Hauptgegenstand meiner Ausführungen wird das sein, was ich „konservative Theorie" nenne.

Zuerst werde ich versuchen zu erläutern, was ich unter konservativer Theorie verstehe. Dann möchte ich drei Thesen aufstellen und verteidigen, die die großen Themen konservativer Theorie betreffen.

I.

Als konservative Theorie wird mancherlei bezeichnet.

1. Unter konservativer Theorie kann man eine Lehre verstehen, die, lange Zeit für richtig gehalten, schließlich von einer anderen herausgefordert, kritisiert und verdrängt wird. Fast ein Jahrtausend lang war der heilige Augustinus die maßgebende theologische Autorität in der christlichen Kirche. Als dann im 13. Jahrhundert der Dominikanermönch Thomas von Aquin die christliche Theologie in den Kategorien des damals neuentdeckten heidnischen Philosophen Aristoteles zu formulieren unternahm, kam es zum „Streit zwischen der konservativen Richtung des Augustinismus ... und dem fortschrittlichen Aristotelismus" [1]. Thomas erschien als großer Neuerer, als einer der kühnsten jener „moderni", denen der aufgebrachte Papst Gregor IX. mahnend zurief: „contenti terminis a patribus institutis". In diesem Sinne war der Augustinismus eine konservative Theorie und die Lehre des Aquinaten eine progressive. Diese Charakterisierung besagt nichts über den Inhalt oder die Wahrheit der betreffenden Lehren, sondern nur etwas über die Tatsachen ihrer historischen Entstehung, Wirkung und Verbreitung. Wäre dem Augustinismus keine theologische Konkurrenz erwachsen, hätte es wenig Sinn, ihn als konservativ zu bezeichnen.

2. Unter konservativer Theorie kann man eine religiös-metaphysische Lehre verstehen, die sich inhaltlich auf eine *„ab origine"* oder *„in illo tempore"* gegebene

Offenbarung, Weisung oder Wahrheitsnorm beruft und in dieser ihren verpflichtenden Grund weiß. Dazu gehören alle heiligen Geschichten, die Auskunft geben über den Ursprung, Sinn und korrekten Vollzug regelmäßig zu wiederholender Riten. Eine konservative Theorie dieser Art kann einfach sein wie das indische Sprichwort: „So haben die Götter getan, so tun die Menschen."[2] In komplexerer Gestalt kann sie sich, wie die jüdische Kabbala, als eine *sacra doctrina* ausgeben, die man nur einem „Meister in Künsten und kundig des Flüsterns" anvertrauen darf, als höchstpersönliche Überlieferung von Eingeweihten, die jedes wissende Geschlecht in stets weiterer, tieferer und reicherer Ausdeutung empfängt, bis sie am Ende der Zeiten als die ganze Wahrheit aufleuchtet.[3] Zu diesem Typus von konservativer Theorie gehört auch jede Scholastik. Unter Scholastik verstehe ich hier keineswegs im abwertenden Sinne ein sich in Spitzfindigkeiten ergehendes Argumentieren über irreale Probleme; ich verwende diesen Begriff auch nicht nur für das kirchlich gebundene Denken des abendländischen Mittelalters. Ich fasse Scholastik wesentlich weiter, so daß sie alle Denkweisen umfängt, die von einer bestimmten autoritativen Offenbarung, einem *„theios logos"*, einer heiligen Rede, einem heiligen Buch oder sonst einer sakrosankten Tradition ausgehen und weniger an kritischem Erkenntnisfortschritt als an der Bewahrung, Deutung und Legitimierung des ihnen vorgegebenen kanonisierten Lehrschatzes interessiert sind.[4] Zu diesem Typus von konservativer Theorie oder intellektuellem Traditionalismus gehört nicht nur die christliche Scholastik, sondern auch die Kant-, Hegel- und Marx-Scholastik. Ich glaube, daß keine Gesellschaft, wie progressiv sie auch sein mag, auf ein scholastisches Element in ihrer Kultur verzichten kann; ich bin mir aber auch bewußt, daß jeder Ahnherr einer Scholastik den Seufzer Ludwig Wittgensteins wiederholen könnte: „Die einzige Saat, die ich säe, ist wahrscheinlich ein gewisser Jargon."

3. Unter konservativer Theorie kann man eine Theorie über den Konservatismus verstehen, ähnlich wie man eine Theorie, die ökonomische Zusammenhänge zu erklären versucht, eine ökonomische Theorie nennt. Konservative Theorien in diesem Sinne haben etwa Karl Mannheim[5], Georg Quabbe[6] und Samuel Huntington[7] vorgelegt. Es bedarf keiner besonderen Begründung, daß solche Theorien auch von Nicht-Konservativen entworfen und vertreten werden können.

4. Unter konservativer Theorie kann man ferner verstehen alle intellektuellen Hervorbringungen, die von konservativen Politikern gefördert und benützt werden, weil sie sich davon politische Vorteile erwarten. Beispiele von Rang für eine solche Indienstnahme von Theorien sind das vorübergehende Bündnis zwischen den gegen Hardenberg frondierenden Junkern und dem eloquenten romantischen Ästheten Adam Müller, die offiziellen Gunstbezeigungen der preußischen Regierung gegenüber Hegel und später der Auftrag König Friedrich Wilhelms IV. an Schelling, die „Drachensaat" des nach dem Tode des Meisters linkslastig gewordenen Hegelianismus auszurotten. Konservative Theorie dieser Sorte ist Ideologie, funktional abhängig von bestimmten gesellschaftlichen Mächten. Im schlimmsten Falle ist sie die intellektuelle Hure konservativer Politik, opportunistische Apologetik und Betrug im Solde von außerintellektuellen Interessen, ohne den politischen Entscheidungsprozeß überhaupt beeinflussen zu können: „Die Dummen machen den Text, den Kommentar die Geistreichen", wie Abbé Galiani sagt. Oder konservative Theorie ist Betrug, an den die Betrüger selber

glauben. Sie mag als Feigenblatt dienen. Sie kann sich in zynischer und in romantischer Gestalt zeigen, als docta nostalgia oder als docta desperatio derer, die nach Gründen für ihre Abneigung gegen Wandel, Fortschritt und Emanzipation suchen. Diese Art konservativer Theorie hat Ernst Jünger im Auge, wenn er schreibt: „Der Wille, Nicht-zu-Haltendes zu halten, gibt der konservativen Kritik die oft mit Schönheit und geistiger Schärfe verbundene Unfruchtbarkeit. Man tritt in halb verfallene Paläste ein, die unbewohnbar geworden sind.“ [8]

5. Unter konservativer Theorie kann man zuletzt verstehen eine Art von praktischer Philosophie, die in kritischer Distanz sowohl zum „Pragmatismus“ als auch zu den Ideologien und Schlagworten konservativer Parteien ein an bestimmten Normen, Werten und Ideen orientiertes Handeln als vernünftig zu erweisen versucht. Ihr Ziel ist die rationale Begründung – nicht die Deduktion – der Legitimität elementarer Normen des menschlichen Handelns und die argumentative Rechtfertigung von Handlungszielen. Konservative Theorie in diesem Sinne geht von bestimmten axiomatischen Ideen aus, die nicht ableitbar und beweisbar sind, deren Relevanz sich jedoch durch den Hinweis auf die praktischen Folgen ihrer Mißachtung evident machen läßt. Eine solche Idee ist etwa die, daß die Welt, in der wir leben, handeln und sterben, nicht als ganze schlecht sei. Es ist dies die einzige Utopie, die ein Konservativer sich leisten kann, mehr noch: die er existentiell leisten muß. Wer, von der Möglichkeit des Selbstmords wissend, dennoch beschließt weiterzuleben, gibt damit zu erkennen, daß er diese Welt, so miserabel sie auch sein mag, grundsätzlich bejaht und das Leben in ihr für ein Abenteuer hält, das zu bestehen sich lohnt. Keineswegs schließt eine solche Haltung eine bestimmte Metaphysik mit ein, etwa die Auffassung des heiligen Thomas von Aquin, daß Sein und Gutsein dasselbe seien, daß das Schlechte nur auf Unvollkommenheiten, Mängel, Minderungen des Seins zurückgehe. Weltordnung und Wertordnung sind wohl für keinen Konservativen der Gegenwart mehr identisch. Die Utopie, daß diese Welt und das Leben in ihr nicht von vorherein schlecht sind, vermag er auch von bescheidenen Voraussetzungen aus zu leisten, etwa im Geiste des unglücklichen Theodor Lessing, der in seiner Autobiographie schreibt: „Stein und Pflanze, Nacht und Erde zu sein, dazu hatten und haben wir alle Ewigkeit. Das Nichtmenschliche bleibt uns ewig unbenommen. Jetzt aber bin ich nun mal ein Mensch. Und so laßt mich versuchen, ein rechter Mensch zu sein.“ [9] Ich glaube, daß konservative Theorie in des Wortes fünfter Bedeutung – als praktische Philosophie – tatsächlich etwas beitragen kann zur Kunst, ein Mensch zu sein. Über konservative Theorie in diesem Sinne möchte ich im folgenden einiges sagen.

II.

Meine erste These lautet:

Konservative Theorie nimmt ihren Ausgang von einer realistischen Anthropologie.

Hinter jeder Politik, bereits hinter der Frage, welche menschlichen Bedürfnisse den Vorrang haben, inwiefern politische Maßnahmen sie überhaupt ändern können, stehen

allemal bestimmte Annahmen über die Möglichkeiten und Grenzen des Menschen, seine Stellung zur Natur und seinesgleichen.[10]
Als Konrad Lorenz 1973 mit dem Nobelpreis ausgezeichnet wurde, reagierten die meisten deutschen Zeitungen nicht mit nationalem Stolz; auch zum 70. Geburtstag des Gelehrten ließen sie überwiegend nur gedämpfte Anerkennung verlauten. Die ganze Richtung, für die Lorenz mit seinem Lebenswerk bürgt, war und ist weiten Teilen der deutschen Meinungsmacher nicht geheuer. Die Resultate der Verhaltensforschung können denen nicht passen, die ihr gesamtes politisches Wollen von einer krassen Milieutheorie her legitimieren. Wer sich einen „neuen Menschen" durch soziale Veränderungen erwartet, ist enttäuscht, wenn ein Naturwissenschaftler aufgrund zahlreicher Beobachtungen zu dem Ergebnis gelangt, daß auch das menschliche Sozialverhalten in erheblichem Ausmaße genetisch vorgeprägt ist. Wer den neugeborenen Menschen für eine tabula rasa hält, die man beliebig beschreiben kann, ist ungehalten, wenn er hört, daß bedeutsame humane Verhaltensweisen biologisch programmiert sind; daß Aggression keine Folge kapitalistischer Gesellschaftsverhältnisse, sondern eine stammesgeschichtliche Erbschaft ist; daß das Scheitern anarcho-marxistischer Promiskuitätsexperimente möglicherweise weniger auf den internalisierten Zwang bürgerlicher Moral, sondern auf die inappellable Macht genetischer Vorprägungen zurückgeht, die eben auf langfristige Dauerbeziehungen von Paaren weisen.

Dies nur als Beispiel. Ein weiteres bildet die Hetze, die in den USA und teilweise auch in Großbritannien gegen Arthur R. Jensen und andere Forscher eröffnet wurde. Man warf ihnen „Rassismus" vor, da sie mit guten Gründen zu der Theorie gelangt waren, daß es genetisch bedingte Unterschiede im Intelligenz- und Leistungsniveau gibt und daß sich nicht nur Individuen, sondern auch rassische Gruppen voneinander in ihren erblich bedingten intellektuellen Fähigkeiten unterscheiden.[11]

Im Rahmen ihrer theoretischen Bemühungen werden also, so glaube ich, die Konservativen nicht umhin können, einige vom Geiste der Demokratisierung verdrängte anthropologische Befunde offen zu verhandeln: die Tatsache, daß die Unterschiede zwischen den Menschen nicht nur sozial, sondern in hohem Grade auch genetisch bedingt sind; die Tatsache, daß der Mensch, weil bei ihm eine „Instinktreduktion" stattgefunden hat, auf formierende, disziplinierende, stabilisierende, aber auch entlastende Institutionen angewiesen ist; die Tatsache, daß es gewisse „Beständigkeiten" oder „Konstanten" gibt, die sich in allen uns bekannten menschlichen Kulturen finden, zuvörderst: Sprache und Werkzeug, Schmuck und Spiel, Kunst und Grab.

Konservative Theorie aus dem Geiste einer nüchternen Anthropologie spricht aus, daß in allem geschichtlichen Geschehen Ungeschichtliches – Subhistorisches und Transhistorisches – enthalten ist, und zwar nicht nur als mitgeschleppter Ballast, sondern als strukturell wirksames Moment.[12] Fehlten jene sich durch noch so radikale Wandlungen hindurch haltende Bestände, Strukturen und Formen, die sich nicht der aktuellen geschichtlichen Bewegung verdanken, wie könnten wir dann, um mit Jacob Burckhardt zu sprechen, in der Geschichte „das sich Wiederholende, Konstante, Typische als ein in uns Anklingendes und Verständliches" verstehen?[13] Nur in gleichzeitiger Ungleichzeitigkeit mit einem Nichtgeschichtlichen ist Geschichte – als realer Prozeß und als Erkenntnis der Vergangenheit – überhaupt möglich. Dieses der Geschichte widerstehende Nichtgeschichtliche hat einmal seinen Grund in dem anthropologischen Faktum, daß die Veränderungskapazität des Menschen begrenzt ist. Obwohl subhistorisch, durchdringt seine Physis alles Geschichtliche. Der Philosoph Hans Jonas zählt auf, was wir im Grunde immer schon vorweg wissen, wenn wir Spuren noch so entfernter menschlicher Geschichte oder Vorgeschichte begegnen:

„Wir wissen um der Menschen Notdurft und Sterblichkeit. Wir wissen von den frühesten, daß auch sie dem Wechsel von Wachen und Schlaf unterworfen waren, daß dem Ermüdeten der Schlaf notwendig und süß, und daß er von Träumen heimgesucht war . . . Wir wissen um die Zweigeschlechtigkeit, um Lust und Leid der Liebe, um das Geheimnis von Zeugung und Geburt, von Säugen und Aufzucht der Jungen, und daß dies zu Familien- und Sippenbildung führt, zu vorausschauender Sorge, Abgrenzungen nach außen, Autoritätsordnungen und Ehrfurcht nach innen, zu Treue, aber auch zu tödlichem Streit. Wir wissen von Jugend und Alter, Krankheit und Tod. Wir wissen ferner, daß die Hersteller der erhaltenen Denkmäler, bis herab zum einfachsten Werkzeug, aufrechte Hand- und Augenwesen waren. Wir teilen mit ihnen den Stolz, die Intimität und die Scham der aufrechten Leiblichkeit. Wenn wir im Buch der Könige lesen, daß bei der Eroberung einer Stadt ‚alles, was an die Wand pißt', hingemacht wurde, so verstehen wir ohne weiteres, daß alles Männliche gemeint ist, und auch, warum nur dieses gemordet wird. Wir verstehen noch mehr, nämlich warum von so vielen möglichen hier gerade diese Sorte Bezeichnung gewählt ist: es ist Kriegersprache, und wir kennen bis zum heutigen Tag die Sprachgewohnheiten des Heerlagers, die Vorliebe des Soldaten für derbgeschlechtliche Redeweise – und wir bedauern, daß goldene und silberne Latinität römische Historiker davon abhielt, uns mehr über die Sprache des Legionärs wissen zu lassen." [14]

Doch dies ist noch nicht alles. Neben dem Subhistorischen, wie es sich in der durch alle Veränderungen durchhaltenden Kreatürlichkeit des Menschen offenbart, finden wir verschränkt mit dem geschichtlichen Prozeß auch ein Transhistorisches, das, was Karl R. Popper „die dritte Welt" der objektiven Gedankeninhalte und gültigen Sätze, der Theorien, Probleme und Argumente nennt. Obwohl zum Teil ein Produkt des Menschen, der *recherche collective de la vérité*, kommt dieser „dritten Welt" neben der gegenständlichen und der psychischen dennoch eine eigene Selbständigkeit und Objektivität zu: sie enthält unabsehbar vieles, was wir nicht erzeugt haben, sondern nur entdecken können. [15]

III.

Konservative Theorie nimmt ihren Ausgang vom Menschen und versteht sich als Beitrag zur Kunst, ein Mensch zu sein. Sie enthält aber auch die Einsicht, daß der Mensch kein isoliertes Wesen ist. Das mag trivial klingen. Dennoch wird diese trivial klingende Wahrheit sogar von denen, die sie im Munde führen, nur allzuoft vergessen. Daß der Mensch kein isoliertes Wesen ist, besagt: er lebt in Systemen. Eines dieser Systeme ist die Gesellschaft mit ihren verschiedenen Teilsystemen wie Schule, Unternehmen,

Gewerkschaften, Politik und so weiter. Und das System Gesellschaft ist wieder Teil des internationalen Systems, das, wenn auch ohne politische Zentrale, die gesamte Menschheit umfaßt. Doch die menschliche Gattung ist nicht die ganze Welt. Nicht nur besitzt sie, wie wir schon festgestellt haben, eine Natur, die der Auflösung in Geschichte widersteht; sie selbst ist Teil einer umfassenderen, unabhängig von ihr bestehenden Natur und auf diese unaufhebbar angewiesen. Wer vom Menschen angemessen sprechen will, muß auch von der Umwelt des Menschen sprechen.

So mündet – und das ist meine zweite These – *Anthropologie in Ökologie. Konservative Theorie ist blind ohne politische Ökologie, ohne ein Konzept von dem Gesamtsystem „Umwelt", ohne eine über das rein Zwischenmenschliche hinausgehende Umwelt-Ethik mit langfristigen Zielprojektionen.* [16]

Es ist dies, könnte man sagen, die kosmische Perspektive des Konservatismus. Hier liegt auch seine grundsätzliche Differenz zu den politischen Ideologien des Liberalismus und Sozialismus, die, sei's mit individualistischem, sei's mit kollektivistischem Akzent, anthropozentrisch orientiert sind. Diesen „ptolemäischen" Ansatz finden wir auch bei Marx, der trotz seiner emphatischen Losung, daß es darauf ankomme, „die Welt zu verändern", durchweg anthropozentrisch denkt, indem er „Welt" mit Gesellschaft gleichsetzt und die Wirklichkeit des Kosmos verdrängt. Vollends die Systemstürmer und Sozialtheologen, die Marxens elfte These über Feuerbach rituell zitieren, sind kosmische Hinterwäldler, denen der antike Sinn für die schöne Ordnung des Weltalls ebenso fremd ist wie das Grauen Pascals vor den Abgründen des Universums, wo der Mensch sich fast als ein Nichts verliert.

Dieser Mangel einer kosmischen Perspektive ist auch der gleichsam metaphysische Grund für die tiefe Häßlichkeit kommunistischer Praxis, wo immer sie sich auf den Namen Marx beruft. Darauf haben Albert Camus [17] und Nikolai Berdjajew hingewiesen. Berdjajew schreibt: „Die Kommunisten tragen in sich das Ressentiment: sie sind gereizt, weil sie den von ihnen ausgeübten Eindruck der Häßlichkeit kennen und peinlich empfinden. Alles hat sich im Kommunismus als häßlich erwiesen: der Gesichtsausdruck, die Gebärden, die unedle seelische Haltung, die kommunistischen Sitten und der kommunistische Alltag . . . Die Häßlichkeit ist immer das Zeichen einer ontologischen Gefährdung." [18]

Der Mann, der dieses harte Urteil über die gnadenlose Anti-Schönheit des marxistischen Kommunismus schrieb, war übrigens, obwohl von Lenin aus der Sowjetunion vertrieben, weit davon entfernt, das kapitalistische System zu verteidigen oder gar von einer Restauration des russischen Zarismus zu träumen.[19] Die durchweg von linken Intellektuellen stammenden Reiseberichte aus kommunistischen Ländern in Band 30 des von Hans Magnus Enzensberger herausgegebenen „Kursbuchs" sind eine einzige Bestätigung der Berdjajewschen Diagnose.

Die kosmische Perspektive, die dem Konservatismus von jeher eigentümlich ist, hat eine weit über das rein Ästhetische hinausragende Bedeutung. Angesichts der Tatsache, daß der Mensch wie nie zuvor dazu verurteilt ist, die physischen Voraussetzungen seiner eigenen Existenz selber sicherzustellen, bedeutet diese Perspektive eine Revolutionierung unserer gesamten Denkungsart. Sie bedeutet eine Absage an jenen maßlosen anthropozentrischen Hochmut, mit dem der Mensch sich, unbekümmert um die

Folgen und Rückwirkungen auf seine eigene Existenz, als imperialistischer „maître et possesseur de la nature“[20] benahm und die gesamte außermenschliche Wirklichkeit zum bloßen Rohstoff oder zur Sklavin degradierte. Sie bedeutet, daß politisches Handeln, gesellschaftliche Planung und Rechtsschöpfung nicht länger allein von den aktuellen Bedürfnissen konkurrierender Gruppen oder dem Gegensatz Individuum und Gesellschaft ausgehen können, sondern darüber hinaus bei jedem Schritt sowohl die Zukunft der menschlichen Gattung als auch die außermenschliche Natur als „Partner“ mit eigenem Anspruch berücksichtigen müssen. Hierbei geht es keineswegs bloß um etwas mehr Umweltschutz im Rahmen eines sonst unveränderten politisch-sozialen Systems, sondern um ein grundsätzlich neues Konzept von Ordnung.[21] Wir können uns im Schatten der drohenden Ökokatastrophe nicht mehr der Einsicht verschließen, daß der anthropozentrische Hochmut die Bedingungen zerstört, von denen die Existenz des Menschen abhängig ist. Darüber hinaus wissen wir, was Descartes noch nicht wissen konnte: die unseren eigenen Fortbestand gefährdende Instabilität aller Lebensverhältnisse wird umso größer, je mehr wir als autonome, keine höhere Norm als die der Machbarkeit anerkennende Herren in unsere Umwelt eingreifen. Wir wissen, daß die aufklärerische Annahme falsch ist, der Mensch könne jene Gebiete am besten steuern, in welchen er die größte Macht besitzt.[22] Eine konservative Theorie, die diese Erfahrungen ernst nimmt, wird keiner „Zurück zur Natur“-Romantik verfallen, wie überhaupt Konservatismus mit romantischem Denken und Empfinden weniger zu tun hat als etwa der Sozialismus. Doch sie wird nicht umhin können, so etwas wie eine Theorie des ökologischen Friedens zu entwerfen, die den Menschen nicht als Herrn einer zu ewiger Zwangsarbeit und Ausbeutung verurteilten Natur, sondern als Mitglied und Hüter einer ihn umgreifenden Ordnung interpretiert.

Eine solche konservative Theorie des ökologischen Friedens meint auch Harald Sioli, wenn er sagt:

„Organismus und Umwelt sind die Pole, zwischen denen sich die Bühne spannt, auf der das Spiel des Lebens sich vollzieht, nicht als ein einseitiger ‚Kampf ums Dasein‘, sondern als ‚ständiges Gespräch‘ zwischen gleichwertigen Partnern, zwischen dem Organismus und einem ‚Gegenüber‘ . . . Der Mensch muß . . . begreifen lernen, daß die Umwelt nicht ein nach Belieben manipulierbares Objekt ist, . . . sondern sein gleichberechtigter Partner, von dessen intakter Weiterexistenz das eigene Weiterleben abhängt . . . Das reine Nützlichkeitsdenken, die banalste Ausdrucksform der alleinigen Anerkennung von Kausalitäten, muß überwunden werden durch die Hinwendung zur Ehrfurcht vor dem ‚Gegenüber‘, mit dem – und nicht gegen das – erst das Leben gewonnen wird.“[23]

Eine von diesen Voraussetzungen ausgehende Theorie des ökologischen Friedens wird notwendig auch die Frage behandeln müssen, wie unsere moralischen Normen, die sich überwiegend auf zwischenmenschliches Verhalten beziehen und auf unmittelbaren Sichtkontakt eingestellt sind, in eine „Ethik von Gesamtsystemen“, die in ihrer umspannendsten Gestalt eine Ethik des Ökosystems wäre, integriert werden könnten.[24] Eine solche in kosmischer Perspektive entwickelte Ethik, die viele erzkonservative Tugenden rehabilitieren würde, ist zur Voraussetzung unseres Überlebens geworden.[25]

IV.

Vor etwa hundert Jahren propagierte Friedrich Engels „die Entwicklung des Sozialismus von der Utopie zur Wissenschaft". Konservative Theorie ist bescheidener. Konservatismus ist keine Wissenschaft und kann keine sein. Doch im Gegensatz zu früheren Konservativen, die ihre Ziele durch Rückgriff auf Offenbarung oder irrationales Gefühl zu legitimieren versuchten, weiß der Konservative des zu Ende gehenden 20. Jahrhunderts, daß seine Haltung argumentations- und theoriefähig ist. Konservatismus ist keine Wissenschaft, aber auch nicht Sache blinder Entscheidung oder dunkler Emotionen. Er ist, um mit Kant zu sprechen, eine regulative Idee der praktischen Vernunft. Ein an dieser Idee sich orientierendes Programm kann sich auf wissenschaftliche Erkenntnisse berufen und mit rationalen und überprüfbaren Argumenten gerechtfertigt werden. Es appelliert an kritisches Denken und intellektuelle Disziplin und steht auch dort, wo es die Utopien der Aufklärung destruiert, in der aufklärerischen Tradition des Abendlandes. Und im gleichen Maße, in dem wir heute in der europäischen Aufklärung des 18. Jahrhunderts – Voltaire, Hume und Kant eingeschlossen – konservative Züge entdecken, können wir angesichts eines neuen Utopismus und Dogmatismus unter linksrevolutionärem Vorzeichen einerseits, eines irrationalen Exodus in Traum, Rausch und Mystizismus andererseits mit Ernst Topitsch ungeniert von „Aufklärung als konservativer Aufgabe"[26] sprechen. Aufklärung ist aber nur möglich auf dem Boden der Freiheit. Freiheit bedeutet hier nicht die Freiheit, über die seit Augustinus Philosophen und Theologen im Zusammenhang mit dem Problem des individuellen freien Willens, des *liberum arbitrium,* Tiefsinniges zu sagen wissen.[27] Freiheit, die die Bedingung von Aufklärung ist, hat eine konkrete geschichtliche Gestalt: Schutz vor despotischer Willkür; Selbstbeschränkung der staatlichen Autorität; Toleranz gegenüber ethnischen, religiösen und politischen Minderheiten, gegenüber abweichenden Lebensformen und Lehren; Garantie von Zonen, innerhalb derer Individuen sich selbstgewählten Zielen widmen können; Unabhängigkeit wissenschaftlicher Forschung und philosophischen Denkens von autoritären Orthodoxien; Gesellschaft als ein nichtmonolithisches „System relativer Selbständigkeiten", in dem Raum ist für die Eigenexistenz konkurrierender Körperschaften und Gruppen, seien diese religiöser, wirtschaftlicher oder kultureller Art. All dies ist, ebenso wie die rationale Naturwissenschaft, eine Schöpfung des okzidentalen, durch Antike und Christentum geprägten Menschen.[28] Es ist der okzidentale Mensch, der eine politische Kultur und ein Ethos der Freiheit hervorgebracht hat, und er kann diesem Erbe nicht untreu werden, solange er, in welchem Erdteil auch immer, sich das Recht nimmt, der zu bleiben, der er ist.

Meine dritte These lautet daher: *Konservative Theorie ist eine Theorie der Freiheit.* Sie anerkennt Freiheit nicht nur als Tatsache, sondern auch als Wert. Sie appelliert an den Freiheitssinn eines jeden einzelnen, und sie bestimmt die ethischen, institutionellen und gesellschaftlichen Bedingungen jener „bürgerlichen oder sozialen Freiheit", die von Europa ihren Ausgang nahm.[29] Konservativer Theorie obliegt es, das konservative Freiheitsdenken des 19. Jahrhunderts für unsere Zeit fruchtbar zu machen. Edmund Burke, Alexis de Tocqueville, Lord Acton, Franz Baader und andere konservative Denker sind auch heute noch unumgänglich für ein Verständnis der Voraussetzungen, Grenzen und Gefahren von Freiheit. Dafür einige Beispiele.

Lord Acton, der Sohn eines englischen Diplomaten und einer rheinländischen Adeligen, schreibt: „Die Freiheit ruft Vielfalt hervor, und Vielfalt bewahrt die Freiheit, indem sie die Möglichkeit einer organischen Gliederung bietet.“ [30] – „Alle Freiheit besteht in der Wurzel in der Bewahrung einer inneren Sphäre, die von der Staatsmacht ausgenommen ist. Diese Ehrerbietung vor dem Gewissen ist der Kern aller bürgerlichen Freiheit und ist die Weise, in der das Christentum ihr gedient hat . . . das heißt: die Freiheit ist aus der Unterscheidung von Kirche und Staat hervorgewachsen.“ [31]

Diese Freiheit schließt also auch die Freiheit des Unpolitischen ein – die Freiheit, sich von den öffentlichen Geschäften fernzuhalten, weil man davon zu wenig zu verstehen glaubt oder weil man es vorzieht, sich Dingen jenseits der Politik zu widmen. Daß die Freiheit nicht nur vom Staat, sondern auch von der Gesellschaft bedroht werden kann, hat *Alexis de Tocqueville* deutlich gesehen. Das Problem stellte sich ihm im Horizont einer bestimmten geschichtlichen Situation: der Umwälzungen in Frankreich seit 1789 und der von ihnen ausgelösten Reaktionen, aber auch seiner eigenen Erfahrungen in den jungen Vereinigten Staaten von Amerika. Zugleich erkannte er, daß das Problem einen Kern hat, der nicht historisch bedingt ist: das ewig fragwürdige Verhältnis zwischen Freiheit und Gleichheit. Können Gesellschaften, deren höchstes Ideal die *égalité* ist, frei sein? Bis zu welchem Punkte können von Natur aus verschiedenartige Menschen gleich behandelt werden, ohne daß sie dadurch in Sklaverei geraten? Unter welchen Bedingungen hat eine egalitäre Gesellschaft Aussichten, nicht zur Despotie zu werden? Das sind die Fragen, um die Tocquevilles Werke über die amerikanische Demokratie und das Ancien Régime kreisen. Er erkannte die zutiefst aristokratischen Wurzeln der okzidentalen Freiheit und den spannungsgeladenen, prekären Charakter der an sich wünschenswerten Synthese von Demokratie und liberalem Rechtsstaat. Er hielt die Demokratisierung aller Lebensverhältnisse für unvermeidbar, aber er erwartete sich davon keine Erlösung von allen sozialen Übeln. Er stand den revolutionären Utopisten ebenso fern wie den Anhängern eines neuen Cäsarismus und den rückwärts gewandten Romantikern der Restauration. Ein leidenschaftlicher Liebhaber der Freiheit, wollte er, der Aristokrat, etwas von dem adeligen Sinn für Würde, Unabhängigkeit und Noblesse in das neue demokratische Zeitalter hinüberretten. [32]

Ein weiterer konservativer Denker, der als scharfsinniger Soziologe die Voraussetzungen politischer Freiheit analysiert hat, ist *Vilfredo Pareto.* Auch nachdem er die als totale Selbstbestimmung verstandene Demokratie als Mythos durchschaut hatte, blieben ihm die institutionellen Verkörperungen der Freiheit teuer: Grundrechte, Möglichkeit von Opposition, unabhängige Presse, ungegängelte wissenschaftliche Forschung und Lehre, konkurrierende politische Parteien. Er glaubte nicht an die Möglichkeit einer klassenlosen Gesellschaft, und wahrscheinlich hielt er sie nicht einmal für wünschenswert. Aber er präzisierte die sozialen Bedingungen, unter denen wenigstens jenes Maß an menschlicher Freiheit und Würde gewährleistet ist, das allein den seltsamen Zufall unserer Existenz im Weltall zu rechtfertigen vermag. Mit Recht zählt deshalb James Burnham diesen vielgeschmähten, doch wenig verstandenen politischen Denker und Soziologen zu den „Verteidigern der Freiheit.“ [33]

Dies sind konservative Denker, die uns auch heute noch behilflich sein können, wenn wir uns der Ursprünge, Bedingungen und Möglichkeiten von Freiheit, wie sie sich in der Geschichte des Okzidents – und nur hier – verwirklicht hat, vergewissern wollen. Zu ihnen gesellen sich in unserem Jahrhundert Bertrand de Jouvenel, Jeanne Hersch, Hannah Arendt, James Burnham, Hans Freyer, Nikolai Berdjajew und Heinrich Strakosch, um nur einige Namen zu nennen.

Ich muß mich hier auf diese kurzen Andeutungen beschränken. Nur hingewiesen sei noch flüchtig auf die neuere philosophische Anthropologie, die die menschliche Fähigkeit zur Freiheit bereits in unserer psychophysischen Struktur verwurzelt sein läßt: in der relativen Plastizität unserer Antriebe und der mangelnden Spezialisierung unserer Wahrnehmungsorgane.[34] Hier gründet die „Weltoffenheit" des Menschen und, wie Max Scheler sagt, seine Freiheit, sich „*emporzuschwingen* und von einem Zentrum gleichsam *jenseits* der raumzeitlichen Welt aus *alles*, darunter auch sich selbst, zum Gegenstande seiner Erkenntnis zu machen". Deshalb ist der Mensch – verglichen mit dem Tiere, das immer „ja" zur Wirklichkeit sagt – der geborene „Neinsagenkönner", „der ewige Protestant gegen alle bloße Wirklichkeit". Deshalb ist er aber auch eminent ordnungsbedürftig, angewiesen auf Lernen, Disziplin und Institutionen. Erst durch Institutionen, diese überindividuellen, sich aus menschlichem Handeln verselbständigten Mächte gelingt die Stabilisierung seines Daseins.

Damit sind wir wieder angelangt bei unserem Ausgangspunkt: dem Menschen. Oberflächlich wäre es, die zwei Seiten seiner Natur mit politisch-ideologischen Positionen gleichzusetzen, also den „Neinsagenkönner" mit dem linken Progressiven oder Revolutionär, das auf Institution und Überlieferung angewiesene „Mängelwesen" mit dem Konservativen oder Rechten. Alle großen Konservativen waren, im Sinne Max Schelers, „Protestanten gegen die bloße Wirklichkeit."[35] Sie trachteten nicht nach der Bewahrung des Status quo, sondern nach dem Bleibenden. Konservative Haltung kann durchaus das Resultat eines „Neinsagenkönnens" sein, einer bewußten Entscheidung gegen Herkunft, Umwelt und geschichtliche Tendenzen, ja sogar einer regelrechten Konversion.[36] Und aus dem grundsätzlichen, anthropologisch fundierten Institutionalismus des Konservativen folgt keineswegs zwingend, daß er den faktisch gerade bestehenden Institutionen kritiklos anhängen muß. Dies gilt zum Beispiel auch für Arnold Gehlen, der durchaus nicht leugnet, daß Fortschritt und Neuerung möglich und unter Umständen auch wünschenswert sind. Er polemisiert nicht gegen echte Innovation, wohl aber gegen einen zur Wut gewordenen Emanzipationsprogressismus, der, indem er jede Institutionalisierung verneint, den Menschen nicht befreit, sondern vergewaltigt.[37]

Ich habe bisher von der Möglichkeit konservativer Theorie gesprochen. Ist sie aber auch notwendig? Auch wenn sie nicht so überschwenglich sind wie Aristoteles, der Theorie „das Angenehmste und Beste" nannte, dürften politische Konservative gut beraten sein, wenn sie sich theoretisch anstrengen. Grau ist alle Praxis ohne Theorie. Die großen Entscheidungen fallen zuerst im geistigen Raum, im Grundsätzlichen. In einer Zeit, in der sich antikonservative Bewegungen auf das Evangelium berufen und aus ihm eine politische „Theologie der Revolution" ableiten, ist die alte Formel „christlich – konservativ", die an sich nie gestimmt hat, vollends fragwürdig geworden. Ebensowenig können Antibolschewismus und die unbezweifelbaren Segnungen der Marktwirtschaft eine Theorie ersetzen, da auch die überwältigende Mehrheit der Linken die etablierten kommunistischen Herrschaftsordnungen ablehnt und die verbreitete Kritik an der Marktwirtschaft deren Erfolge gar nicht in Abrede stellt. Wer der Linken nur Pragmatismus, sozialpolitische Maßnahmen und noch so gutgemeinte, meistens freilich Phantasielosigkeit und Opportunismus verratende Reformpläne entgegenzustellen weiß, der verliert mit Sicherheit. Die Krise unserer Gesellschaft ist eine Krise der Sprache, der Begriffe, der Orientierung, des Selbstverständnisses der Vermittlung von „Sinn". So wenig man Durst mit Brot stillen kann, so wenig kann diese Krise allein mit pragmatischen Mitteln und sozialpolitischen Programmen kuriert werden. Dazu bedarf es der Arbeit des Begriffs, des Kampfes um die Bedeutung der Wörter, der theoretischen Alternativen. Theorie bedeutet Orientierung, Diagnose und Prinzipien, ein intellektuelles Koordinatensystem. Theorie kann auf dem Gebiet der Politik nur Werkzeug und Wegweiser sein. Werkzeuge arbeiten nicht von selbst und Wegweiser bewegen sich nicht von selbst auf das Ziel zu. Theorie kann nicht Ersatz sein für Mut, Disziplin, Energie und das, was Tocqueville „croyances politiques", politischen Glauben nannte. Sie kann jedoch diese unumgänglichen politischen Tugenden belehren, läutern und armieren. Wer die Welt neu interpretiert, der sieht sie auch anders. Und wer dazu beiträgt, daß viele sie mit anderen Augen sehen, der verändert die Welt. Man hat gefragt, ob ein denkender Mensch angesichts der Kulturrevolution des Westens, der um sich greifenden Traditionsfeindlichkeit und der drohenden Ökokatastrophe überhaupt noch die Wahl hat, nicht konservativ zu sein. Ich glaube, daß man diese Frage verneinen muß. Die großen Aufgaben des zu Ende gehenden 20. Jahrhunderts scheinen in der Tat eine Rekonstruktion des Konservatismus zu erzwingen.[38] Diese Rekonstruktion taugt jedoch nur dann etwas Rechtes, wenn sie sich auch theoretisch zu artikulieren vermag. Die kritische Frage an jede künftige konservative Theorie wird aber lauten: ob sie die großen konservativen Aufgaben als bloße Bewahrung bestehender Reste vergangener Ordnungen definiert oder als Schöpfung einer neuen Ordnung, in der Bewahren möglich und sinnvoll ist. Im ersten Fall würde sie der ohnmächtige Zeitvertreib jener Kleinmütigen sein, die das, was sie haben, möglichst langsam verlieren wollen. Im zweiten Falle würde sie prospektiver Konservatismus, im Hinblick auf seine noch unabgegoltenen Möglichkeiten, als Erneuerung, Schöpfertum und Wiedergeburt bestimmen.

Eine solche konservative Theorie könnte in einer dem modernen Menschen gemäßen Sprache zum Ausdruck bringen, was, nach Claude Lévi-Strauss, die verdrängte, jedoch unüberholte Botschaft des Mythos ist: „daß eine wohl geordnete Humanität nicht mit sich selbst beginnt, sondern die Welt vor das Leben setzt, das Leben vor die Menschen und die Achtung der anderen Wesen vor die Selbstliebe; und daß selbst ein Aufenthalt von ein oder zwei Millionen Jahren auf dieser Erde . . . nicht als Entschuldigung dafür dienen kann, sie sich gleich einem Ding anzueignen und sich darin schamlos und rücksichtslos zu verhalten."[39]

Anmerkungen

1 Martin Grabmann, Thomas von Aquin. Persönlichkeit und Gedankenwelt. München[8] 1949, 22 f., ähnlich 61; vgl. auch Johannes Hessen, Thomas von Aquin und wir. München 1955, 21 ff.

2 Vgl. Mircea Eliade, Der Mythos der ewigen Wiederkehr. Düsseldorf 1953, 37.

3 Vgl. Martin Buber, Die Geschichten des Rabbi Nachman. Frankfurt a. M. - Hamburg 1955, 11 f.

4 Vgl. dazu Josef Pieper, Scholastik. München 1960, 179f., 209ff.; Paul Honigsheim, Über die sozialhistorische Standortgebundenheit von Erziehungszielen. In: Otto Walter Haseloff, Herbert Stachowiak (Hrsg.), Schule und Erziehung. Ihre Probleme und ihr Auftrag in der industriellen Gesellschaft. Berlin 1960, 41ff.; August M. Knoll, Zins und Gnade. Studien zur Soziologie der christlichen Existenz. Neuwied-Berlin 1967, 16 f., 100.

5 Karl Mannheim, Das konservative Denken. In: Archiv für Sozialwissenschaft und Sozialpolitik, Bd. 57 (1927), 68 ff., 470 ff. (Wiederabgedruckt in Karl Mannheim, Wissenssoziologie. Berlin-Neuwied 1964, 408 ff.)

6 Georg Quabbe, Tar a Ri. Variationen über ein konservatives Thema. Berlin 1927 (Auszüge in: Konservatismus international. Hrsg. von G.-K. Kaltenbrunner. Stuttgart 1973, 228-239).

7 Samuel Huntington, Konservatismus als Ideologie. In: Vergleichende Analyse politischer Systeme. Comparative Politics. Hrsg. von Günter Doeker. Freiburg i. Br. 1971, 185 ff.

8 Ernst Jünger, Rivarol. Frankfurt a. M. - Hamburg 1962, 52.

9 Theodor Lessing, Einmal und nie wieder. Lebenserinnerungen. Prag 1935, 262, ähnlich 311.

10 Vgl. Helmuth Plessner, Macht und menschliche Natur. Berlin 1931.

11 Vgl. dazu Hans Jürgen Eysenck, Race, Intelligence and Education. London 1971; Norbert Muehlen, Inquisition auf amerikanisch. Die Diskussion um den Intelligenzquotienten der Neger ist zur Hexenjagd ausgeartet. In: Die Welt, Nr. 283, 4. Dezember 1973, 17.

12 Vgl. Hans Freyer, Die Geschichte, das Ungeschichtliche und das Übergeschichtliche. In: Integritas. Geistige Wandlung und menschliche Wirklichkeit. Hrsg. von Dieter Stolte und Richard Wisser. Tübingen 1966, 66-74.

13 Jacob Burckhardt, Weltgeschichtliche Betrachtungen. Mit einer Einleitung und textkritischem Anhang von Rudolf Stadelmann. Pfullingen o. J., 26.

14 Hans Jonas, Wandel und Bestand. Vom Grunde der Verstehbarkeit des Geschichtlichen. Frankfurt a. M. 1970, 21.

15 Vgl. Karl R. Popper, Eine objektive Theorie des historischen Verstehens. In: Schweizer Monatshefte, Jg. 50, Heft 3 (Juni 1970) 207-215; ders., Objektive Erkenntnis. Ein evolutionärer Entwurf. Hamburg 1973, 123 ff., 172 ff.

16 Vgl. Gerd-Klaus Kaltenbrunner, Schöpferischer Konservatismus und konservative Aktion heute. In: Konservatismus international. Stuttgart 1973, 255ff., bes. 258.

17 Vgl. Albert Camus, Der Mensch in der Revolte. Hamburg 1953, 281 f., 298 ff., 302 ff.

18 Nikolai Berdjajew, Wahrheit und Lüge des Kommunismus. Darmstadt-Genf 1953, 42 f.

19 Vgl. Gerd-Klaus Kaltenbrunner, Untergrund-Philosophie in der Sowjetunion. Zum 100. Geburtstag des Denkers Nikolai Berdjajew. In: Neue Zürcher Zeitung, Nr. 65 (Fernausgabe), 7. März 1974, 55.

20 René Descartes, Discours de la méthode pour bien conduire sa raison et chercher la vérité dans les sciences (1637), Kap. 6.

21 Vgl. Alois Troller, Rechtsordnung und Umweltschutz. In: Vaterland, Nr. 111 und Nr. 117, 13. und 20. Mai 1972.

22 Vgl. Geoffrey Vickers, Freedom in a Rocking Boat. Changing Values in an Unstable Society. London 1970, 40 f.

23 Harald Sioli, Die Biosphäre und der Mensch. In: Universitas, Jg. 24, Heft 10 (Oktober 1969) 1083, 1088; vgl. auch Harald Sioli (Hrsg.), Ökologie und Lebensschutz in internationaler Sicht. Freiburg i. Br. 1973.

24 Vgl. dazu Hasan Ozbekhan, Toward a General Theory of Planning. In: Erich Jantsch

(Hrsg.), Perspectives of Planning. Paris 1969, 47 ff., bes. 143 ff.; C. West Churchman, Challenge to Reason. New York 1968.

25 Zur rechtsphilosophischen und rechtspolitischen Relevanz einer ökologisch orientierten Ethik vgl. neben dem bereits erwähnten Beitrag von Alois Troller die Salzburger Antrittsvorlesung von Ilmar Tammelo, Um ein futurologisches Naturrecht, 8. Mai 1973 (veröffentlicht in seinem Buch: Zur Philosophie des Überlebens. München-Stuttgart 1975).

26 Ernst Topitsch, Aufklärung als konservative Aufgabe. In: Frankfurter Allgemeine Zeitung, Nr. 167, 21. Juli 1973 (Wochenendbeilage).

27 Vgl. Emerich Coreth, Zur Problemgeschichte menschlicher Freiheit. In: Zeitschrift für katholische Theologie, Bd. 94, Heft 3 (1972) 257-289.

28 Vgl. Heinrich Strakosch, Der Konservatismus und das Recht. In: Michael Fischer, Raimund Jakob u. a. (Hrsg.), Dimensionen des Rechts. Gedächtnisschrift für René Marcic. Berlin 1974, 1145 ff., bes. 1160 ff., 1175 ff.; Raymond Aron, Über die Freiheiten. Essay. Frankfurt a. M. 1968.

29 Vgl. Gerd-Klaus Kaltenbrunner, Der Konservative und die Freiheit. In: Zeitbühne, Jg. 2, Heft 12 (Dezember 1973) 36 ff.; ders., Der schwierige Liberalismus. In: Neue Wege, Jg. 29, Heft 267 (Dezember 1973) 3 f.

30 Lord Acton, Revolution oder Freiheit. Wien-Salzburg 1952, 71.

31 Zit. bei Victor Conzemius, Lord Acton oder das Ethos der Wahrhaftigkeit. In: Neue Zürcher Zeitung, Nr. 200 (Fernausgabe), 23. Juli 1972, 41.

32 Vgl. Otto Vossler, Alexis de Tocqueville. Freiheit und Gleichheit. Frankfurt a. M. 1973; ferner Raymond Aron, Hauptströmungen des soziologischen Denkens. Bd. 1. Köln 1971, 201 ff., 273 ff., 299 ff.

33 Vgl. James Burnham, Die Machiavellisten. Verteidiger der Freiheit. Zürich 1947, 177-224. Vgl. auch Gerd-Klaus Kaltenbrunner, Plädoyer für Vilfredo Pareto. In: Politische Studien, Jg. 25, Heft 214 (März/April 1974) 125-136.

34 Vgl. Arnold Gehlen, Der Mensch. Seine Natur und Stellung in der Welt. Frankfurt a. M.-Bonn [7] 1962; ders., Urmensch und Spätkultur. Frankfurt a. M. [2] 1964.

35 Max Scheler, Die Stellung des Menschen im Kosmos. Bern-München [7]1966, 38, 40, 55.

36 Vgl. Hans-Dietrich Sander, Ex progressione perfugium. Zur Phänomenologie der konservativen Konversion. In: Konservatismus international. Hrsg. von G.-K. Kaltenbrunner. Stuttgart 1973, 199-212.

37 Vgl. Michael Landmann, Arnold Gehlen im Spiegel seiner Gegner. In: Neue Zürcher Zeitung, Nr. 19 (Fernausgabe), 20. Januar 1974, 52.

38 Vgl. Gerd-Klaus Kaltenbrunner, Der Konservative im nachliberalen Zeitalter. In: Neue Rundschau, Jg. 85, Heft 1 (1974), 7 ff.

39 Claude Lévi-Strauss, Mythologica III: Der Ursprung der Tischsitten. Frankfurt a. M. 1973, 546.

Christian Graf von Krockow

Freiheitswahrung im Zeitalter umfassender Politisierung

I

Erlauben Sie mir zur Einführung – und um komplizierte Vorgänge anschaulich zu machen – ein Gedankenexperiment: Wissenschaft und Technik können einen neuen, großen Triumph feiern, denn es ist endlich gelungen, das Wetter unter Kontrolle zu bringen, es zu regulieren, ja zu produzieren, so wie man Rundfunk- und Fernsehprogramme produziert. Kein Nachtfrost mehr während der Baumblüte, kein Hagel in den Weinbergen, das Getreide gedeiht prächtig, Mißernten gehören der Vergangenheit an. Und zur Freude der Skiläufer, Hoteliers, Touristikunternehmen und Sportartikelfabrikanten wird im Winter üppiger Schnee in allen Lagen garantiert.
Vortrefflich! Oder etwa nicht? Eine zweite Überlegung könnte vielleicht Bedenken wecken oder sogar Erschrecken hervorrufen. Denn des einen Freud' erweist sich als des anderen Leid. Der Urlauber wünscht sich beständigen Sonnenschein, der Bauer aber braucht dringend Regen. Dem einen ist es zu heiß, dem anderen zu kalt, und so fort. Das gilt wie im kleinen, so im großen, überregional, übernational, über die Kontinente hinweg. Streit würde entbrennen, bitterer Konflikt, womöglich sogar Bürgerkrieg oder Krieg ums Wetter; Wetterparteien könnten entstehen, ein Wetterminister mit zugehöriger Wetterbürokratie, ein nationales Wetterrecht und Wettergerichtshöfe wären notwendig.
Dies ist keineswegs eine Fiktion, sondern die Beschreibung eines realen Vorgangs. Zwar können wir – noch – das Wetter nicht kontrollieren, im übrigen aber läuft seit Beginn der Neuzeit ein Vorgang menschlicher Weltbemächtigung ab, der immer weitere Lebensbereiche erfaßt und sich zunehmend beschleunigt. Nahezu alles, was einst, in vorindustriellen Ordnungen, unvordenkbar festlag und deshalb als gottgegebenes Schicksal hingenommen wurde, ist herstellbar geworden und kann damit auch zerstört werden; zum mindesten können die Verhältnisse verändernd beeinflußt werden. Das gilt bis hinein ins scheinbar Natürlichste, etwa ins Verhältnis der Geschlechter: Gleichberechtigung, Emanzipation, Geburtenkontrolle – das sind nur einige einschlägige Stichworte. Wenn daher, gemäß einer anthropologischen Formel des Philosophen Plessner, die Lebensweise des Menschen „von Natur künstlich" ist [1], dann aktualisiert und radikalisiert sich diese Formel doch mit der modernen, industriellen Entwicklung, mit diesem einzigartigen, aber historisch noch sehr jungen Prozeß der Weltbemächtigung. Am Ende wird Natur selbst etwas, was künstlich und mit hohem Aufwand – Stichwort Umweltschutz – bewahrt werden muß; pointiert ausgedrückt: etwas, was man gegen Eintrittsgeld im Naturschutzpark – ein bezeichnender Begriff – oder im zoologischen Garten besichtigen kann und was man bei sich selbst wiederum künstlich – etwa durch Sport – herstellen oder wiederherstellen will.
Die andere Seite dieses Vorgangs ist, daß zunehmend das Naturgegebene oder für natürlich Ausgegebene sich in Politik verwandelt, daß ein Prozeß der Tendenz nach

allumfassender Politisierung in Gang gekommen ist. Denn Politik ist, kurz gefaßt, der Kampf um die Veränderung bestehender Verhältnisse – oder um ihre Bewahrung angesichts möglicher Veränderungen. Dieser Satz unterstellt, daß die Verhältnisse tatsächlich „machbar" sind, daß ihre Veränderung oder Bewahrung im Bereich menschlicher Möglichkeiten liegt. Kämpfen und Krieg führen – oder Frieden schließen und ausdrücklich Frieden halten – kann man nicht um etwas, was sich ohnehin jedem Zugriff entzieht. Wenn deshalb einst *Schicksal* als etwas, was dem Menschen als Natur oder aus Gotteshand zufällt, die bestimmende Daseinskategorie war, dann wird mit der modernen Weltbemächtigung Politik das Schicksal: ein Schicksal, das *Menschen* bereiten und entscheiden.

Zum Vergleich: In vorindustriellen Ordnungen ist im Sinne der Machbarkeit und Veränderbarkeit sehr weniges „politisch". Durchweg lebt die große Mehrheit der Bevölkerung auf dem Lande und von der Landwirtschaft, eingebettet in die natürlichen Bedingungen des Bodens und des Klimas, in den Rhythmus der Tages- und Jahreszeiten und in überlieferte Produktionsverhältnisse und Produktionstechniken, die allenfalls sich so unmerklich wandeln, daß ihre prinzipielle Veränderbarkeit gar nicht ins Bewußtsein dringt. Und niemand, kein scheinbar noch so mächtiger Herrscher, kein Herrschaftswechsel, kein Aufstand oder Krieg können an diesen natürlichen Bedingungen etwas ändern. Politik bleibt deshalb als Kampf um Herrschaftsgebiete und Herrschaftspositionen gewissermaßen ein Luxusgut, zumeist ein Privileg zahlenmäßig eng begrenzter Herrenschichten, für die große Mehrheit aber etwas, was man als eine andere Art von Naturereignis duldend hinzunehmen hat: Krieg oder Frieden, bedrückende oder fürsorgliche Herrschaft sind wie schlechte oder gute Ernten, wie Hagel oder Sonnenschein.

Der seit Beginn der Neuzeit ablaufende Prozeß der Politisierung zielt demgegenüber in doppelter Weise auf Totalität. Einmal werden, wie schon angedeutet, immer mehr, tendenziell *alle* menschlichen Lebensbereiche der grundsätzlichen Veränderbarkeit unterworfen und tatsächlich verändert; sie werden damit zum Gegenstand des gesellschaftlichen Streits und des politischen Konflikts. Es gibt eigentlich nichts mehr, was noch seine natürliche Unschuld behaupten und bewahren könnte, was von der Politisierung notwendig ausgespart würde.

Zum anderen aber, und das ist vielleicht noch bedeutsamer, wird alles Bestehende als Menschenwerk durchschaut und damit – wiederum mindestens der Tendenz nach – zum *Objekt* geistiger Entwürfe, des Planens, Gestaltens und Handelns. *Hegel* hat diesen Sachverhalt an der Französischen Revolution abgelesen und mit berühmten Sätzen gefeiert: „Solange die Sonne am Firmamente steht und die Planeten um sie herum kreisen, war das nicht gesehen worden, daß der Mensch sich auf den Kopf, das ist, auf den Gedanken stellt und die Wirklichkeit nach diesem erbaut . . . Nun erst ist der Mensch dazu gekommen zu erkennen, daß der Gedanke die geistige Wirklichkeit regieren solle. Es war dies somit ein herrlicher Sonnenaufgang. Alle denkenden Wesen haben diese Epoche mitgefeiert."[2] Und Marx, der seinen Lehrer Hegel vom Kopf wieder auf die Füße stellen wollte, formulierte den nicht minder berühmteren Satz: „Die Philosophen haben die Welt nur verschieden *interpretiert;* es kommt darauf an, sie zu *verändern.*"[3] Man tut Marx' Absicht keine Gewalt an, wenn man seinen Satz abwandelt: Bisher *konnten* die Philosophen die Welt nur verschieden interpretieren; jetzt ist es *möglich* geworden, sie zu verändern. Die Philosophie – das ist Marx' Programm – soll nicht länger bloß Philosophie bleiben; sie soll abgeschafft werden, indem man sie verwirklicht, in die Wirklichkeit realer Weltgestaltung überführt.

Zwischen Hegel und Marx besteht Übereinstimmung – und zugleich ein schroffer Gegensatz. In diesem Verhältnis aber spiegelt sich nur, was tatsächlich die moderne Entwicklung als eine fundamentale Doppeldeutigkeit bestimmt. Auf der einen Seite handelt es sich um eine Befreiung des Menschen, der sich auf seinen „Kopf" stellt: Befreiung von unvordenklichen Zwängen der Naturabhängigkeit; der Mensch verändert, gestaltet die Welt von nun an nach seinem Bilde, nach seinem Willen und nach seinen Vorstellungen. Auf der anderen Seite – bei Marx – klingt jedoch ein drohender Unterton an. Denn warum eigentlich *kommt es darauf an,* die Welt zu verändern? Offenbar doch, weil sie, diese künstliche, vom Menschen gemachte, nicht so ist, wie sie sein sollte. Sie wird beherrscht von einigen wenigen, die die anderen, die vielen ausbeuten. Die Welt wird geprägt von Not, Elend, Gewalt. Wenn das so ist, dann muß man sie in der Tat verändern. Dann ist aber – weil es sich doch um eine von Menschen gemachte Welt handelt – jemand verantwortlich, *schuldig* an den elenden Verhältnissen. Und dann gilt es, diesen Schuldigen zu ermitteln, zu bestrafen, um die Welt zu verbessern: dann ist es nicht nur erlaubt, sondern sogar moralisch geboten, wie es zuerst Robespierre formuliert und praktiziert hat, gegen den Schuldigen im Namen der Gerechtigkeit und Weltverbesserung den *Terror* einzusetzen.

Dies ist logisch, es ist absolut konsequent. Aber die Konsequenz ist, daß man von nun an, und in immer steigendem Maße, eben den Terror zum gezielten Mittel der Politik macht, und dies ausgerechnet im Namen umfassender, menschheitlicher Ideale und Sinnziele. Wie Aldous Huxley es ausgedrückt hat, als Engländer auch mit dem gehörigen Schuß Selbstironie: „Ein Denken in Begriffen von Grundprinzipien bringt ein Tun mit Maschinengewehren mit sich. Eine Regierung mit einem umfassenden Plan für die Verbesserung der menschlichen Gesellschaft ist eine Regierung, die die Folter anwendet. Per contra, wenn man nie Grundprinzipien bedenkt und keinen Plan hat, sondern Situationen behandelt, wie sie entstehen, eine nach der anderen, kann man sich unbewaffnete Polizisten, Redefreiheit und Habeas-corpus-Akte leisten."[4] Das wahrhaft Erschreckende ist nun – die Geschichte hat uns dafür auch und gerade im 20. Jahrhundert reichlich Anschauungsmaterial geboten –, daß die Logik der Politisierung sich unter vielen, im Grunde beliebigen Vorzeichen und mit vielen Inhalten entfalten kann: Immer geht es um nichts Geringeres als um die Verheißung eines irdischen Paradieses, vorausgesetzt nur, die Verhältnisse werden gehörig, ja radikal verändert und die Schuldigen werden ermittelt, ausgestoßen, ausgerottet: die Juden oder die Amerikaner, die Christen oder die Atheisten, die Kapitalisten oder die Kommunisten – oder wer immer für ein griffiges Feindbild sich gerade anbietet.

Sieht man dies im Zusammenhang mit dem anderen Vorgang – daß immer mehr, tendenziell alle menschlichen Lebensbereiche von der Politisierung erreicht und einbezogen werden –, dann wird klar, was mit umfassender, totaler Politisierung gemeint ist: Es geht um die Würde des Menschen, um seine Selbstbestimmung, um Befreiung aus vorgegebenen Natur- und Herrschaftszwängen; doch unter dem Zeichen und im

Namen der Freiheit kann es zu neuer Gewalt, Unterwerfung, zur Vernichtung aller Freiheit kommen – zu einer Unfreiheit, wie es sie so folgerichtig und so fugenlos noch nie gegeben hat, schon weil früher die technisch-organisatorischen Instrumente ebenso fehlten wie die Begründungen.

II

Was kann man angesichts dieses Sachverhalts tun? Wie so oft, ist es am einfachsten zu sagen, was nicht getan werden kann: Es ist nicht möglich, dem Zeitalter umfassender Politisierung sozusagen nach rückwärts zu entweichen in eine vorgeblich „gute alte Zeit". Sie kehrt nicht zurück; der Prozeß menschlicher Weltbemächtigung läßt sich nicht rückgängig machen, schon weil längst unser aller Überleben an ihn geknüpft ist. Es ist daher notwendig, die Herausforderung unseres Zeitalters anzunehmen, um aktiv Freiheit gegen alle ihre Gefährdungen zu wahren. Von den Bedingungen aktiver Freiheitswahrung soll daher im folgenden die Rede sein, und zwar unter drei Gesichtspunkten.

Der erste betrifft die Ziele politischen Handelns. Sie müssen sozusagen aufs „Vorletzte" sich beziehen und beschränken, nicht aber auf letzte menschliche oder gar menschheitliche Sinnziele ausgreifen. Denn wo immer man das Äußerste und Letzte will, das Wahre, Gute, Gerechte schlechthin, die vollkommene, heile, endgültige Ordnung, in der das allgemeine Glück perfekt ist, da nimmt nun einmal, unvermeidbar, der politische Kampf Kreuzzugscharakter an. Wer sich dem Menschheitsheil widersetzt, der gibt sich als Menschheitsfeind zu erkennen; er muß entweder bekehrt oder vernichtet werden.

Aber was ist die Alternative? Soll man denn keine Ziele haben, soll man prinzipienlos sein und nichts zur Verbesserung bestehender Verhältnisse tun? Das ist nicht oder muß jedenfalls nicht gemeint sein. Es ist nur die Frage, auf welche Ziele die Prinzipien und das Tun sich beziehen. In der nicht nur rhetorischen Größe der amerikanischen Unabhängigkeitserklärung taucht neben Leben und Freiheit das Grundrecht des Menschen auf pursuit of happiness auf: darauf, sein Glück zu verfolgen, so wie *er* es wünscht und versteht. Aufgabe der Regierungen ist es demnach, Bedingungen dafür zu schaffen, daß die Menschen aktiv, selbstverantwortlich, ihren eigenen Vorstellungen gemäß sich entfalten können. An diesem ihrem *instrumentalen* Wert sind Regierungen und Regierungssysteme jederzeit kritisch zu messen; sie können bei negativem Ergebnis verändert und durch andere ersetzt werden.

Um den Sachverhalt an einem praktischen und aktuellen Beispiel anschaulich zu machen: Zu den Aufgaben aller Regierungen gehört – neben vielem anderen – heute offensichtlich die Schaffung von möglichst weitgehender *Chancengleichheit* im Bildungswesen, denn immer unmißverständlicher hängen die Möglichkeiten des einzelnen, sich in der modernen Gesellschaft zu entfalten und zu behaupten, von qualifizierter Ausbildung und Weiterbildung ab. Gleichzeitig aber gibt es hinsichtlich der Zielsetzungen, denen die Bildungseinrichtungen dienen, eine scharfe Grenze: Es darf keinesfalls darum gehen, daß der Staat oder eine ihn beherrschende Partei sich mit den Mitteln des Bildungswesens gleichsam bewaffnen, um im Sinne bestimmter Anschauungen und Interessen die Menschen zu indoktrinieren. Wo immer das versucht wird, ist die Freiheit am Ende und die Unterdrückung beginnt; die Machthaber – oder Gruppen, die Machthaber werden wollen – zielen auf Unterwerfung, Entmündigung der Bevölkerung, sobald sie wähnen – sei es selbst besten Glaubens –, im Besitz der endgültigen, womöglich wissenschaftlich bewiesenen *Gewißheit* darüber zu sein, was allen anderen als Glück frommt. Die Freiheit hängt also an der Überzeugung – und an der aus ihr abgeleiteten Praxis –, daß hier eine *prinzipielle* Grenze gesetzt ist, weil jeder nur selbst bestimmen kann, wie und wohin er sein Leben im Letzten führen will. Der englische Politikwissenschaftler Bernard Crick hat das sehr gut formuliert, wenn er sagt:

„Vielleicht läuft alles darauf hinaus, daß die Politik zwei große Feinde hat: Gleichgültigkeit gegenüber menschlichem Leid und Leidenschaft für Gewißheit in Dingen, die wesentlich politisch sind. Gleichgültigkeit gegenüber menschlichem Leid macht freie Regierungen unglaubwürdig, wenn sie nicht fähig oder nicht mutig genug sind, die Möglichkeit und die Gewohnheit der Freiheit von den wenigen auf die vielen auszudehnen. Die Leidenschaft für Gewißheit verachtet die politischen Qualitäten – Vorsicht, Konzilianz, Kompromiß, Vielfalt, Anpassungsfähigkeit und Lebhaftigkeit – zugunsten einer Pseudowissenschaft des Regierens, einer absolut klingenden Ethik oder Ideologie, eines Weltbildes rassischer oder wirtschaftlicher Art. Vielleicht ist es sonderbar oder einfach unnatürlich, daß Menschen, die mit Würde und Ehrbarkeit leben können, angesichts solcher Ungewißheiten wie Tod, Unfall oder Krankheit, wie die Liebe mit all ihrer Labilität, Vergänglichkeit, ihrer Abhängigkeit von Willen und Launen der anderen, dennoch verrückt sind nach Gewißheit im Regieren, einer Gewißheit, die Politik und Freiheit tötet. Eine freie Regierung ist eine, die Entscheidungen politisch und nicht ideologisch trifft.“ [5]

„Politisch“ meint hier: grundsätzliche Veränderungsoffenheit in einem niemals abschließbaren Zukunftshorizont, während der dogmatische Gegenbegriff des Politischen von seiner ideologischen Fixiertheit notwendig dazu kommt, die Menschheit in zwei Teile zu zerlegen: in Freund und Feind, in Gute und Böse, Gehorsame und Ungehorsame, die Kinder des Lichts und die Kinder der Finsternis. Dieser Begriff des Politischen ist noch in der Gebärde scheinbar radikaler Politisierung ein Gegner des Politischen, weil er dem Wahn huldigt, nach einem „letzten Gefecht“ eine endgültige, absolut gerechte, konfliktlose Ordnung herstellen, also den Kampf um Veränderung oder Bewahrung, also Politik letztlich abschaffen zu können. Sogar im Gewande des Revolutionärs ist der Dogmatiker deshalb eigentlich ein Reaktionär, ein Romantiker auf der Suche nach der verlorenen Idylle, nach der heilen Welt, die um buchstäblich jeden Preis restauriert werden soll.

III

Der zweite Gesichtspunkt, von dem hier die Rede sein soll, betrifft die Mittel politischen Handelns. Das einfachste Mittel, um eine Änderung bestehender Verhältnisse durchzusetzen, ist natürlich die Anwendung von Gewalt. Allerdings: Gewalt kann manches bewirken, Revolutionen mögen vieles verändern und zur letzten Zuflucht der Ausgebeuteten, Bedrückten, Entrechteten werden; revolutionäre Gewalt taugt zu allem, nur nicht, um auf sie eine politische Ordnung der Freiheit zu gründen. Davon zeugt die Geschichte enttäuschter Revolutionserwartungen mit jener Monotonie, die nur noch von den Heilserwartungen der Revolutionäre übertroffen wird. Gewalt hat ihre eigene Logik, sie strebt – wie Clausewitz dies vom Kriege gesagt hat – immer zum Äußersten, zur absoluten Konzentration, zum Monopol. Sie muß dies tun, es bleibt gar keine andere Wahl. Denn wo Gewalt erst einmal in Übung gekommen ist, wo sie den politischen Erfahrungshorizont bestimmt, da kann es keine Gewaltenbeschränkung oder Gewaltenteilung mehr geben; jede Nebengewalt wird praktisch zur Gegengewalt; man *muß* sie vernichten, weil man von ihr trotz aller zeitweiligen Absprachen und taktischen Manöver nur Vernichtung erwartet; eben darum *muß* auch der andere nach meiner Vernichtung streben. Das ist der tödliche Kreislauf der Gewalt in einer Situation des latenten oder offenen Bürgerkriegs, der nur durch das Gewaltmonopol in den Händen *einer* Gruppe, Partei oder ihres „Führers“ ein Ende gemacht werden kann[6].

Was ist die Alternative? Um sie in einen Satz zu pressen: Es geht darum, die Konflikte innerhalb bestimmter, fester, von allen Beteiligten respektierter Verfahrensregelungen auszutragen. Die Verfahrensregelungen sollen einmal Willensentscheidungen ermöglichen, die als Parteibildungen auf Wahlen beruhen und das Regierungshandeln bestimmen. Andererseits geht es darum, dem Mehrheitswillen Schranken zu setzen, um den politischen Prozeß offenzuhalten und jede Monopolisierung der Macht in den Händen bestimmter Interessen und Anschauungen zu verhindern. Die Summe der Verfahrensregelungen ergibt die freiheitliche, demokratische Verfassungsordnung.

Der springende Punkt ist dabei offensichtlich, daß das System nur funktionieren kann, wenn die Beteiligten wirklich bereit sind, die Regeln zu achten, die Verfahren einzuhalten auch dann, wenn man im Augenblick vielleicht die Chance hätte, sie zu den eigenen Gunsten umzustoßen, um die einmal errungene Vormacht zu zementieren, auf Dauer zu stellen – und auch dann, wenn man in Nachteil, in die Minderheitsposition gerät und die eigenen Wünsche nicht durchsetzen kann. Es lassen sich allerhand Tricks ausdenken, um diesem Verfahrensrespekt nachzuhelfen, zum Beispiel durch Systeme der Gewaltenteilung, der Verfassungsgerichtsbarkeit und so fort[7]. Aber letztlich wird das alles wohl nichts helfen, wenn die Menschen nicht zur Achtung der Verfassungsordnung erzogen und bereit sind und wenn diese Achtung nicht zur Tradition, zur Gewohnheit geworden ist, zu dem, was sich als politische Moral von selbst versteht. Dies läßt sich schwerlich erzwingen, und darin liegt der Grund dafür, warum freiheitliche, demokratische Ordnungen nur schwer errichtet und noch schwerer bewahrt werden können, sofern sie nicht auf geschichtlichen Erfahrungen aufbauen können. Es geht hier so wie mit dem vielzitierten englischen Rasen, den man ganz einfach haben kann: man muß ihn nur täglich schneiden, wässern und walzen – und dies dreihundert Jahre lang.

Sind die Verfahrensregelungen erst einmal gebrochen worden, so ist es schwer, das Vertrauen darauf, daß sie eingehalten werden, wiederherzustellen. Man kann also mit den Regelungen eigentlich gar nicht behutsam und pfleglich genug umgehen. Oder anders gesagt: Erfolgreiche Freiheitswahrung ohne ein Mindestmaß an konservativer Substanz ist schwerlich denkbar. Dabei muß gegen Mißverständnisse betont werden: „Konservativ" meint hier nicht irgendeine Form von Privilegienverteidigung, sondern im Gegenteil die Offenhaltung des politischen Prozesses der Konfliktaustragung durch seine institutionell gesicherte Regelung. In diesem Sinne ergibt sich ein grundsätzliches Zusammenwirken von Konservatismus und Progressivität. Das läßt sich am besten von der Negation her verdeutlichen.

Werden nämlich die elementaren Verfahrensregelungen macht- und interessenbestimmten Manipulationen ausgeliefert, so ist die Folge eine dreifache. Erstens bahnt jede Manipulation der nächsten den Weg durch Schaffung eines Präzedenzfalles. Wo einmal die Regeln umgestoßen wurden, kann es wieder geschehen. So wird das skrupellose Hantieren mit Institutionen, mit der Macht und mit Menschen ermutigt; die extremen Kräfte, gleich welcher Einfärbung, rechtfertigen sich noch im polaren Gegensatz aneinander, an der *beiderseitigen* Mißachtung von Verfassungsprinzipien. Zugleich wird als Hüter der Verfassung die kritische Öffentlichkeit – sei es der Publizistik, sei es der Wählerreaktion – abgestumpft und entmutigt: „Die da oben machen ja doch, was sie wollen!" Weil das so ist, kommt es – das ist das zweite – zu einer Erstarrung: Man fürchtet, die *andere* Partei oder Gruppe könnte, sobald sie nur die Gelegenheit dazu hat, sobald sie einmal mit Macht und mit Mehrheit allein ist, die Regeln umstürzen. Deshalb scheut man sich, schlechter Erfahrungen eingedenk, vor der zukunftsoffenen Situation, vor jeder Veränderung, und „umarmt" einander krampfartig, damit nur ja keine Hand frei wird, die nach dem Dolche greifen kann.

Das ist ganz verständlich, denn die dritte denkbare Folge sieht noch schlimmer aus: Wo die Regeln sich als brüchig erweisen, nicht länger akzeptiert werden, da muß unabwendbar in der Logik der Gewalt der offene Kampf brutal und inhuman werden; wer *alle* Regeln verwirft, weil er sie für „bloß formal" und im übrigen für „repressiv", von hinterhältigen Interessen diktiert hält, der hat sich darum schon für diese Logik der Gewalt entschieden, für das Freund-Feind-Klischee, dem zur Rechtfertigung gar nichts anderes bleibt, als im Namen der einen, angeblich letzten Wahrheit die entgegenstehenden Interessen und Anschauungen niederzutreten. Doch selbst wenn das gelingt, bleibt der Makel der Gewalt: die dauernde Unterdrückung menschlicher Freiheit, Selbstbestimmung und Vielfalt. Und auch dies ist eine Form der Erstarrung, der Flucht vor dem offenen Horizont der Zukunft.

Insgesamt gibt es also eine positive und eine negative Dialektik von Dynamik und Stabilität, von Fortschritt und Bewahrung. Die positive gründet auf der Festigkeit elementarer Rechte und Verfahrensregelungen, die negative darauf, daß die Regeln sich als brüchig erweisen und gebrochen werden. Schumpeter hat einmal einen plastischen Vergleich gebraucht: Ein Auto muß nicht langsamer, sondern kann umso schneller fahren, je wirksamere Bremsen es hat[8]. In der Tat: Ohne Bremsen forsch zu fahren ist unverantwortlicher Leichtsinn. Mancher freilich scheint es noch immer oder bereits wieder für eine Art von Mutprobe zu halten.

Es sei gestattet, diese Überlegungen mit zwei Klassikerzitaten abzuschließen, die wohl für sich selbst sprechen und keines weiteren Kommentars bedürfen. Edmund

Burke schrieb vor fast schon zweihundert Jahren: „Menschen sind genau in dem Maße zu bürgerlicher Freiheit qualifiziert, in dem sie ihren Begierden Bindungen auferlegen . . . Eine Gesellschaft kann nicht bestehen, wenn nicht irgendwo eine kontrollierende Macht gegenüber dem Willen und den Begierden existiert, und je weniger es diese Macht in den Menschen selbst gibt, desto mehr muß sie von außen kommen. In der ewigen Ordnung der Dinge ist es bestimmt, daß Menschen mit ungezügeltem Geist nicht frei sein können. Aus ihren Leidenschaften entstehen ihre Fesseln."[9]
Ein Menschenalter nach Burke nahm Tocqueville das Thema neu auf: „Es gibt nichts Beklagenswerteres als die hochmütige Geringschätzung der meisten unserer Zeitgenossen für die Fragen der Form; denn die kleinsten Formfragen haben heute eine früher nicht gekannte Bedeutung erlangt . . . Die Menschen, die in den demokratischen Zeiten leben, sehen den Nutzen der Formen nicht leicht ein; sie begegnen ihnen mit instinktiver Geringschätzung . . . Die Formen erregen ihre Verachtung, oft sogar ihren Haß. Da sie gewöhnlich auf bequemen und sofortigen Genuß aus sind, stürzen sie sich leidenschaftlich auf jeden Gegenstand ihrer Wünsche; die geringste Verzögerung bringt sie außer sich. Diese ungeduldige Haltung, die sie auch auf das politische Leben übertragen, nimmt sie gegen die Formen ein, durch die sie immerfort in ihren Plänen aufgehalten und behindert werden. – Genau dies aber, was die Menschen der Demokratien für den Nachteil der Formen halten, macht diese für die Freiheit so nützlich, denn ihr Hauptverdienst liegt darin, daß sie als Schranke zwischen den Starken und den Schwachen, zwischen die Regierenden und die Regierten treten, um die einen aufzuhalten und den anderen Zeit zur Besinnung zu geben. Die Formen sind umso notwendiger, je tätiger und mächtiger die Staatsgewalt ist und je gleichgültiger und schwächer die einzelnen werden. So benötigen die demokratischen Völker naturgemäß die Formen mehr als die anderen Völker – und naturgemäß achten sie sie geringer."[10]

IV

Der dritte und letzte Gesichtspunkt, von dem hier noch die Rede sein soll, läßt sich grob bezeichnen mit dem Stichwort *Privatheit*. Privatheit ist eine Errungenschaft bürgerlich-urbaner Lebensformen, die in der neuzeitlichen Entwicklung allgemeine, strukturprägende Bedeutung gewinnt. In der vormodernen Agrar- und Feudalgesellschaft gibt es keine Privatheit, keine gegen „Öffentlichkeit" abgegrenzte Sphäre; man lebt, wie die Soziologie es ausdrückt, in Ordnungen „vollständiger Integration"[11]; man kennt einander ganz und ohne Rückhalt. Dies beginnt sich mit der Entfaltung der bürgerlichen Städtekultur als einem zentralen Vorgang der europäischen Sozialgeschichte zu ändern: Auf Märkten und Plätzen entsteht Öffentlichkeit. Die Häuser führender Handelsbürger wenden sich mit ihren Fassaden dieser Öffentlichkeit repräsentativ zu. Mit den Fassaden aber hat es eine doppelseitige, eine dialektische Bewandtnis: Es entsteht mit ihrer repräsentativen Zuwendung zur Öffentlichkeit *zugleich* eine Abwendung, ein „Dahinter", ein Raum der den Blicken entzogenen geistigen und materiellen, der „persönlichen" Lebensgestaltung.

Es ist nicht möglich, hier der Geschichte von Öffentlichkeit und Privatheit im einzelnen nachzugehen. Jedenfalls ergibt sich schließlich – idealtypisch im Absolutismus – eine allgemeine Sphärenteilung, in der Öffentlichkeit mit Politik und diese mit dem Staat als weitgehend identisch erscheint, während Privatheit mit dem Unpolitischen und das Unpolitische mit der Gesellschaft gleichgesetzt wird. Dieser Sachverhalt kompliziert sich, setzt sich im wesentlichen aber fort im Zeitalter des Liberalismus: Es entsteht eine eigene, bürgerlich-politische Diskussionsöffentlichkeit, die im Parlamentarismus ihre institutionelle Form findet. Die Sphärentrennung von Öffentlichkeit und Privatheit wird damit jedoch nicht aufgehoben, ganz im Gegenteil: Der Sinn der liberalen Parlamente ist es, daß Repräsentanten der bürgerlich-privaten Gesellschaft die Staatsgewalt kontrollieren, um sie an willkürlichen Eingriffen in die gesellschaftlich-private Sphäre zu hindern.

Blicken wir auf gegenwärtige Verhältnisse, so kann man wohl ohne viel Übertreibung sagen, daß Privatheit – wie Bürgerlichkeit – eine schlechte Presse hat: Privatheit, das ist das Verzopfte und Verstockte, ein dunkler Bereich egoistischer Interessenverfolgung, in dem das Gemeinwohl mißachtet wird. Daher haben gelehrte Studien den Verfall der Öffentlichkeit untersucht und beklagt, kaum aber den der Privatheit[12] – als ob es das eine ohne das andere, dialektisch Zugeordnete geben könnte –; als „politische Bildung“ hat man landauf, landab den Ausbruch aus dem Privaten zum öffentlichen Engagement gepredigt, bis, zur allgemeinen Überraschung, die „Neue Linke“ dies ernst nahm und radikale Politisierung aller Lebensbereiche ebenso auf ihre Fahnen schrieb wie die Verfemung des Privaten.

Nun ist eines nicht nur zuzugeben, sondern zu unterstreichen: Die traditionelle Trennung von Staat und Gesellschaft ist brüchig, ja hinfällig geworden; sie taugt im Grunde nur noch zur defensiven Fiktion fragwürdiger Privilegienverteidigung. Wie gezeigt, gibt es keine naturwüchsig unpolitischen Lebensbereiche mehr, und der Staat muß überall gestaltend, fördernd, sichernd in die Gesellschaft eingreifen: Struktur- und Konjunkturpolitik, Entwicklung umfassender öffentlicher Sicherungs- und Rentensysteme, Städtebau und Verkehrsplanung, Gesundheitswesen, Bildung, Umweltschutz – man könnte mit solcher Aufzählung der Bereiche unabwendbarer, immer weiter vordringender Staatseingriffe lange fortfahren. Eben weil das so ist, muß umgekehrt die Gesellschaft – genauer: müßten die Gruppen, Parteien, Verbände, in denen die Gesellschaft sich zur politischen Aktion organisiert – immer tiefer in den Staat eindringen, um ihn im Sinne ihrer jeweiligen Interessen zu beeinflussen, zum Beispiel um einen Anteil am „Kuchen“ des Produktivitätszuwachses zu ergattern und um gegenüber konkurrierenden Gruppen nicht in Nachteil zu geraten. Schlagwortartig ausgedrückt: Der Durchstaatlichung der Gesellschaft entspricht die Vergesellschaftung des Staates; beide Vorgänge entsprechen einander und lassen sich nicht mehr rückgängig machen. Darum ist die alte Grenzlinie tatsächlich hinfällig geworden; „Wirtschaft“ etwa kann nicht länger einfach als etwas Unpolitisch-Privates ausgegeben werden, weil sie die öffentlichen Angelegenheiten ebenso bestimmt, wie umgekehrt der Staat planvoll Wirtschaftspolitik betreiben muß.

Aber von der Einsicht, daß alte Grenzlinien hinfällig geworden sind, zur Forderung, alle Grenzen niederzureißen und Privatheit ersatzlos zu streichen, ist es der falsche

Schritt eines verhängnisvollen Kurzschlusses. Denn mit der Privatheit wird ein Fundament der Freiheit zum Einsturz gebracht. Ein einziges Beispiel mag das demonstrieren. In der Fassung des Grundgesetzes der Bundesrepublik Deutschland lautet der Grundrechtsartikel der Gleichheit: „Alle Menschen sind vor dem Gesetz gleich. Männer und Frauen sind gleichberechtigt. Niemand darf wegen seines Geschlechtes, seiner Abstammung, seiner Rasse, seiner Sprache, seiner Heimat und Herkunft, seines Glaubens, seiner religiösen oder politischen Anschauungen benachteiligt oder bevorzugt werden." Das ist, wie es modisch-abschätzig heißt, ein „nur" formales Gleichheitsprinzip. Aber diese Formalität meint – Dialektik von Privatheit und Öffentlichkeit! – daß personale Unterschiede dadurch geschützt und praktisch ermöglicht werden sollen, daß man sie als öffentlich, als rechtlich-politisch bedeutsame ausklammert. Die Alternative – keine bloß ausgedachte, sondern eine unserer Epoche als reale und bittere Erfahrung eingeprägte Alternative – ist die gewaltsame Vereinheitlichung aller Anschauungen und Überzeugungen, die Verfemung und Verfolgung jeglichen Andersseins. Ohne das formalisierende, die Unterschiede privatisierende und in der Privatisierung anerkennende Gleichheitsprinzip kann es die Toleranz nicht geben, wie sie ideengeschichtlich seit Roger Williams und John Locke als Prinzip formuliert worden ist und wie sie eine der großen praktischen Errungenschaften der neuzeitlichen Entwicklung darstellt. Das Toleranzprinzip aber kann nicht als verstaubte, museale Trophäe in der bürgerlichen Vitrine abgestellt werden, ohne Barbarei zu provozieren. Im Gegenteil: In einer Zeit stets engerer Weltverflechtung, in der Menschen, Völker, Gesellschaftssysteme sich immer weniger in „natürlichen" Grenzen gegeneinander abriegeln können, ist die Dialektik von Öffentlichkeit und Privatheit, die Verbindung des Gleichheitsprinzips mit der Anerkennung des Andersseins durch dessen Ausklammerung, zur Bedingung zivilisierten Überlebens geworden.

V

Um zusammenzufassen: Wir leben im Zeitalter umfassender Politisierung. Das bedeutet als Weltbemächtigung die Befreiung des Menschen aus unvordenklich vorgegebenen Naturzwängen. Aber es bedeutet zugleich, daß wir mit neuen, weltgeschichtlich einzigartigen Freiheitsgefährdungen uns konfrontiert sehen: Gefährdungen, die nicht mehr die Natur, sondern die der Mensch dem Menschen bereitet. Ihnen kann man nur durch menschliche Einsicht und durch menschliches Handeln, also politisch begegnen. Verzicht auf letzte, heilsgeschichtliche Zielsetzungen des politischen Handelns, Verfahrensregelung des politischen Konflikts, politisch vollzogene Ausklammerung bestimmter Lebensbereiche aus der Sphäre des politisch Umstrittenen und Umkämpften: das sind drei Grunderfordernisse der Freiheitswahrung im Zeitalter umfassender Politisierung.

Es gibt keinen bequemen Ausweg, keine Alternative im Sinne der entweder restaurativen oder revolutionären Heimkehr ins Reich vorpolitisch konfliktloser Natürlichkeit. Wohl aber gibt es die Alternative von Freiheit oder Unfreiheit. Um noch einmal Tocqueville das Wort zu geben:

„Ich weiß wohl, daß einige meiner Zeitgenossen der Ansicht huldigen, die Völker seien auf Erden nie ihre eigenen Herren und gehorchten notwendig ich weiß nicht welcher unüberwindbaren und blinden Macht, die den früheren Ereignissen, der Rasse, dem Boden oder dem Klima entspringt. – Das sind falsche und feige Lehren, die stets nur schwache Menschen und verzagte Nationen hervorbringen können: Die Vorsehung hat das Menschengeschlecht weder ganz unabhängig geschaffen noch vollkommen sklavisch. Freilich zieht sie um jeden Menschen einen Schicksalskreis, dem er nicht entrinnen kann; aber innerhalb dieser weiten Grenzen sind die Menschen mächtig und frei; so auch die Völker. – Die Nationen unserer Tage können an der Gleichheit der gesellschaftlichen Bedingungen" – damit meint Tocqueville die alle umfassende Politisierung – „nichts mehr ändern. Von ihnen jedoch hängt es ab, ob die Gleichheit sie in die Knechtschaft oder in die Freiheit, zur Gesittung oder in die Barbarei, zum Wohlstand oder ins Elend führt." [13]

Anmerkungen

1 Helmuth Plessner, Die Studien des Organischen und der Mensch. Berlin und Leipzig 1928, 309ff.

2 Vorlesungen über die Philosophie der Geschichte, Vierter Teil, Abschnitt 3, Kap. 3.

3 Die Deutsche Ideologie, 11. Feuerbachthese.

4 Geblendet in Gaza. Hamburg 1959, 284f.

5 Eine Lanze für die Politik. München 1966, 198.

6 Zur eingehenderen Analyse einer politischen Kultur der Gewalt vgl. v. Verf.: Mexiko. München 1974, Kap. 3.

7 Klassisch dazu: The Federalist (Hamilton, Jay, Madison), Paper Nr. 51.

8 Kapitalismus, Sozialismus und Demokratie. München [2] 1950, 146.

9 The Works of Edmund Burke, Boston 1839, Bd. III, 326 (Letter . . . to a Member of the National Assembly, 1791).

10 Über die Demokratie in Amerika, Bd. II, Stuttgart 1962, 349f.

11 Vgl. hierzu H. P. Bahrdt, Die moderne Großstadt – Soziologische Überlegungen zum Städtebau. Reinbek 1961 (rde 127), 39ff.; vgl. zum folgenden auch v. Verf.: Soziale Kontrolle und autoritäre Gewalt. München 1971, 22ff., 35ff.

12 Siehe u. a. J. Habermas: Strukturwandel der Öffentlichkeit – Untersuchungen zu einer Kategorie der bürgerlichen Gesellschaft. Neuwied 1962.

13 A.a.O., 358.

Arnold Gehlen

Über die Gründe der Nostalgie und verwandter Erscheinungen

Eine der letzten Schriften *Freuds* führte den Titel „Das Unbehagen in der Kultur“, in der er verständlich machen wollte, daß es dem Menschen schwer wird, sich in ihr beglückt zu finden. Das jetzt häufig öffentlich behandelte Glücksthema hat, wie Freud sah, eine Seite der Kulturkritik. Es gibt heute, wie schon zur Zeit der Spätantike, gewisse Fluchtrichtungen aus der quälenden und unbehaglichen Gegenwart, und schon oft wunderte ich mich darüber, daß die plastischen antiken Gegenantworten hier bei uns fehlen – jetzt endlich scheint mit der Popularität des Glücksbegriffs der alte Eudaimonismus wiedergefunden zu werden, während Zyniker, Skeptiker und Platoniker sich noch der Mißbilligung überlebender Fortschrittler erfreuen.

Es gibt noch eine andere Antwort auf das Unbehagen in der Kultur, sie bilden mein Thema, nämlich die Erscheinungen der *Nostalgie*.

Die industriegesellschaftlichen Erscheinungen haben an Vielfalt, Tempo und Verwirrung Ausmaße erreicht, die wir nur mit Mühe bewältigen. Daher entstehen ganz absichtslos rein innere Verfahren der Vereinfachung und Entlastung, die uns helfen, dem Druck der Ereignisse auszuweichen. Eines dieser Verfahren besteht darin, den immer chaotischen und insofern immer gleichen Ereignissen der Gegenwart Energiebeträge oder Teilnahmebeträge zu entziehen, indem man seine Interessen nach rückwärts wendet. Ein anderes Verfahren, dem Unbehagen Ausdruck zu verschaffen, besteht in der Bereitschaft zu Revolten und Aufsässigkeiten, die in einer so libertinistischen, so warenversorgten Gesellschaft paradox wäre, hätte sie nicht geistige Ursachen.

Das Ausmaß der Unlust an den gegenwärtigen Zuständen, ich meine nicht den politischen, sondern allgemein an den industriegesellschaftlichen, läßt sich sogar messen. Der Psychologe Hofstätter hat die bekannten Assoziationsproben angestellt, bei denen es sich darum handelt, auf ein zugeworfenes Stichwort zu sagen, was einem dazu einfällt. Diese einfache Methode führt manchmal zu überraschenden und aufschlußreichen Ergebnissen, so hier, als das Stichwort, vor männlichen Studenten geäußert, „Beruf“ hieß. Als nächstverwandte Worte tauchten nun, was Sie nicht erwartet haben werden, die folgenden Worte auf: Langweile, Angst, Geiz, Haß. Das wäre nicht sehr interessant, wenn wir die Zahl nicht wüßten, aber es waren immerhin 25 Prozent der Befragten, die sich so äußerten [1].

Vielen Menschen wird die Gegenwart unheimlich, man braucht dabei noch gar nicht an große Katastrophen zu denken. Wohl zuerst haben Meadows und Mitarbeiter in einem Büchlein „Die Grenzen des Wachstums“ auf eine Schwelle hingewiesen, die sich vor uns auftürmt und deren Bedeutung man vielleicht in den Worten beschreiben könnte, daß die Welt zu ungeheuer geworden ist, um mit menschlichen Maßen noch vorstellbar zu sein. Überall findet ein exponentielles Wachstum statt, d. h. die Datengrößen nehmen im gleichen Zeitraum gegenüber den vorherigen Größen um einen bestimmten Prozentsatz zu. So z. B. wächst die Einlagesumme auf den Banken pro Jahr um 7 bis 9 Prozent. Diese Zunahme wird in absoluten Werten gemessen, immer rascher. Dieses Beispiel ist vergleichsweise harmlos, denn die Zunahmebeträge werden ja immer wieder weggesteuert. Weniger harmlos ist das exponentielle Wachstum der Weltbevölkerung selbst. Um 1650 verdoppelte sich die Menschheit in etwa 250 Jahren – es gab damals ungefähr eine halbe Milliarde Menschen. Um 1970 betrug die Weltbevölkerung etwa 3,6 Milliarden, die Zeit der Verdoppelung auf 7 Milliarden wird nur an die 33 Jahre betragen. Bei gleichem Wachstum wird es in 60 Jahren statt eines heute lebenden Menschen vier andere geben.

Die Weltindustrieproduktion ist seit 1930 bis 1970 noch schneller gestiegen, nämlich zwischen 1963 und 1968 um etwa 7 Prozent im Jahr, bis erst seit 1973 die arabische Ölpolitik hier eine Bremswirkung entfaltete. Seither wächst aber in den Industrienationen die Zahl der Arbeitslosen und steigen die Milliardenbeträge zu ihrer Unterhaltung ins Unermeßliche, je länger die Krise dauert.

Bei dem erwähnten gewaltigen Wachstum der Erdbevölkerung entsteht natürlich die Frage, ob man sie überhaupt ernähren kann. Wollte man, sagte Meadows, die gesamte Erdbevölkerung so gut ernähren wie zur Zeit die Bevölkerung der USA, so brauchte man 0,9 ha Land pro Person, aber das ist weit mehr bebaubares Land, als insgesamt auf der Erde vorhanden ist, nämlich schätzungsweise 3,2 Milliarden Hektar prinzipiell landwirtschaftlich nutzbarer Fläche, wobei wir von den Erschließungskosten ganz absehen.

Ich will auf weitere exponentielle Kurven bei Meadows nicht weiter eingehen, vor allem nicht auf die besonders bedenklichen, welche die beschleunigte Verknappung oder gar Erschöpfung der Rohstoffvorräte aus der Erde betreffen. Sondern ich wende mich nun einem Bereich von Erscheinungen zu, der dort noch gar nicht behandelt wird, aber sich zusätzlich überlagert.

Bekanntlich begann die moderne Physik mit Galileis Studien am freien Fall und mit der Erforschung der gleichmäßig beschleunigten Bewegung. Das ergibt auch eine Exponentialkurve. Das Phänomen der Geschwindigkeit spielt seine bedeutende Rolle einfach deswegen, weil zur Messung aller denkbaren Ereignisse, auf die es bei der Physik herauskommt, Raum und Zeit die ausschlaggebenden Größen sind. Das Prinzip der Geschwindigkeit wird ja nur durch die Lichtgeschwindigkeit begrenzt, es beherrscht den Funkverkehr und hebt die Flugzeuge über die Schallmauer. Wenn uns Nachrichten aus allen Ländern der Erde und aus dem Weltraum in Sekundenschnelligkeit erreichen, so werden uns aus rein technischen Gründen unvergleichlich größere Ereignismassen vorgeworfen, als jemals in früherer Zeit. Mit dem Tempo der Übermittlung vergrößert sich der Einzugsbereich, und mit dem erweiterten Einzugsbereich vergrößert sich die Zahl der Ereignisse, aus denen unbekannte Redakteure eine Anzahl heraussuchen, die dann auf dem Bildschirm erscheinen, und zwar nach den folgenden Gesichtspunkten: sie müssen entweder aktuell sein oder unsere Gefühle und Leidenschaften provozieren, und sie müssen in 13 Minuten oder eine analoge Zahl hineingehen.

Mit der Masse der überhaupt drahtlos übermittelten Informationen muß natürlich die Zahl der uns angehenden zunehmen. Das bedeutet, unser *innerer Reaktionszwang wird* dauernd beansprucht. Seit die rauchenden Trümmer und die Leichen von Vietnam seltener erscheinen, regen uns die aus Israel oder aus dem Libanon auf, oder die endlose Polemik der eigenen Politiker. Wenn der Stoff ausgeht, zeigt man uns die Kurven der ansteigenden Arbeitslosigkeit.

Weniger dramatisch, aber mit erschöpfender Gleichmäßigkeit fluten die Ströme der Informationen in die Büros, die Geschäftshäuser, die Verwaltungsstellen, und da dort nicht nur zur Kenntnis genommen wird, sondern etwas veranlaßt werden muß, so kann man die Ereignismassen nur durch eine Temposteigerung der Erledigung abfangen. So ticken und klingeln pausenlos die Telefone, Fernschreiber und Computer. Damit ist aber ein neuer Zauberkreis eröffnet. Je wirksamer die Soforterledigung erfolgt, umso mehr leere Zeit schafft man sich voraus in der Zukunft. Mit leerer Zeit kann man aber nichts anderes anfangen, als sie zu verplanen, und so werden wir, den Terminkalender in der Hand, in die Zukunft hinausgerissen, von der leeren Zeit angesogen. Die Ruhezeit ist die Zeit, in der man nicht zur Ruhe kommt, weil man die Fälligkeiten überlegt.

Ich möchte denken, daß gewisse Randerfahrungen dieser Zustände das vorhin erwähnte Viertel der Studenten veranlassen, mit Angst oder Haß an ihre künftige Berufsarbeit zu denken.

Ich will noch an einem anderen Beispiel die Selbststeigerung des Fortschritts durchdenken. Unsere Krankheitsverwaltung ist nachweislich imstande, bis ins letzte Haus die Diagnose und Therapie an jeden Kranken heranzubringen, so daß ihr das fast unglaubhafte Kunststück gelingt, eine Pockenepidemie im Keime zu ersticken, indem man jede Kontaktperson dingfest macht. Der nächste Schritt besteht dann natürlich in der Vorweg-Verhütung des Eintretens von Krankheiten, das bedeutet neue Dokumente wie Impfpässe, neue Aufrufe zur Krebsvorsorge-Kontrolle, neue Behandlungsstätten mit ihren Ärzten, Karteien, Kostenplänen und Defiziten. So rückt ein Strom von Materien nacheinander zur Bearbeitung an.

Es gibt da noch einen Zusammenhang, an den man selten denkt. Mit großer Schnelligkeit und Leistung produzieren die Maschinen alle denkbaren Güter, so daß sich das Schwergewicht der *menschlichen*, nichtmaschinellen Arbeit auf die Stadien verlagert, die vor oder nach der Fertigung liegen, während die Produktion selbst von der Maschine geleistet wird. Deshalb fällt das vom Menschen Beizutragende auf die vorbereitenden Arbeiten, die Marktforschung, die Akquisition der Aufträge, die Rationalisierungsstudien, die Beobachtung der Konkurrenz usw., und auf die abschließenden Arbeitsgänge, die sich mit Versand, Abrechnung, Versicherung, Statistik, Kontenführung usw. befassen. Jedes dieser Stadien läßt sich *perfektionieren und ausfächern,* daher der stetig wachsende Bedarf an spezialisierten Fachkräften. Alle diese Arbeiten stehen unter Zeitdruck, denn von ihnen hängt es schließlich ab, ob das Produkt den berühmten Vorsprungsgewinn einbringt, den man solange hat, bis die Konkurrenz nachzieht oder überbietet.

Schließlich will ich noch auf den ungeheuren Apparat hinweisen, den die drahtlose Nachrichtenübermittlung aus aller Welt mit sich gebracht hat, ich meine das Zeitungs- und Senderwesen, einschließlich der davon ausgehenden Literatur, denn die Devise *„Politik täglich und aufregend“* ist rein technischer Herkunft, das Interesse ist aber erweckt, und nun steigt die Flut der Literatur über Vietnam, Israel, über Konjunkturen und Krisen, über Araber und notleidende Industrien täglich höher. Am Ende stellt sich etwas wie eine Katastrophen-Immunität heraus, so daß man die Geiselnahmen nicht mehr recht beachtet, es sei denn, ein Bischof überbringe das Lösegeld, was auch schon vorgekommen ist.

Vielleicht genügen diese immer noch sehr abgekürzten Ausführungen, um zu zeigen, warum die Gegenwart schwer erträglich geworden ist. Zwei Weltkriege haben enorme technische Fortschritte mit sich gebracht, zugleich aber unabschätzbare moralische Reserven verschlissen. Über uns allen lastet der Angstfriede, pax atomica, aber er wird unterlaufen von unberechenbaren exotischen Völkern, deren Mentalität man nicht kennt.

Um damit abzuschließen: ich könnte mir denken, daß die *Bewältigungs-Zumutungen* des Alltags eine kritische Größe erreicht oder schon überschritten haben. Dann interessiert es den Soziologen natürlich sehr, in welchen Formen sich die *Abwendung* ausdrückt. Ich will keineswegs die sogenannte Kulturkritik betreiben, diese argumentierte moralisch, von den moralischen Kosten her, während meine Fragestellung *fast medizinisch* ist, es geht mir um die *Problematik der Durchstehbarkeit.* In allen vorhin beschriebenen, unter der Sonne des Fortschritts aufgegangenen Ereignisreihen geht es um Wachstum, meist wohl um exponentielles, und unsere Bevölkerung hat sich von dem Staunen immer noch nicht erholt, daß vielleicht im nächsten Jahr nicht mehr in der Kasse ist, als in diesem. Wir wollen uns aber bei solchen privaten Reaktionen nicht aufhalten, sondern das bisher Gesagte als eine allgemeine Formel auszusprechen suchen. Der Gesamtprozeß des Zeitgeschehens, der Sturmlauf von Industrie und Technik zeigt, wie das Geschehen im ganzen und in allen Einzelstrahlen seiner eigenen Beharrungswucht folgt. Hofstätter[2] sprach in ähnlichem Sinne von „Wirkungsfortpflanzung" und meinte damit mehr als das gewöhnliche Kausalgesetz; sondern es gäbe ein – immer wahrscheinlicher – Werden von Ereignismassen in Fortsetzung der eingeschlagenen Richtung. Hat man z. B. Eisenbahnen zuerst mit 40 km Geschwindigkeit gebaut, so werden 100, 200 km immer wahrscheinlicher. Wenn Flugzeuge, früher mit 120 km fliegend, über die Schallgrenze kommen, so werden neue Landebahnen, neue Methoden der Navigation, der Radarwarnung, neue Ausbildungsverfahren usw. nötig. In der Richtung der Beharrungswucht breitet sich sozusagen fächerartig der Zwang zu immer neuen Veranstaltungen und Erfindungen aus. Es scheint dies ein biologisches Gesetz zu sein. So haben die Säugetiere in ihrer Entwicklung jede denkbare Nische der Natur besetzt, es gibt fliegende und im Wasser lebende, es gibt in unbeschreiblicher Fülle der Gestalten solche im ewigen Eis, in der Wüste und auf tropischen Bäumen.

Es mag unheimlich sein, sich zu sagen, daß solches auch für den menschlichen Geist gilt. Ich glaube, daß die moderne Kunst nichts Erfindbares ausgelassen hat, von nachkopierten Fotografien bis zu einfach blau angestrichenen Leinwänden, wie eine im Treppenhaus des Baseler Museums zu bewundern ist. Und dasselbe gilt für die einzelne Person. Ist z. B. der Ruhm Picassos über eine gewisse Dauer und Ausbreitung hinausgewachsen, so kann nichts die mit steigender Geschwindigkeit erfolgende Ausbreitung zum Weltruhm hindern. Und ich meine ohne Ironie, wenn auch

nicht unbelustigt, daß dem Picasso das Erfinden neuer Stile, Kunstrichtungen und Techniken immer leichter werden mußte, aber auch immer unvermeidlicher wurde.
Im biologischen, geistigen und gesellschaftlichen Bereich kann man als einen interessanten Gesichtspunkt dieses Modell der Festlegung der Richtung durch die gelungenen Anfänge annehmen, wobei die Ausfächerung in dieser Richtung immer wahrscheinlicher wird, in den Einzelheiten aber unvorhersehbar. Und an jede Verzweigung heften sich dann erst zutage tretende Erfordernisse. Der biologische Ausdruck „Orthogenese" kann hier Verwendung finden. Es mag unser Selbstgefühl stören, daß unsere einsamen geistigen Entscheidungen im Sinne der Verlaufsform der Orthogene fallen, ohne daß wir davon etwas wissen und ohne daß wir es merken. Und jetzt komm ich endlich auf die *Nostalgie* zurück und verstehe sie von hier aus als eine Reaktion auf die vorhin geschilderte Belastung durch unsere Kultur, eine Gegenbewegung, die *selbst die Verlaufsform der steigenden Wahrscheinlichkeit hat.* Das Wort kommt aus dem Griechischen, es ist der französischen Sprache geläufig und bedeutet „Heimweh". Soviel ich sehe, entstand das Phänomen in den Vereinigten Staaten. *Faulkner* formulierte mit überwältigender Gestaltungskraft das Heimweh nach den frühindustriellen Zuständen in den Südstaaten, als diese bereits längst im Sezessionskrieg besiegt und zerschlagen waren, der Krieg endete im Jahre 1965. Der Dichter selbst, 1897 geboren, stammte aus einer verarmten Familie des südstaatlichen Landadels. Seine bedeutendsten Romane entstanden in den dreißiger Jahren, als auch *Margaret Mitchell* an dem Welterfolg des Romans „Vom Winde verweht" arbeitete, der dann den vielleicht größten Filmerfolg aller Jahre nach sich zog. Sie war 1900 in Georgia, auch einem der Südstaaten, geboren und wählte deren Untergang zum Thema. Man hat den Eindruck, daß dieser Krieg seelisch niemals verarbeitet wurde, beide Autoren vermitteln Bilder menschlicher Größe ohne jede moralisierende Tendenz. Das Nostalgie-Motiv wurde dann neuerdings von den großen Musicals wie „My fair Lady" oder „Hello Dolly", das um 1890 spielt, weitergeführt, und heute breitet es sich als Gefühlslage in erstaunlicher Breite aus, mit jener orthogenetischen fächerartigen Verteilung, deren Inhalte sich längst von dem amerikanischen Ursprung entfernt haben. Die Symbolzeit dieser rückwärtsgewandten Sehnsucht ist die zweite Hälfte des 19. Jahrhunderts, demnach eine Welt handlicherer Dimensionen, die der begrenzten Fassungskraft unserer Sinne und unseres Herzens noch näher stand.
Denn darüber ist ja wohl kein Zweifel, daß eine durchdringende Einsicht in die politischen und wirtschaftlichen Großdimensionen, wie sie uns die Zeitungen vorspiegeln, von unserem Gehirn gar nicht geleistet wird, so wenig wie man die überall gepredigte unterschiedslose allgemeine Menschenliebe leisten kann, auch das gehört zu den Überforderungen.
So schwingt das Lebensgefühl vieler Menschen, schwingt ihre Phantasie gern zu früheren, dichteren Zuständen zurück, als noch durchgegriffener gelebt wurde, und das verstehe ich als eine Reaktion auf die Unbekömmlichkeit der verrückten Übersteigerungen dieser Zeit. Das Symbol dieser Nostalgie ist die zweite Hälfte des vorigen Jahrhunderts, mit irgendeiner politischen Restaurationsbewegung hat das gar nichts zu tun. Und jetzt vollzieht sich das orthogenetische Gesetz der Ablösung von den Quellen, ich nannte die amerikanischen, und der endlosen Ausfaltung, des Ausschwär-

mens in die gezeigte Richtung. Ich gebe offen zu, daß ich die farbigen Marlitt-Film-Romane der letzten Jahre hinreißend finde, trotz der Einsicht in gewisse kitschige Seiten, aber ich kann nicht einsehen, warum es nur avantgardistischen Kitsch geben darf und keinen bourgeoisen. Es gilt auch den gedankenlosen Einspruch abzuwehren, hier würde eine „heile Welt" gezeigt, bei Faulkner, der Marlitt, bei Fontane wird an Unglück, an Krisen, an Infamien nichts unterschlagen, aber Herz und Kopf übersehen die Dinge noch. So greift die Nostalgie nach allen Seiten aus, die Bildbände mit den alten, faszinierenden Photographien mehren sich, schon sammeln sich die Liebhaber der Daguerrotypien, jener frühesten Photos aus den vierziger Jahren, die Fanatiker der Oldtimer-Autos geben Unsummen aus, andere Vereine betreiben noch eine Dampflokomotive, alte Orden werden in Spezialgeschäften gehandelt, es gibt auch solche für schrullige alte Uniformen und Helme, die Münzensammelei blüht, und es gibt Architekten und Bürgerinitiativen, denen es um die Erhaltung gußeiserner Balkons mit den untergezogenen Sandsteinathleten geht. Alles das gehört in die zweite Hälfte des neunzehnten Jahrhunderts, da es schon Eisenbahn und Dampfmaschinen gab, aber handgemachte.

Die Fortschrittler unter uns brauchen nicht mißtrauisch zu werden, sie sind übrigens auch schon nervös. Obzwar Ibsen wieder auf die Bühne kommt und unwiderstehlich wirksam im Film vordringt, obzwar die Popularität des Jugendstils mit zahllosen Postern schon die Jugend erreicht hat, die Bücher mit den Bildern alter Kriegsschiffe unter Segel oder mit Dampf sich sehen lassen, Hermann Hesse wieder gelesen wird und die Graphiken Max Klingers zu den Geheimnissen der Insider gehören, die wissen, was kommt – dennoch brauchen sich die Fortschrittler nicht zu beunruhigen. Denn es handelt sich gar nicht um eine *eigentliche Renaissance,* so wie man im 15. Jahrhundert auf die Antike zurückgriff, mit erheblichen Folgen für die Religion und großartiger Blickerweiterung. Es ist viel einfacher: die Sehnsucht sucht sich ihre Symbole und drängt zu dem hin, was menschlich kommensurabel ist, in eine Zeit, da die Worte dicht genug waren, um Dichtung herzugeben. Die Menschheit hat Erfindungen gemacht, die sie aus sich herausrissen, das ist nicht mehr umkehrbar, aber irgendwo müssen die menschlichen Maßstäbe doch sein, und die Nostalgie sucht sie. Um alle Mißverständnisse zu verhindern: Es geht nicht um Politik, nicht um Restauration, nicht um Renaissance, nicht um Umweltverwüstung und nicht um Serengeti-Komplexe, sondern um den Ekel vor einer Welt, in der man mit Hundertstelsekunden belästigt wird, mit Katastrophen in Sonstwoland, mit Hochrechnungen und mit einem Bombardement von Forderungen, Ratschlägen und Warnungen. Jeder Berufszweig mit Ausnahme des Journalisten wird angenörgelt, und Roboter taumeln auf dem Mond herum. So drückt die Nostalgie den Drang nach einer stehenden Welt aus, die unseren Herzen angemessener ist, die sicher eng sind, aber doch lieben; den Drang nach einer stehenden Welt, in der man zwar auch nicht wußte, was die Zukunft barg, aber doch sicher war, ihr gewachsen zu sein, auch moralisch, was sie auch bringen möge, während jetzt niemand weiß, wie er sich als Geisel verhalten würde. Diese Gegenbewegung sammelt uns ein, sie ist anthropologisch verständlich als ein elementarer Vorgang der Entlastung von dem Druck der Fortschrittshetze, der auch nicht nachläßt, dessen Sinn aber niemand mehr versteht, und als Entlastung von dem Druck der Zeitkonsequenzen, die niemand mehr berechnet.

Übrigens bleibt bemerkenswert, daß die Nostalgie nicht über die zweite Hälfte des vorigen Jahrhunderts zurückwirkt, niemand sehnt sich nach Allongeperücken oder Zopf mit Degen, der Planet Goethe hat Erdferne gleich dem großen Napoleon, während Napoleon III., mit ihm das deuxième empire, uns ganz nahe rückt, selbst in der Mode der Damen. Es müssen also die Großväter, die Urgroßväter noch Zeitgenossen der Traumjahre gewesen sein, und damit ist gesagt, daß die privaten Dimensionen der Erinnerung wieder eingesetzt werden, die über drei bis vier Generationen zurück nicht hinausgeht.

Wenn meine Deutung der Nostalgie richtig ist, dann handelt es sich um etwas wie eine geistige und gefühlshafte Anhänglichkeit, um ein vielleicht langdauerndes Sich-vor-Augen-Halten jener Mischkultur des 19. Jahrhunderts, als industriegesellschaftliche Anfänge sich mit sehr alten vornehmen Traditionen kreuzten. Ist auch die Präsentation meist ästhetisch, so fehlt nicht eine ethische Komponente. Ich meine zunächst, daß der sehr große Ernst, mit dem bei Ibsen oder Fontane oder Manet auch Nebensachen behandelt werden, etwas Bezwingendes hat. Selbst die Bilder von Toulouse-Lautrec sind nie eigentlich frivol. Man atmet die Atmosphäre einer internationalen Kulturgemeinschaft etwa in dem Sinne, den de Gaulle meinte, wenn er sagte: „Das Europa, dessen Nationen sich haßten, war wirklicher als das von heute." Und es gab das Gefühl, dies oder jenes dürfe man nicht tun, d. h. man konnte noch angeben, was unmoralisch ist. Es könnte aber noch ein anderes, vielleicht zukunftshaltiges Element mitschwingen. Wenn man schon im Bereich der Politik und der Wirtschaft auf die äußerste Vulgarität gefaßt sein muß, so braucht man sie in dem ohnehin autonomen Kulturbereich nicht zu dulden. Die Demokratisierung der Kultur scheint mit einem Fiasko zu enden, sie gelingt nicht überzeugend, wenigstens bisher. Im Kulturbereich ließen sich Werte wiederherstellen oder konservieren, die in der Macht- und Geschäftswelt längst preisgegeben sind.

Vorhin hatte ich schon das Bedürfnis nach Daseinsstoffen genannt, die man mit menschlichen Maßen durchleben kann, die geistig übersehbar und moralisch kompatibel sind. Jetzt soll noch die Rede sein von dem Reiz des Anständigen, des Nichtvulgären in dieser nostalgischen Welt. Es ist natürlich eine politische Propaganda, die heute die sogenannte Vulgärliteratur mit einer Spitze gegen die bürgerliche Welt vorstellt. Da scheinen die Marlitt und Courths-Mahler leicht verwundbar zu sein, aber das ist Volksliteratur des 19. Jahrhunderts mit primitiven Zügen, ich finde Vulgäres erst bei Joyce, dort auf intellektuell hohem Niveau, und bei Graß und Böll, die vulgär sind im Sinne kalkulierter Mobilisierung des Niedrigen.

Und jetzt muß ich endlich noch an eine dritte Seite der Nostalgie heranführen. Die Kunst und Literatur der Nostalgiezeit, Fontane, Klimt, nennen Sie jeden Namen, war *deutscher* als das, was uns heute in der Bundesrepublik umgibt. Jetzt begebe ich mich auf das gefährliche Gebiet des Vorwurfs, Nationalist zu sein, den ich übrigens nicht ganz verstehe, denn in der UNO sind ungefähr 135 nationalistische Nationen und eine Nichtnation, das sind wir. Ich möchte das – was ich meine – aus diesem Oberflächenthema herauslösen. Der französische Soziologe Bouthoul hat den Begriff der „Auto-Kolonisation“ eingeführt: Nachahmung einer fremden, diesmal der amerikanischen Kultur, durch die eigenen maßgebenden Stellen einem Volk auferlegt. Man müßte heute hinzufügen: mit Hilfe der Massenmedien, aber das sind ja auch politische Autoritäten. In jener Zeit, die uns nostalgisch anrührt, ist davon natürlich keine Spur zu finden, man durfte mit gutem Gewissen und mit freiem Rücken deutsch fühlen. Man kann das heute noch leisten. Wenn ich Gottfried Benn, zumal seine Prosa lese, der geradezu ein Klassiker der Nostalgie ist, dann spüre ich nichts von der Kreuzigung, die uns getroffen hat.

Ich glaube Ihnen damit das Phänomen, um das es uns geht, in seinen inneren und, wie sich zeigte, doch mehrseitigen Bezügen dargelegt zu haben.

Jetzt muß ich aber noch gegen Ende zum Vergleich auf *andere* Attitüden gegenüber der Vergangenheit kommen. Bekanntlich hat die Romantik das Mittelalter wiederentdeckt, man könnte meinen, das sei auch eine Nostalgie gewesen. Ich glaube aber, es ging um etwas ganz anderes. Die deutsche Romantik war eine unendlich vielseitige Sache, ein fast unentwirrbares Knäuel, aus dem ich zwei Fäden herausziehen will.

Erstens muß man glattweg zugeben, daß man um 1750 vom Geister- und Dämonenspuk des Mittelalters noch nicht sehr weit entfernt war. Es gab genug Autoren, die sich mit diesem Komplex im Herzen dem Mittelalter näherten. Ich denke natürlich an Goethes Urfaust, der vom Jahr 1774 stammt, schon dort ist ein „enges hochgewölbtes gotisches Zimmer“ vorgeschrieben, Faust erblickt das Zeichen des Makrokosmos, „die Geisterwelt ist nicht verschlossen“, heißt es, in rötlicher Flamme erscheint ein Geist in widerlicher Gestalt usw. Bei dem Maler Johann Heinrich Füßli, 1741 geboren, präsentieren sich die Geister auf der Leinwand, und ich kann die Atmosphäre in Caspar David Friedrichs Bildern nicht nur als eine christliche verstehen. Kreuz, Tod und Gruft sind zwar allgegenwärtig, aber die riesigen gotischen Kirchen sind doch recht oft Ruinen, Nebel wallt, alle Personen zeigen den Rücken, wer weiß wer in den Kleidern steckt, auf einer Zeichnung sitzt eine riesenhafte Eule auf einem Sarg – die dämonische, magische, nach dem Mittelalter hinstrebende Tendenz ist unübersehbar oder besser unüberfühlbar. Literarisch orientierte sich der okkultistische Hang bei diesen Romantikern gern an Jakob Böhme, 1575 geboren, der auch in England eine starke Wirkung hatte, z. B. bei Blake. Runge gehörte auch zu den Böhme-Enthusiasten, ebenfalls Schelling und Hegel. Ich muß gestehen, daß ich auch nicht eine Seite dieses Mystikers verstehe.

So geht meine Behauptung dahin, daß eine spiritistische Welle im Strom der Romantik mitfloß, ich möchte Sie mit weiteren Beispielen etwa aus dem Umkreis des Hofes Friedrich Wilhelms II. nicht belasten. Beim Versuch, sich diesen inneren Drang zu vergegenständlichen, *mußte man auf mittelalterliche Symbole* zurückgreifen. Ich will aber nun nicht sagen, daß man die notorische Reaktivierung des Mittelalters, die damals in aller Breite geschah, allein aus dieser faustisch-spiritistischen Linie verstehen kann. Historisch unvergleichlich wirksamer und bedeutender war bei den Romantikern die *Abwehr* der aus Frankreich kommenden atheistisch-rationalen Aufklärung. Fast jeder bedeutende Geist in Deutschland, außer Friedrich dem Großen und Lessing, hat sie von Grund aus abgelehnt, entweder gleich oder nach einer kurzen Periode der Ansteckung durch die Französische Revolution. Zur Abstützung und Untermauerung des ideologischen Gegenangriffs wurde man ebenfalls auf das Mittelalter zurückgeworfen, denn das 17. Jahrhundert des Dreißigjährigen Krieges hat kaum Inhalte, die man wiederbeleben konnte. Insofern ist die Erneuerung des mittelalterlichen Geistes durch die Romantiker eine echte Renaissance, eine Zweitkultur, die man der doch unvermeidlichen Neuzeit noch entgegenwerfen konnte. Folglich haben die Romantiker die germanische Geschichte ausgegraben, haben die Geschichte der Volkstümer, Mythen und vergessenen Dichtungen gepflegt, denn der Kampf gegen eine so wesentlich geschichtslose Macht, wie die Aufklärung war, muß aus der Tiefe der Geschichte herausgeführt werden. Die Baumeister dieser historisierenden Gegenwelt gegen die Aufklärung trugen berühmt gewordene Namen, ich nenne nur die Brüder Grimm, Herder und Bachofen, der gleich bis in die früheste Antike zurückgriff. Aus denselben zuletzt politischen Motiven erklärt sich die Erneuerung des Katholizismus in jener Zeit, z. B. durch Görres, der vom entschiedenen Anhänger der Französischen Revolution zum katholischen Glaubenskämpfer wurde. Und da endlich die Aufklärung in Frankreich und in Deutschland durchaus Sache einer Aristokratie von Intellektuellen, oft gerade des Adels war, haben die Romantiker die Volkstums-Ideologie dagegengesetzt, auch hier wieder Herder und die Brüder Grimm an der Spitze.

Diese volkstümelnden, restaurativen und historisierenden Tendenzen der Romantik sehe ich als hochbedeutsam an. Denn erstmals seit der Einführung des Christentums vor mehr als tausend Jahren gaben sie dem gesamten deutschsprachigen Raum einen ungeheuren Vorrat von Ideen und Motiven zur Verarbeitung. Die Einflüsse reichten bis England, Frankreich, Italien, Dänemark, Polen. Damals wurde das deutsche Volk zu einem Volk der Dichter und Denker, das ist eine später ironisierte Formel, aber man sprach doch nicht von einem Volke der Redakteure und Schnellgebildeten, es ging immerhin um eine vorläufige Einigungsformel nach den Napoleonischen Kriegen. Die welthistorische Folge des Sieges der Romantik über die Aufklärung in Deutschland war die kaum überschätzbare, daß der Osten, vor allem Rußland und der Balkan, vor der Aufklärung abgeschirmt wurden, die dort niemals populär wurde und erst bei Beginn dieses Jahrhunderts durchkam, und dann gleich als Marxismus. Dieser von uns geführte aktive politische Abwehrkampf gegen eine Mentalität, die wir als undeutsch empfanden, hat uns das Glück einer eigenständigen, uns allein zugeeigneten Geisteskultur verschafft.

Eine so ausgreifende, ja politische Bedeutung, wie sie hier gewissen Tendenzen in der romantischen Epoche zugesprochen wird, kommt unserer gegenwärtigen Nostalgie-Bewegung nicht zu. Wie ich zu erklären suchte und abschließend nochmals zusammenfasse, hat sie zwei Fronten. Man kann der alldurchdringenden Lästigkeit der heutigen Lebensumstände nicht mehr entgehen, sie holen uns erst recht da ein, wo wir ihnen in den sogenannten Ferienparadiesen zu entfliehen suchten. Aber nichts hindert unseren Geist, unsere Phantasie heimzukehren. Es ist ein merkwürdiger Vorgang, den man keineswegs unterschätzen sollte, wenn das 19. Jahrhundert, bisher der Prügelknabe aller progressiven Ideologien, sich jetzt in aller Kraft und Breite rehabilitiert, und dies eben auch in moralischer Hinsicht. Schon dies ist *mehr als Mode* und *mehr als ästhetisches Spiel.* Man kann an eine solche Rückschau gewiß keine Handlungen knüpfen, aber es ist ein Zeitirrtum, den Aktivismus zu überschätzen. Wer wollte denn

behaupten, daß er reale Chancen für einen tätigen Eingriff in die Zukunft hätte und eifrig an der Veränderung der Gesellschaft wirke?
Und in dieses Heimweh eingewickelt kann man wohl noch ein anderes durchführen: nicht den sogenannten Nationalismus, ein Wort, das allmählich zu einer abgegriffenen Spielmarke wird. An eine Wiederherstellung der untergegangenen Südstaaten dachte auch der große Dichter Faulkner nicht. Wohl aber scheint sich eine geistige Wendung mühsam anzubahnen, das nostalgische Bewußtsein kehrt der Mentalität, kehrt der Sprachregelung den Rücken, die uns von unseren Vätern und Großvätern abgeschnitten haben. Es strebt weg von der süchtigen Nachahmung des american Way of life, der endlosen Bonanza-Pädagogik. Dies geschieht ohne Haß und Hetze, nur im Raume des Geistes, still und schrittweise. Es geschieht allerdings zu einer Zeit, da der triebhafte Aktionismus des Ausgreifens weltweit aufgelaufen ist und sich die Zukunft wie eine dunkle Drohung voraus aufbaut. In sie wollen wir hineingehen, vielleicht mit wenig Hoffnung, aber ohne geistige Treulosigkeit.

Anmerkungen

1 P. R. Hofstätter, Individuum und Gesellschaft. Ullstein-Buch 2955, 1972, 108.
2 Sozialpsychologie 1956, 128 ff., 136.

Heinz Politzer

$\frac{\text{Konservativismus}}{\text{Ironie}} = \frac{\text{österreichische Literatur}}{2}$

Der etwas unübliche Titel läßt vielleicht ein Wort der Erklärung zu Beginn ratsam erscheinen. Er will besagen, daß eine konservative Haltung, gebrochen oder reflektiert durch Ironie, die Hälfte der österreichischen Literatur der letzten beiden Jahrhunderte ausmacht. Vielleicht nicht die bessere Hälfte, aber doch eine gute. Das will nicht heißen, daß es in der österreichischen Literatur nicht auch einen unironischen Konservativismus gegeben hätte – der Name Adalbert Stifter drängt sich auf –, oder eine unkonservative Ironie wie bei Franz Kafka, der ein metaphysischer Anarchist, oder bei Arthur Schnitzler, der ein von der Unheilbarkeit seiner Gesellschaft überzeugter Arzt gewesen ist. Aber – und das ist vielleicht das Österreichische an unserer Literatur – selbst der radikalsten Ironie wohnt immer noch ein Schwundrest von Konservativismus inne, so zwar, daß sich hierzulande die wildesten Libertiner schließlich doch noch als Bewahrer des kulturellen Erbes etablieren oder aber, daß einem Humanismus gehuldigt wird, dem ein gerüttelt Maß an Menschenkenntnis, und das ist immer auch Selbstverachtung, eingeboren ist. Unser Titel schließt also trotz aller Formelhaftigkeit Mischformen nicht nur nicht aus; er basiert geradezu auf ihnen.

So viel zum Titel, und nun zum Text:

Als die Nazis nach dem Anschluß die Ausreiseerlaubnis Sigmund Freuds an die Unterzeichnung einer Erklärung knüpften, er sei von der Gestapo mit allem gebührenden Respekt und der geziemenden Rücksicht behandelt worden, er habe volle Unterstützung für seine Arbeit gefunden und keinerlei Anlaß, sich zu beschweren, setzte Freud, ohne mit der Wimper zu zucken, seine Unterschrift unter das Dokument, fragte aber den diensthabenden Gestapo-Kommissär, ob er den Satz hinzufügen solle: „Ich kann die Gestapo nur allseits bestens empfehlen." [1]

Die Ironie dieser Anekdote liegt ebenso offen zutage wie der Mut des Zweiundachtzigjährigen, der dazu gehörte. Daß sie einem tiefsitzenden Konservativismus entsprang, ist weniger offenkundig. Und dennoch muß es dem Entdecker des Unbewußten vor dem Ausbruch bewaffneter Massenhysterie nicht minder gegraut haben wie vor der Bereitwilligkeit, mit der die überwiegende Mehrzahl seiner Landsleute dieser Entfesselung ihres Unbewußten erlagen. Der Nationalsozialismus war, nehmt alles nur in allem, eine revolutionäre Bewegung, wenn auch nur eine „Revolution der Hausbesorger". Die Dämme jedoch, mit denen Freuds Lehre die dunkle Flut des Unbewußten zu regulieren versuchte, waren konservativer, bewahrender Natur. „Wo Es war, soll Ich werden." [2] Außerdem hatte Freud alles Recht, sich persönlich von der Massenhysterie bedroht zu fühlen. Es besteht Grund zur Annahme, daß der Antisemit Hitler es auf die Person des Juden Sigmund Freud abgesehen hatte[3]. Diesem blieb nichts als die Berufung auf seine *Menschenwürde, die zur Zeit der Aufklärung ein revolutionäres Postulat gewesen war, jedoch in den 250 Jahren seither zur Voraussetzung des zivilisierten Lebens und damit konservativ geworden war.* Freuds Witz war buchstäblich die einzige Zuflucht, die den Alten absicherte. Konservative Ironie bewies ihm die Gegenwart und Überlegenheit seines Geistes: er durchschaute den Kommissär und sein System; er sagte es ihm hinein; er hob die Lüge, die ihn demütigen sollte, dadurch auf, daß er sie übertrieb; er entmächtigte die Übermacht, die nun nicht anders konnte, als ihn mit heiler Haut davonkommen zu lassen.

Katastrophen mit Ironie zu begegnen, ist gute, alte österreichische Tradition. Für den Österreicher ist die Lage immer verzweifelt und niemals ernst. Weniger aufgeregte Zeiten als die unsere konnten sich immerhin Ambivalenz leisten: ihre Ironie war vor den Begebenheiten revolutionär, nachher jedoch konservativ. Was wir meinen, wird aus Grillparzers Haltung zum Jahr 1848 deutlich. Im Tagebuch von 1835 auf 1836 findet sich ein satirischer Aufsatz, der „Verlegenheiten eines Staatsdieners beim Tode seines Landesfürsten" überschrieben ist und folgendermaßen beginnt: „Es hat dem Herrn gefallen – doch nein, der Verstorbene war unser Herr! – Es hat dem Allerhöchsten gefallen – zwar der Verewigte war nicht minder allerhöchst! – Also: es hat Gott gefallen, unsern allerhöchsten Herrn zu sich zu nehmen." Ich bin froh, setzt Grillparzer mit einem Seufzer der Erleichterung hinzu, „daß sich Gott wenigstens *einen* Unterscheidungsnamen vorbehalten hat, es ist wegen der Zweideutigkeit im Sprechen und Schreiben." Das kleine Stück, das auf dem Weg von Jonathan Swift zu Karl Kraus und Franz Kafka die Mitte weit im Rücken gelassen hat, umfaßt das ganze Sündenregister des Systems Metternich: die Zuchthäuser und Fronfesten, die Polizei, die Übergriffe der „Erz- und gemeinen Engel", also des Erzhauses und der gewöhnlichen Patrioten. Und Grillparzer fährt fort: Der Verblichene „war unser Vater. Ein guter Vater züchtigt seine Kinder. Er lebte nicht allein in uns, sondern auch von uns. Er tat, was er uns an den Augen absehen konnte. Dazu waren eben die Aufpasser."[4] Man kann kaum auf elementare Art aufsässig, kaum auf geschmeidigere Art ein Umstürzler sein. Als aber der Umsturz einmal gekommen war und Wien ereilt hatte, schlug die revolutionäre Laune Grillparzers in ihre Gegenteil um. Geblieben war freilich die Ironie, die sich mit der grundsätzlich konservativen Haltung Grillparzers verband. In seinen „Erinnerungen aus dem Revolutionsjahr 1848" heißt es: „Übrigens war es die lustigste Revolution, die man sich denken kann. Vom schönsten Frühlingswetter begünstigt, bewegte sich die ganze Population den Tag über auf den Straßen. In die Nähe der kaiserlichen Burg angekommen, [. . .] erhob die Menge ein lautes Jubelgeschrei, so daß die im Innern Abgeschlossenen jeden Augenblick glaubten, es gehe an ihr Leben und alles bewilligten, was einzelne Unverschämte, die sich als Deputierte darstellten, nur irgend zu begehren Lust hatten. Überhaupt war es Mode geworden, daß jeder, dem es beliebte, in die Burg Einlaß begehrte, dort in den Tisch schlug und den Erzherzogen Grobheiten sagte. – Am ernsthaftesten, aber freilich auch am absurdesten nahmen es die Studenten, die sich als die Helden der Bewegung betrachteten. Da man mit Erteilung der Konstitution zögerte, wollten sie die Burg stürmen. Sie dachten dabei weniger an den Sieg als an die Ehre, für die Freiheit zu sterben. [. . .] Ich habe mich überzeugt, daß die Jüngern und Schwächern begehrten vorangestellt zu werden, damit wenn sie erschossen wären, die Ältern und Stärkern sich auf die Kanonen werfen könnten, ehe man noch Zeit hätte, wieder zu laden. [. . .] Endlich erschien das Versprechen einer Verfassung. Der Kaiser fuhr durch die Stadt. Jubel, Anhänglichkeit, Liebe, Treue wie überall, und zwar aus reinen Herzen."[5] Seit seiner Wandlung ist die Ironie Grillparzers feiner geworden und hat kritischen Abstand gewonnen; nicht von ungefähr wird das Betragen der Studenten als „absurd" bezeichnet. Vor allem aber sind die „reinen Herzen" der Wiener unbezahlbar. Sie schlagen in der Brust eben jener, die, bevor das *Versprechen* einer Verfassung, nicht etwa diese selbst, „erschienen" war, als wäre es ein Engel, den Erzherzögen „in den Tisch geschlagen" hatten. Was die Verachtung der Menge und ihrer Launenhaftigkeit anlangt, ist diese Ironie konservativ. Freilich scheint Grillparzer es verdrängt zu haben, daß er selbst, zwei oder drei Jahre vorher, ja noch am Vorabend der Revolution selbst[6], diese willkommen geheißen hatte.

Johann Nestroy erging es ähnlich, wenn auch seine Ambivalenzen etwas anders gelagert waren. Am 1. Juli 1848 wurde seine Posse „Die Freiheit in Krähwinkel" erstaufgeführt und war, bei aller Ironie, was die Schwäche des menschlichen Fleisches, und vor allem Geistes, anlangt, ein Dokument der Revolution. Zum Beschluß setzt Ultra, der diesen Namen nicht von Zufalls Gnaden führt, der Handlung das Motto: „Also, wie's im großen war, so haben wir's hier im kleinen g'habt, die Reaktion ist ein Gespenst, aber G'spenster gibt es bekanntlich nur für den Furchtsamen; drum sich nicht fürchten davor, dann gibt's gar keine Reaktion!"[7] Aber schon ein halbes Jahr später ließ Nestroy die zweiaktige Posse mit Gesang „Lady und Schneider" aufführen.
Einer der Gesänge lautet:

Das geheime System Tyrannei
Samt Gefolge, is all's jetzt vorbei.
Früher hat man sich kaum getraut z'machen ein'n Mucks,
Jetzt Freiheit der Rede und Freiheit des Drucks;
Früher war das verborg'n wie im Dunkel der Nacht,
Was die Staatswirtschaft für eine Wirtschaft hat g'macht.
Jetzt is nix mehr Geheim's, jetzt erfahrt's jeder gleich,
Wie die Staatsschulden alt werd'n und d'Anlehn ganz neuch.
Vor Freud'n 's ganze G'sicht einem lacht,
O, nur frei sein, denn das is a Pracht. –
Doch seit Deutschland a Flotte baut, sieht alles Schiff',
Das erzeugt schiefe Ansicht und falsche Begriff'; –
So glaub'n 's Freiheit heißt unscheniert schimpf'n über 'n Staat
Und das, was man braucht, dem wegnehmen, der's hat.
„Wir sind arm", – sagen's –, „der is reich, der muß uns sein Geld geb'n,
Zu was braucht er's? A Reich'r hat a so 's beste Leb'n!" –
Und für reich halten 's jeden, der ein' schönen Rock tragt,
O Verblendete! Geht doch zu d' Schneider und fragt! –
Ah, wenn d' Freiheit Kommunismus wird, nein,
Da hört es auf, ein Vergnügen zu sein[8].

Auch Nestroy folgt der zeitlichen Sequenz von Illusion und Desillusion; er artikuliert schärfer, aber nicht minder ironisch als Grillparzer. Daß ihm, der ein ebenso leidenschaftlicher Karten- wie Schauspieler war, der Kommunismus um des lieben Geldes willen unheimlich war, ist so unverständlich nicht. *Noch unheimlicher aber waren ihm die Kommunisten, vor allem die österreichischen.* Alles Menschliche lag ihm ferne; er hielt die Menschen nämlich samt und sonders für ein Gesindel und exkludierte sich selber nicht. Er war ein Menschenfeind, wie der Rappelkopf, den Ferdinand Raimund sich auf den Leib und von der Seele geschrieben hatte, und wie bei Raimund begann die Misanthropie auch bei ihm damit, daß er seinen eigenen Winkelzügen und Unterschleifen nicht über den Weg traute. Von allem Anfang an hatte er der revolutionären Seele in seiner Brust mißtraut. So heißt es schon in der revolutionär angetönten „Freiheit in Krähwinkel":

Auf einen Wink wie von oben
Hat sich Östreich erhob'n.
Dieser merkwürd'ge Schlag [. . .][9]

Die Ambivalenz gegenüber der Freiheit liegt hier vor allem in der Insinuation, daß die Revolution „auf einen Wink wie von oben" erfolgt sei, was aus den Österreichern tatsächlich einen „merkwürd'gen Schlag" macht. Es ist das genaue Gegenstück zu dem Wort Kaiser Ferdinands I., der auf die Nachricht, seine Wiener seien auf die Barrikaden gestiegen, mit ungläubigem Staunen gefragt haben soll: „Ja, derfen 's denn das?" Die kaiserliche Skepsis kehrt in Spiegelschrift in dem „wie" wieder, das dem Wink „von oben" vorangesetzt ist. Ein solcher Wink ist offenbar unerläßlich, um in Österreich eine Revolution auszulösen. Dieses „wie" ist reine Ironie, in der sich der Konservativismus des „merkwürd'gen Schlags" bricht: es setzt die Genehmigung des allerhöchsten Herrscherhauses voraus. So wird das Couplet Nestroys zum Selbstgericht des österreichischen Menschen vor der Geschichte[10], und als solches schöpferisch. „Dieser schöpferische Ironiker in Nestroy", hat Egon Friedell, selbst ein konservativer, wenn auch nicht eben kreativer Ironiker, gesagt, „war, seinen Zeitgenossen völlig unbekannt, zu einem posthumen Leben verurteilt, ja, er führt sogar noch bis zum heutigen Tage für die meisten ein anonymes Dasein. Daß dem so ist, kommt zunächst daher, daß der souveräne und radikale Skeptiker auf dieser Welt einen schweren Stand hat: die Menschen, die sich ihre handlichen kompakten Zusammenhänge von gestern nicht auflösen lassen wollen, empfinden ihn instinktiv als ihren Feind und vergessen nur zu gern, daß die geistige Gesundheit, die Entwicklungsfähigkeit und fortschreitende Kraft jeder Epoche von der Menge geistigen Dynamits abhängt, die ihr zur Verfügung steht."[11] So weit Egon Friedell. Er vergißt nur anzumerken, daß die schöpferische Ironie Johann Nestroys durch einen ausgeprägten Konventionalismus gebändigt war, der ihn dazu führte, seinen Possen, deren Figuren eigentlich hätten zur Hölle fahren müssen, ein abruptes Happy End zu geben und daß sich Hohn und Trotz seiner alles durchdringenden Menschenfeindschaft hinter den Rampenlichtern einer überaus konservativ gestalteten Bühne entlud. Dies meinte Nestroys Wiedererwecker Karl Kraus, als er zum 50. Todestag des Satirikers gedachte: „Wir werden seiner Botschaft den Glauben nicht deshalb versagen, [. . .] weil er sein Dynamit in Watte gewickelt und seine Welt erst sprengte, nachdem er sie in der Überzeugung befestigt hatte, daß sie die beste aller Welten sei, und *weil er die Gemütlichkeit zuerst einseifte, wenn's ans Halsabschneiden ging, und sonst nicht weiter inkommodieren wollte.*"[12]

Karl Kraus selbst hat von dem Ausruf „Wer etwas zu sagen hat, trete vor und schweige!"[13], in den er kurz nach Beginn des Ersten Weltkrieges ausgebrochen war, bis zu dem Eingeständnis „Mir fällt zu Hitler nichts ein"[14] von politischer Ironie Gebrauch gemacht. Da es politische Ironie gewesen, sind wir genötigt zu fragen, von welcher Couleur die Politik war, der sich der Ironiker verschrieben hatte. In einem durchaus unironischen, bekenntnishaften Gedicht aus späterer Zeit hat Karl Kraus selbst seinen Standort angegeben:

Mein Widerspruch

Wo Leben sie der Lüge unterjochten,
war ich Revolutionär.
Wo gegen Natur sie auf Normen pochten,
war ich Revolutionär.
Mit lebendig Leidendem hab ich gelitten.

Wo Freiheit sie für die Phrase nutzten,
war ich Reaktionär.
Wo Kunst sie mit ihrem Können beschmutzten,
war ich Reaktionär.
Und bin bis zum Ursprung zurückgeschritten.[15]

Das ist eine ihrer selbst bewußte Dialektik; zugleich ist es das, was man in Wien ein Wiegel-Wagel nennt, ein unentschlossenes Schwanken zwischen einem Entweder und einem Oder. Die Dialektik wurde, wie so oft, verwirrend, das Wiegel-Wagel schwer verständlich, wenn Karl Kraus in den letzten Jahren seines Lebens das autoritäre, „auf Normen pochende", Regime Dr. Engelbert Dollfuß' und Dr. Kurt Schuschniggs unterstützte, weil er den Austrofaschismus für ein Bollwerk gegen Hitler hielt, zu dem ihm nichts mehr „einfiel".

Auf der Höhe seiner Urteilskraft hat Karl Kraus das Gedicht „Bunte Begebenheiten" geschrieben, in dem er seine Ironie auf eine auch von ihm selbst selten erreichte Pointe trieb. Das Gedicht ist eine Parodie von Hugo von Hofmannsthals „Großem Welttheater", das am 12. August 1922 in der Salzburger Kollegienkirche Premiere gehabt hatte. Um die tiefere Bedeutung der Ironie, die über diese Satire waltet, zu erfassen, ist es notwendig zu wissen, daß Karl Kraus als Jude geboren worden war, aber elf Jahre vor dem „Großen Welttheater" die Taufe empfangen hatte. Die Schlußstrophen der „Bunten Begebenheiten" lauten:

Und unter heiligem Schutze gedeiht
der Hotel- und Theaterhandel,
man bemerkte u. a. die Persönlichkeit
der Berta Zuckerkandl.

Sie fühlt sich entrückt und von Olbrich erbaut
und da kann man wieder nur sagen,
die Kirche, die selbst das verdaut,
hat einen guten Magen.

Ganz eingeweiht die Monstranz übernahm
Hochwürden die Preßkanaille.
Die Muttergottes dafür bekam
die Tapferkeitsmedaille.

Doch da noch verzückt an der Kirchentür
sie zu Prominenten beten,
entschloß sich der liebe Gott, eben hier
auf der Stelle auszutreten.[16]

Kaum mehr als einen Monat nach dem „Großen Welttheater“ übernahm Karl Kraus die Rolle des lieben Gottes und trat aus der katholischen Kirche wieder aus. Es war der Akt eines Superkonservativismus – Karl Kraus als Stellvertreter des Allerheiligsten –, gebrochen durch ein Übermaß hybrider und dem Ironiker vielleicht nicht ganz bewußter Ironie. Ironisch ist alles an diesem Gedicht: daß die ganze, in Salzburg versammelte Prominenz der Satire zum Opfer fällt und doch nur hier, im Gedicht und von dessen Gnaden der Vergessenheit entrissen, weiterlebt, daß die Kirche, und nicht nur die Salzburger Kollegienkirche, sich als Theater demaskiert:

Die Plätze gleich vorn beim Hochaltar
sind reserviert für die Fremden,
dort kann man am besten auch sehn, wie der Bahr
wechselt die Büßerhemden[17];

daß den lieben Gott schließlich allen ironischen Ernstes und mit aller Ernsthaftigkeit der Ironie von seinem Geschöpf geraten wird, das eigene Haus zu verlassen. Dieser Rat ist sprachlich als ein vollzogener Akt dargestellt („entschloß sich der liebe Gott . . . auszutreten“), ein Meisterstreich des Ironikers, der wußte, daß der Schöpfer seiner Aufforderung so sehr und so wenig nachgekommen war wie je zuvor. Nur der Ironiker war ausgetreten, konservativer als der *creator spiritus,* der ihm, Karl Kraus, zu mutwillig geweht hatte. Wenn es eine metaphysische Dimension der Ironie gibt, dann hat sie Karl Kraus hier zugleich erreicht und aufgehoben. Er war ein sonderbarer Heiliger.

Sonderbare Heilige sind sie alle, diese ironischen Konservativen. Etwa *Joseph Roth,* der ein galizischer Jude und bis zu seinem Tode im Jahre 1939 ein österreichischer Monarchist gewesen ist. Auch er operiert an der Grenze eines *metaphysischen Konservativismus.* Er *starb an Exil und Absinth;* seine letzte Erzählung heißt „Die Legende vom heiligen Trinker“ und schließt mit dem Satz „Gebe Gott uns allen, uns Trinkern, einen so leichten und schönen Tod!“[18] Merkt man den Samttritt der Ironie, die selbst mit dem eigenen Tod, dem Tod des Trinkers, spielt wie die Katze mit der Maus?

Konservativismus hat überhaupt ein besonderes Verhältnis zum Tod. Das gleiche gilt für die Ironie. Konservativismus bringt die Ernte ein und sucht, sie zu sichern; er setzt, wie schon sein Name besagt, alles daran, die Scheuer voll zu halten und sie vor Verfall zu schützen. Und dennoch ist er, vor allen politischen Richtungen, sich der Zeit bewußt und schließt seine Augen nicht vor ihrem Schritt und seinem Ende. Die Worte der Marschallin aus dem „Rosenkavalier" Hofmannsthals sind so konservativ wie die Herrschaft der Kaiserin Maria Theresia, deren Vornamen die Fürstin von Werdenberg trägt:

> Die Zeit im Grund, Quin-Quin, die Zeit,
> die ändert doch nichts an den Sachen.
> Die Zeit, die ist ein sonderbares Ding.
> Wenn man so hinlebt, ist sie rein gar nichts.
> Aber dann auf einmal,
> da spürt man nichts als sie:
> sie ist um uns herum, sie ist auch in uns drinnen.
> In den Gesichtern rieselt sie, im Spiegel da rieselt sie,
> in meinen Schläfen fließt sie.
> Und zwischen mir und dir da fließt sie wieder.
> Lautlos, wie eine Sanduhr.
> O Quin-Quin!
> Manchmal hör ich sie fließen unaufhaltsam.
> Manchmal steh ich auf, mitten in der Nacht,
> und laß die Uhren alle stehen.
>
> Allein man muß sich auch vor ihr nicht fürchten.
> Auch sie ist ein Geschöpf des Vaters,
> der uns alle geschaffen hat[19].

Wie bewahrt man sein Gleichgewicht, wenn man sich des Verlusts bewußt ist, und Hofmannsthals Marschallin ist sich sehr früh, mit zweiunddreißig Jahren, des Unvermeidlichen bewußt? *„Und in dem ‚Wie' da liegt der ganze Unterschied."*[20] Hier kommt die Ironie ins Spiel. Das barocke Bild einer Dame, dessen eine Hälfte ein blühendes Frauenantlitz, dessen andere einen Totenschädel zeigt, ist ein ebenso konservatives wie ironisches Kunstwerk. Zu tun, als ob es kein Ende gäbe und dieses doch aufzusuchen und sich mit ihm abzufinden, der Zeit mit Kondeszendenz zu begegnen und dem Tod mit Eleganz, das ist die ganze Kunst.

Daß diese Kunst eine österreichische sei, hat Hugo von Hofmannsthal in dem Schema „Preuße und Österreicher" von 1917 zu behaupten gewagt. Da wird Preußen folgendermaßen gekennzeichnet: „Ein undichtes soziales Gewebe, die Stände in der Kultur geschieden; aber präzise Maschinerie." Dem gegenüber besitzt Österreich „ein dichtes soziales Gewebe, die Stände in der Kultur verbunden; die Mechanik des Ganzen unpräzise". Genauer gesagt, *äußert sich der Konservativismus Preußens in der „höchste[n] Autorität der Krone", der österreichische Konservativismus im „höchste[n] Zutrauen [zu] der Krone"*. Der einzelne Preuße sei durch sein „Selbstgefühl", der einzelne Österreicher durch „Selbstironie" bestimmt; der Preuße zeichne sich durch „harte Übertreibung", der Österreicher durch „Ironie bis zur Auflösung" aus[21]. Tatsächlich hat sich die Habsburgische Monarchie durch Ironien wie die des in vieler Hinsicht erzkonservativen sozialdemokratischen Abgeordneten Engelbert Pernersdorfer aufgelöst, dem im Parlament der Vorwurf des Hochverrats gemacht worden war. Pernersdorfer replizierte: „Hohes Haus", und diese Ansprache allein birst vor Ironie, „Hohes Haus, wer ein richtiger österreichischer Patriot ist, der ist mindestens einmal in seinem Leben Hochverräter gewesen."[22] Vom guten Soldaten Schweik gar nicht erst zu reden.

Als sich der Auflösungsprozeß der Habsburgischen Monarchie vollzogen hatte und länger als ein Jahrzehnt Wasser die Donau hinuntergeflossen war, erstand Österreich in Robert Musils „Der Mann ohne Eigenschaften" wieder auf und erkannte sich als Kakanien. Der Name Kakanien war Musil ebenso von teuflischer Ironie eingeblasen worden, wie er von sehnsüchtigem Bewahrenwollen des als endgültig verloren Erkannten getragen war. „Überhaupt", merkt Musil an, „wie vieles Merkwürdige ließe sich über dieses versunkene Kakanien sagen! Es war zum Beispiel kaiserlich-königlich und war kaiserlich und königlich; eines der beiden Zeichen k.k. oder k. und k. trug dort jede Sache und Person, aber es bedurfte trotzdem einer Geheimwissenschaft, um sicher unterscheiden zu können, welche Einrichtungen und Menschen k.k. und welche k. und k. zu rufen waren." Daher also der Name Kakanien. Aber auch das griechische Wort „kakos" für „schlecht" schwingt mit. Für den Österreicher zumindest unterwandern auch faekalische Assoziationen die fiskalischen, „Kakerlgelb" des „Schönbrunnergelb", sozusagen. Es war reine Haßliebe, die sich in Musils Nomenklatur aussprach. Über die Politik Kakaniens sagte der Schriftsteller das folgende: „Es war nach seiner Verfassung liberal, aber es wurde klerikal reagiert. Es wurde klerikal regiert, aber man lebte freisinnig. Vor dem Gesetz waren alle Bürger gleich, aber nicht alle waren eben Bürger. Man hatte ein Parlament, welches so gewaltigen Gebrauch von seiner Freiheit machte, daß man es gewöhnlich geschlossen hielt; aber man hatte auch einen Notstandsparagraphen, mit dessen Hilfe man ohne das Parlament auskam, und jedesmal, wenn alles sich schon über den Absolutismus freute, ordnete die Krone an, daß nun doch wieder parlamentarisch regiert werden müsse."[23]

Die allgemeine Freude über den Absolutismus und die offenkundige Erleichterung darüber, „daß nun doch wieder parlamentarisch regiert werden müsse", halten sich auf das Sarkastischeste in der Schwebe. Wo aber steht Musil, der Erzähler, selbst? Er macht es uns schwer, indem er die Regierung des alternden Kaisers als klerikal bezeichnet, was eine maliziöse Vereinfachung darstellt. War er deswegen liberal? Im weiteren Verlauf des Romans heißt es: „Da streikten kaiserlich-königliche Telegraphenbeamte zum erstenmal und auf eine außerordentlich beunruhigende Weise, die den Namen Passive Resistenz bekam und aus nichts anderem bestand, als daß sie alle ihre dienstlichen Vorschriften mit dem pünktlichsten Gewissen beobachteten; es zeigte sich, daß die genaue Befolgung des Gesetzes rascher alle Arbeit zum Stillstand brachte, als es die zügelloseste Anarchie vermocht hätte. Gemeinsam mit dem Hauptmann von Köpenick in Preußen, der sich, wie heute noch erinnerlich, durch eine beim Trödler gekaufte Uniform zum Offizier gemacht hatte [...], war die Passive Resistenz etwas, das den Mund kitzelte, aber zugleich in unterirdischer Weise die Ideen ins Schwanken brachte, auf die sich die Mißbilligung stützte, die man aussprechen wollte."[24] Der kulinarische Kitzel, den die Passive Resistenz in dem Erzähler auslöst, übertäubt nicht sein Unbehagen über die Erschütterung der Ideen. Welcher Ideen? Doch wohl der konservativen, gegen die sich diese Passive Resistenz vornehmlich richtet, und die sich durch alle Erschütterung, sofern diese nicht durch die eigene Ironie erfolgt, in Mitleidenschaft gezogen fühlt. Die Waage der Ironie bedarf einer gewissen Ruhe, um ihre Schwebe bewahren zu können, auf die sie sich eingespielt hatte; Streiks und Passive Resistenz beunruhigen ihre Balance; *der Ironiker sichert seine Person ab, indem er einen Standort bezieht, der, scheinbar über den Parteien schwebend und ihr Tun und Lassen in seiner Absurdität durchschauend, sich dennoch auf der Seite des Bewahrens hält, zumal, wenn das zu Bewahrende längst nicht mehr zu bewahren, wenn es, wie Musils Kakanien, lange schon untergegangen ist.* Im Südostwinkel Kakaniens, jedoch bald mit diesem identisch, liegt Tarockanien. Fritz von Herzmanovsky-Orlando hat dieses Land entdeckt, dessen Verfassung „auf den strengen Gesetzen der in Österreich ungemein populären Tarockspiele"[25] beruht und das eigentlich ein Wolkenkuckucksheim, bevölkert mit Sonderlingen und „Biedermeier-Dämonen"[26], darstellt. Tarockanien ist der Gegenwart völlig abgewandt; wenn es sie überhaupt zur Kenntnis nimmt, dann um den eigenen Konservativismus aufs ironischeste zu demonstrieren. Dazu dienen Herzmanovsky-Orlando vor allem die Eisenbahnen. Sein „Maskenspiel der Genien" beginnt: „Es ist eine traurige, aber unbestreitbare Tatsache, daß die Welt dem Phänomen Österreich mit tiefem Unwissen gegenübersteht. [...] Nicht geringe Schuld an diesem beklagenswerten Zustand tragen die internationalen Fahrplankonferenzen, die es zustande bringen, daß bedeutende Schnellzugslinien, deren Expresse unter Pomp, Gestank und Donner von irgendeiner Grenzstation abgelassen werden, im Innern Österreichs schon nach kurzer Frist spurlos versickern, nachdem sie irgendwann auf der Strecke durch einen rätselhaften Abschuppungsprozeß den Speisewagen verloren haben. Meistens geschieht das in der Gegend von Leoben, diesem Gewitterwinkel des europäischen Reiseverkehrs. [...] Mehr als einmal habe ich es erlebt, daß alte, erfahrene Stationschefs einem aus Leoben ausfahrenden Expreß lange kopfschüttelnd nachschauen, wobei sie wohl auch ein kaum hörbares ‚Wieder einer ...!' vor sich hinmurmeln. Dann gehen sie ins Dienstzimmer zurück, stellen die Telegraphenleitung ab, werfen sich seufzend aufs schwarzlederne Sofa und stöhnen noch lange: ‚Jo ... jo, jo ... jo', ehe sie in traumgequälten Schlummer versinken."[27] Hier wird Expreßzügen, Speisewagen und allem anderen Komfort der Neuzeit abgeschworen, und zwar durch einen entschlossenen Rückzug in die Vergangenheit, die dem Historiker und Archivalisten Herzmanovsky-Orlando ein vertrautes Gelände gewesen ist. Solch ein Rückzug vollzieht sich in skurrilster Weise in dem Theaterstück „Kaiser Joseph und die Bahnwärterstochter", und wieder sind es die Räder der Eisenbahn, auf denen er ausgeführt wird. Da heißt es: „Hinter der Szene wird das asthmatische Keuchen einer Lokomotive hörbar. [. . .] Von links erscheint der Vorreiter auf einem reich geschmückten, dicken und etwas zu kurzen Apfelschimmel (ausgestopft). Er springt ab und bindet das Roß mit den permanent irrsinnig geweiteten Augen an die Signalscheibe. [. . .] Aus der Kulisse schiebt sich eine Lokomotive mit der verschnörkelten Aufschrift ‚Schönbrunn' und einem hohen, messinggekrönten Rauchfang. Sie zieht einen gelben, einfenstrigen, sänftenartigen Wagen, über dem ein Straußenfederbusch wippt und der mit trompetenblasenden und paukenschlagenden Putten verziert ist. Zwei Lakaien springen hinten ab und öffnen, sich verbeugend, den Schlag. Heraus tritt ein vornehmer Herr in Uniform."[28] Es ist der Kaiser Joseph, dessen Namen wir nie erfahren sollen. Der vornehme Herr regierte von 1765 bis 1790, war also allen Lokomotiven, zumal in Österreich, um ein Beachtliches voraus. Der Anachronismus birgt tieferen Sinn: Joseph II. galt als aufgeklärter Fürst und war Reformen durchaus nicht abgeneigt. Indem Herzmanovsky-Orlando die Gestalt des Reformkaisers mit barocken Schnörkeln umrahmt, und Joseph II. nicht nur als leiblichen, sondern auch als geistigen Sohn Maria Theresias erscheinen läßt, klittert er Geschichte, retuschiert und restauriert er. Ganz allgemein ist sein ironischer Konservativismus gebunden an die Erforschung und Darstellung eines Reiches, in dem die Tradition groteske Urständ' feiert, der Doppeladler einem Doppelgeier, der Reichsapfel einer Tränenzwiebel zum Verwechseln ähnlich sieht, der Fortschritt so lange fortschreitet, bis er verschwunden ist, und die Welt sich um eine exzentrische Mitte dreht. Hier wird die Ablehnung des Liberalismus zu Narrenfreiheit, zur Freiheit eines erlauchten Narren freilich.

Was dem einen seine Eisenbahn, ist dem andern sein Telephon. Für den Grafen Hans Karl Bühl aus Hugo von Hofmannsthals Lustspiel „Der Schwierige" ist das Telephon eine „indiskrete Maschine"[29]. Es hängt an der Wand des Gräflich Bühlschen Arbeitszimmers, das im übrigen für alles eingerichtet ist, nur nicht für Arbeit. Der Graf, der sich selbst als einen Menschen bezeichnet, „der durchdrungen ist von einer Sache auf der Welt: daß es unmöglich ist, den Mund aufzumachen, ohne die heillosesten Konfusionen anzurichten"[30], sieht in seinem Telephon eine veritable Höllenmaschine, welche die allgemeine Unmöglichkeit, sich zu verständigen, zu einem Inferno unvermeidbarer Mißverständnisse steigert. Die kleine Maschine hat sich in den „Arbeits"- und Lebensraum der Elite gedrängt; sie schrillt in den Konservativismus, der die Lebensluft dieser Elite bildet, hinein und perturbiert ihn aufs empfindlichste; sie läutet – wir schreiben den Winter 1914 – den Abgesang einer Adelswelt ein, die sich selbst zur Einbildung geworden ist.

Das ganze Lustspiel stellt sich als die Verklärung eines Zustandes dar, der in Wirklichkeit aufgehört hat zu existieren. „Der Schwierige" ist das einzige Theaterstück Hofmannsthals, das in seiner Entstehungszeit spielt. Das ergibt Widersprüche. Hans Weigel hat beobachtet, daß Karl Bühl Ländereien und Güter besitzt, die, historisch gesehen, 1919 schon von der Revolution enteignet gewesen waren. „Graf Bühl hat", fährt Hans Weigel fort, „‚seit eineinhalb Jahren' im Herrenhaus, der Ersten Kammer des österreichischen Parlaments, seinen erblichen Sitz, aber dort ergreift er nie das Wort, wie Grillparzer, der Schwierige vor allen Schwierigen. Vor eineinhalb Jahren, also wohl im Jahre 1917, wurde er vom Kaiser in das Herrenhaus berufen, doch [. . .] wie geht es zu, daß Stani [sein Neffe] von diesem Herrenhaus im Indikativ Präsentis spricht: ‚. . . deinen Sitz eingenommen hast, aber nie das Wort ergreifst?‘ Wir sind ja ‚nach der Kriegszeit‘, es gibt ja kein Herrenhaus mehr. Hier liegt“, schließt Hans Weigel, „eindeutig ein unauflösbarer Widerspruch vor – ‚Herrenhaus‘ und ‚nach der Kriegszeit‘ sind unvereinbar –, und dieser Widerspruch ist der Schlüssel zu Hugo von Hofmannsthals Lustspiel ‚Der Schwierige‘.“[31]

Wenn die Formel „Konservativismus gebrochen durch Ironie“ auf ein Werk der österreichischen Literatur zutrifft, dann bezeichnet sie den „Schwierigen“. Denn was könnte dem Vorsatz nach ironischer sein als das Festhalten an Gegenständen, die, und der Haltende ist sich dieser Haltung bewußt, hinunter sind und vorbei? Im Jahre 1921 veröffentlichte Hofmannsthal einen kleinen Aufsatz mit dem Titel: „Die Ironie der Dinge“. Der Essay, der auf den „Schwierigen“ zurückweist, beginnt: „Es war lange vor dem Krieg, daß ich in den ‚Fragmenten‘ des Novalis diese Bemerkung fand: ‚Nach einem unglücklichen Krieg müssen Komödien geschrieben werden.‘ Diese Aufzeichnung in ihrer sonderbar lakonischen Form war mir ziemlich wunderlich. Heute verstehe ich sie besser. Das Element der Komödie ist die Ironie, und in der Tat ist nichts geeigneter als ein Krieg, der unglücklich ausgeht, uns die Ironie deutlich zu machen, die über allen Dingen dieser Erde waltet. [. . .] Die wirkliche Komödie setzt ihre Individuen in ein tausendfach verhäkeltes Verhältnis zur Welt, sie setzt alles in ein Verhältnis zu allem und damit alles in ein Verhältnis der Ironie.“[32]

Aber die Ironie, die über dem „Schwierigen“ waltet, reicht über dieses „tausendfach verhäkelte Verhältnis zur Welt“ hinaus. Strukturell ist das Lustspiel ein Mittelding zwischen einem Wiener Konversationsstück und einem Mysterienspiel[33]. Den Hauptinhalt der Gespräche bildet das „simple und ungeheure Lebensproblem“[34] der Treue. Bisweilen könnte man meinen, es ginge um die Ehe als Sakrament. Dies ist hochkonservative Thematik, genau an der Grenze, wo Konservativismus an die Menschlichkeit selber rührt. Wie aber führt Hugo von Hofmannsthal diese Thematik durch? Da sagt Kari zu Toinette, der Frau seines Freundes Hechingen, mit der er vor geraumer Zeit eine Affäre gehabt hat: „Alles was geschieht, das macht der Zufall. [. . .] Darin ist aber so ein Grausen, daß der Mensch etwas hat finden müssen, um sich aus diesem Sumpf herauszuziehen, bei seinem eigenen Schopf. Und so hat er das Institut gefunden, das aus dem Zufälligen und Unreinen das Notwendige, das Bleibende und das Gültige macht: die Ehe.“ Worauf Toinette erwidert: „Ich spür, du willst mich verkuppeln mit meinem Mann.“[35] Sie ist nicht auf den Mund gefallen. Psychologisch-nüchtern, wie Frauen nun schon einmal sind, spricht sie aus, was wirklich ist, und bricht sein „Notwendiges, Bleibendes und Gültiges“ – welch bessere Kurzdefinition des Konservativismus könnten wir uns wünschen? – durch eine Ironie, die noch dazu den Vorzug besitzt, wahr zu sein.

Im entscheidenden Gespräch mit Helene Altenwyl nimmt Hans Karl zu einem „Ich bin ein Mensch, der nichts als Mißverständnisse auf dem Gewissen hat“ seine Zuflucht, worauf Helene, „lächelnd“, antwortet: „Ja, das scheint.“[36] Hier liegt die Ironie in der Umkehrung der traditionellen Rollen: die Frau wirbt, der Mann sträubt sich. Die Frau versteht: „Ja, Sie können – wie sagt man das? – verführt werden und verführen. Alle haben Sie sie wahrhaft geliebt und alle wieder im Stich lassen. Die armen Frauen!“[37] Und macht es ihm, der, eine halbe Theaterstunde zuvor, von Dauer und

Heiligkeit der Ehe so hinreißend gepredigt, unmöglich, dem Bund mit ihr, der Souveränen, auszuweichen. Helene Altenwyl ist der Wunschtraum am Rande eines Nachtmahrs, geträumt von einem Mann, der sich fürchtet, von der Frau, die er lieben muß, auch noch überwältigt zu werden. Wie persönlich dieser Traum für Hofmannsthal gewesen ist, geht aus seinem erst unlängst veröffentlichten Briefwechsel mit Ottonie Gräfin Degenfeld hervor, der ihn, den überzeugten Verfechter der Ehe als Institution, wenn nicht als Sakrament, gefährlich nahe am Rande eines Ehebruchs zeigt, und zwar eines Ehebruchs aus Mitleid und schöpferischer Sympathie[38]. Schließlich hat der Dichter nicht nur die Witwentreue der Ariadne, sondern auch den Mutwillen der leichtfertigen Zerbinetta, nicht nur den braven Kapitän Tomaso, sondern auch den Abenteurer Florindo geschaffen. Er wurde zum Konservativen, indem er den Libertin in sich zügelte und verdrängte.

Ähnlich hat Heimito von Doderer die Ironie verstanden wissen wollen. „Ironie", sagt er in seinem „Repertorium", „Ironie ist unser Verhalten (im Doppelsinne des Wortes) dem Rest von Figur in uns gegenüber, die wir nicht haben werden können."[39] Wie schon dieser Ausspruch beweist, war der Schöpfer des Amtsrats Zihal, des Bartrisses, der Frau Jurak und ungezählter anderer dicker Damen ein wortmächtiger Ironiker. Er war auch ein Konservativer von Graden. Er hat in zwei Weltkriegen gekämpft, trat 1933 der österreichischen Nationalsozialistischen Partei bei, verließ sie jedoch 1938, nach dem Anschluß, konvertierte zum Katholizismus und hat dann der Zweiten Republik Österreich bedeutend bei der Stabilisierung ihres Staatsbewußtseins assistiert. Daß er ein anerkannter Historiker und lebenslängliches Mitglied des exklusiven „Instituts für österreichische Geschichtsforschung" war; daß er Drachenkunde getrieben und einen „Ritter-Roman", „Das letzte Abenteuer", geschrieben hat; daß er in dem Monumentalkapitel „Dort unten" aus den „Dämonen" die Zeit der mittelalterlichen Hexenprozesse bis zur Manier von Grammatik und Orthographie heraufzurufen trachtete und in dem frühen Roman „Ein Umweg" dem Barock eine verschmitzte Reverenz erwiesen hat – all das zeigt die traditionsgebundene Richtung seines stets bewegten Geistes. Er verfuhr als Historiker, wenn er die Pläne zu seinen großen Romanen mit vielfarbigen Strichen auf Reißbretter skizzierte. Obwohl der Autor der „Strudlhofstiege" immer noch vielen als ein Wiener Lokaldichter, als eine Art von Heimat-Proust, gilt, konnte er von sich sagen: „Wer die Aura eines Ortes, seiner Menschen und Dinge zu fassen, zu gestalten und zu bannen vermag, erschafft jenen Ort, seine Menschen und Dinge, noch einmal."[40] Auf diese Art wurde er schöpferisch, indem er konservierte und vor dem Verfall bewahrte. Und die Ironie? Er soll einmal gesagt haben, er betrachte es als den Erfolg der „Strudlhofstiege", daß die Gemeinde Wien, nachdem sein Buch erschienen war, auf der Stiege elektrisches Licht einführte.

Von Robert Musil, dem er „die im Essayismus erstickende fadendünne Handlung"[41] vorhielt, hat Heimito von Doderer nicht allzu viel gehalten. Dennoch hätte er den folgenden Satz aus dem „Mann ohne Eigenschaften" unterschrieben, diesen Satz, der für ihn ebenso Geltung hat wie für den Rest der konservativen Ironiker und ironischen Konservativen in der österreichischen Literatur: „Ja, es war, trotz vielem, was dagegen spricht, Kakanien vielleicht doch ein Land für Genies; und wahrscheinlich ist es daran auch zugrunde gegangen."[42]

Anmerkungen

1 Ernest Jones, The Life and Work of Sigmund Freud, Bd. III. New York 1957, 224.
2 Sigmund Freud, Neue Folge der Vorlesungen zur Einführung in die Psychoanalyse. Gesammelte Werke, Bd. XV, London 1940, 86.
3 Siehe z. B.: Thomas Mann, Bruder Hitler. Gesammelte Werke, Bd. XII. Frankfurt a. M. 1960, 850; oder Vincent Brome, Freud and His Early Circle, New York 1967.
4 Sämtliche Werke, Bd. III. München 1964, 85.
5 Sämtliche Werke, Bd. IV. München 1965, 219.
6 Siehe die „Darstellung" Ludwig August Frankls, die eine Versammlung in der Wohnung von Doblhoff und Bauernfeld Anfang 1947 zum Inhalt hat. Ebd. 958–959.
7 Sämtliche Werke, Bd. V: Die politischen Komödien. Wien 1925, 213.
8 Ebd. 295–296.
9 Ebd. 139.
10 Siehe Friedrich Torberg, Österreichisches Selbstgericht in der Literatur, Spectrum Austriae. Wien 1957, 614–645.
11 Kulturgeschichte der Neuzeit. München 1927 ff., 1104.
12 Nestroy und die Nachwelt, Untergang der Welt durch schwarze Magie. München 1960, 226.
13 In dieser großen Zeit. Die Fackel Nr. 404–412 (1914) 2.
14 Die dritte Walpurgisnacht. München 1952, 9.
15 Worte in Versen. München 1959, 488.
16 Ebd. 410–411.
17 Ebd. 409.
18 Amsterdam 1939, 109.
19 Lustspiele I. Stockholm 1947, 335–336.
20 Ebd. 331.
21 Prosa III. Frankfurt a. M. 1952, 407, 408, 409.
22 Zitiert nach Friedrich Torberg, Österreichisches Selbstgericht, a.a.O., 631.
23 Hamburg 1952, 34.
24 Ebd. 459.
25 Maskenspiel der Genien. München 1958, 21.
26 Herbert Eisenreich, Reaktionen. Essays zur Literatur. Gütersloh 1964, 127 ff.
27 Maskenspiel . . ., a.a.O., 19.
28 Fritz von Herzmanovsky-Orlando, Lustspiele und Ballette. München 1960, 20.
29 Lustspiele II. Frankfurt a. M. 1954, 195.
30 Ebd. 312.
31 Triumph der Wortlosigkeit, Das tausendjährige Kind. Kritische Versuche eines heimlichen Patrioten zur Beantwortung der Frage nach Österreich. Wien 1965, 208.
32 Prosa IV. Frankfurt a. M. 1955, 40.
33 Siehe Heinz Politzer, Die letzten Tage der Schwierigen. Merkur 28 (1974) 218.
34 Richard Strauss – Hugo von Hofmannsthal, Briefwechsel, Gesamtausgabe. Zürich ^{4}1964, 134. (Brief Hofmannsthals von Mitte Juli 1911).
35 Ebd. 243.
36 Ebd. 300.
37 Ebd.
38 Frankfurt a. M. 1974.
39 Repertorium. Ein Begreifbuch von höheren und niederen Lebens-Sachen. München 1969, 126.
40 An die Gründungsversammlung der amerikanischen Arthur-Schnitzler-Gesellschaft, zitiert von Hans Weigel, Von Kakanien nach Österreich. Protokolle 67 (Wien) 10.
41 Grundlagen und Funktion des Romans. Nürnberg 1959, 36.
42 Der Mann ohne Eigenschaften, a.a.O., 35.

Erhard Busek

Politik zwischen Grundsatz und Anpassung

Konservatives Denken als politische Herausforderung

Begriffe werden in der Politik von heute gehandelt wie Markenbezeichnungen in den Warenhauskatalogen, einmal ist es die Demokratisierung, ein anderes Mal die Offenheit, dann wieder die Liberalität und ähnliches. Distanz und Skepsis ist daher das Gebot der Stunde, wenn einem da und dort der Konservativismus als Allheilmittel im Fluß der Zeit angeboten wird. Lange schon ist es her, daß das Wort „konservativ" in einer Parteibezeichnung in Österreich aufschien; die „Katholisch-Konservativen" sind die letzten gewesen, die bei uns den Mut zu dieser Bezeichnung fanden. Das Wort wird außerdem vom Sprachgebrauch negativ besetzt und von gegnerischer Seite als Etikett des Zurückgebliebenen und Reaktionären verwendet. Die Österreichische Volkspartei hat seit 1945 in keinem ihrer Programme das Wort verwendet, mag es Sprachgefühl oder Angst vor Denunzierung gewesen sein.

Warum aber sollte in unserer Zeit der Aufweis unmöglich sein, daß Konservativismus etwas anderes bedeuten kann als Hängen am Privileg, Chauvinismus, oder gar der Wunsch, in einer anderen Zeit zu leben. Ich glaube vielmehr, daß der Konservativismus als Moment der Beharrung im historischen Wandel eine wesentliche Funktion hat – als ständige Erinnerung an die Grenzen und Gefahren des Fortschrittes und an die Existenz überzeitlicher Werte.

Iring Fetscher stellte fest: „In einer Zeit, da es Mittel gibt, durch die sich die Menschheit selbst zerstören kann, und da der Fortschritt in Anführungszeichen geschrieben werden muß, weil er mehr zu zerstören beginnt, als er an Vorteilen bringt – in solcher Zeit ist es notwendig, auch das ins Auge zu fassen, von dem wir wünschen, daß es nicht verlorengeht."

Dieser Gedankengang kann gerade in einer Zeit der Veränderung, wo man das Gefühl hat, in vollem Tempo dahinzufahren, wo das Ungewisse die einzige Konstante des Lebens ist, wertvoll sein. Dieses Rekurrieren auf Orientierungspunkte und diese Relativierung des Fortschrittes sind eine alte österreichische Tugend. Johann Nestroy weiß es schon: „Ein jeder Fortschritt ist nur halb so groß, als wie er aussieht", und ihm kann man wahrlich nicht nachsagen, daß er ein Beharrender gewesen ist.

Wir müssen daher Abschied nehmen von einer Politik, die ihre Orientierung daran nimmt, was gerade der aktuelle Wunsch des Wählers ist, und mehr zu einer Politik der langfristigen Orientierung finden, der Orientierung am Grundsatz und der Distanzierung von der Anpassung.

Man kann zu einer solchen Frage nur kommen, wenn man den Eindruck hat, daß in der Entwicklung einiges nicht den erwarteten Weg nimmt. Wir müssen zugeben, daß dies in der Politik der Fall ist, denn trotz einer Wohlstandssituation ohnegleichen, die wir erreicht haben, merken wir, daß wir an Grenzen angekommen sind. Das

Ausufern verschiedener, vor allem an vordergründige Wünsche angepaßter Entwicklungen, führt dazu, daß nicht Teile unseres Lebens, sondern unser gesamtes politisches System grundsätzlich in Frage gestellt wird. Noch dazu wird dieser Vorgang nicht von jedem wahrgenommen, sondern ist eine schleichende Veränderung, oft sogar süße Verlockung, die uns widerfährt.

Wie ist nun das Grundverhältnis zwischen Grundsatz und Anpassung in der Politik? Zunächst muß einmal festgestellt werden, daß *alle politischen Entscheidungen grundsätzliche Wertentscheidungen über die Zukunft der Gesellschaft enthalten, Politik ist daher nicht nur die Kunst des Möglichen, sondern in graduellen Unterschieden die Verwirklichung von Ideen mit den verschiedensten Mitteln.* Sich die Erde untertan zu machen, wie das Kulturmandat des Menschen lautet, ist ja nur möglich, wenn man bestimmte Vorstellungen von dieser zu gestaltenden Erde in die Wirklichkeit umsetzt. Wer allerdings die Politik der letzten Jahre und Jahrzehnte verfolgt, hat mehr und mehr den Eindruck, daß in der Politik, wie in jedem anderen Geschäft, nur mehr der Erfolg als oberster Grundsatz zu gelten habe.

Ein gut ausgebildetes Parteimanagement kommt daher der Führung eines Wirtschaftsunternehmens gleich, da es nur mit den entsprechenden Werbemethoden und modernen Suggestivtechniken zu garantieren hat, daß sich der gewünschte Erfolg, nämlich ein entsprechendes Wahlergebnis, einstellt. Dieser Weg ist am besten dann erreicht, wenn man die beherrschenden Wünsche der Wähler, am besten gleich nur jene der Wechselwähler, erkundet und sich danach richtet. Damit kommt die Verwirklichung von Programmen Wahlkapitulationen gleich, in denen bestimmten Gruppen der Preis für ihre Zustimmung zu einer Machtübergabe auf Zeit bezahlt wird. Die Folge davon ist die Gesichtslosigkeit der Politik, die sich in Slogans wie „Für ein modernes Österreich" oder „Sicherheit und Fortschritt" und ähnliches äußert. „Wir sind für die Zukunft gerüstet" vermittelt zwar den Eindruck, daß man bereit ist, sich der Verantwortung für die Zukunft zu unterziehen, doch über die Ziele dieser Zukunft hört man nichts. Die Folgen dieser Slogans und solcher Politik sind ziemlich klar: man kommt vor lauter gefälliger Verpackung nicht mehr dazu, den Inhalt zu überprüfen, ja hat geradezu Angst davor, den Inhalt überhaupt zu erkunden. Man ist mit der Präsentation von Personen zufrieden, zählt Lachfältchen und Schweißperlen und unterstreicht den Unterhaltungscharakter der Politik mit würzigen Bonmots.

Man könnte zufrieden sein, wenn es die Situation zuließe. Die Entwicklung hat uns nämlich in eine Position geführt, in der verschiedene bisher unbefragte Trends nicht weiter verfolgbar sind. Seit längerer Zeit wissen wir, daß wir das quantitative Wirtschaftswachstum durch ein qualitatives ersetzen müssen, wobei die Qualität eine Änderung unserer Wertkategorien verlangt. Seit längerer Zeit wissen wir, daß die materiellen Abschlagszahlungen an die gesellschaftlich Armen nichts mehr nützen, weil ihre immaterielle Not – der Mangel an Kommunikation und Liebe – ins Enorme gewachsen ist. Seit längerer Zeit wissen wir, daß unser System der Demokratie, das dem einzelnen Staatsbürger Mitwirkung einräumen soll, nicht mehr in der Lage ist, überhaupt jene Übersichtlichkeit zu geben, daß man das Gefühl einer Chance der Teilnahme hat. Seit längerer Zeit wissen wir, daß wir in der Politik nicht nur ständig Jasagen können, sondern daß es auch das Wort Nein oder „Wir müssen es anders machen!" geben muß. Die „Anspruchserfüllungsdemokratie" ist zweifellos in eine Sackgasse geraten, weil sie im Ergebnis zur Folge hat, daß die Belastungsfähigkeit unserer Gemeinschaft gleich Null wird. Wenn das Schönwetter der wirtschaftlichen Entwicklung und der politischen Entspannung verzieht, könnte es zu inneren Spannungen und zu äußeren Anforderungen kommen, die wir von allem Anfang an annehmen müssen.

Und wir sind gefordert! Gefordert von innen durch eine Minderheit, die nicht bereit ist, sich mit der Situation zufrieden zu geben; gefordert von außen, durch eine Verschiebung in der Welt, deren Dimension wir uns gerne verschließen möchten, indem wir die Suggestion der Insel der Glückseligen in uns aufnehmen. Wir wollen entfliehen mit einem Vorgriff auf die Zukunft, in dem wir im Wege der Inflation und Verschuldung heute konsumieren, was wir morgen erarbeiten, entfliehen, weil wir uns einem allgemeinen Humanitätsgedusel hingeben und dennoch wissen, daß der angestrebten Vermenschlichung die Möglichkeit zur totalen Menschenvernichtung gegenübersteht. Entfliehen, in dem wir den Weg zu einer einswerdenden Welt nicht gehen und uns eine eigene kleinwerdende Welt aufbauen, die uns zu Schrebergärtnern des Lebens macht.

Es entfliehen nämlich auch jene Kreise, die im nichtsozialistischen Bereich Verantwortung dafür tragen, eine lebbare Alternative zum Zwangsbeglückungsstaat Kreiskyscher Prägung zu bieten. Fasziniert vom kurzzeitigen Erfolg glauben wir, daß unsere Linie gar nichts anderes ist, als Sozialismus minus 20 Prozent und mit einer einjährigen Verspätung.

Wer diese Position anzweifelt, begegnet der Bemerkung, daß man mit unpopulären Maßnahmen keine Wahlen gewinnen könne, die Mehrheit nicht erreichbar sei und man daher immer noch moderner sein müsse, wobei auch hier das Moderne nicht auf den Inhalt, sondern auf die Form ausgerichtet ist. Wer reformiert – auf das Wie kommt es nicht an –, gibt vor, für die Zukunft gerüstet zu sein, wer verändert, ist revolutionär, wer in Frage stellt, hat Erfolg. Erfolg hat dieses Konzept auch gehabt, es hat nämlich die Maximierung der Zustimmung der Wähler gebracht, doch ob es die Optimierung unserer eigenen Zukunft bringt, das möchte ich aus meiner eigenen Position in Frage stellen.

Möglich war dieser Weg vor allem deswegen, weil wir in der wirtschaftlichen Aufbauphase nach dem Zweiten Weltkrieg und in dem Genuß des Wohlstandes darauf vergessen haben, daß neben der materiellen Dimension auch eine geistige existiert. Nach 1945 über Grundsätze nachzudenken, anstatt wieder geordnete Verhältnisse zu schaffen, war sicher nicht sinnvoll angesichts von Häuserruinen, zerstörten Verkehrswegen und stillstehenden Fabriksanlagen. „Ärmeln aufkrempeln, zupacken, aufbauen, . . ." so spottet sicher ungerecht Franz Josef Degenhart in einem seiner Chansons über „Vatis Argumente".

Über diese Entwicklung hin haben wir aber das bekommen, was man Zielschwund nennt. Vor lauter Tun, von dem wir nicht wissen, warum wir es tun, haben wir auf die Gründe unseres Seins vergessen. Alles ist uns gelungen: Ein gigantischer Fortschritt wurde verzeichnet, der Weg in das Weltall eröffnet, fast könnte man sagen, daß alle Versuchungen des Teufels an Christus, die die Bibel als Versuchung an den Menschen aufzeichnet, gelungen sind. Wir können mit Hilfe der Technik vom höchsten Turm springen, weil wir fliegen gelernt haben, wir können Steine zu Brot machen, weil uns die Machbarkeit des Lebens fast gelungen wäre, wenn nicht die Natur manchmal in bitteren Katastrophen uns die Grenzen zeigt. Wir setzen an, über alles zu herrschen, vom höchsten Berge aus, weil Machtträger auch heute über Mittel verfügen, deren Totalität ungeheuer ist. In dieser Überfülle der menschlichen Möglichkeiten gleichen wir der Situation des Schwimmers im Meer, der die Sicht nach dem Land verloren hat. Entweder interessieren uns Orientierungswerte nicht, oder sie werden über Bord geworfen, oder wir suchen nach neuen, weil wir uns sagen müssen, daß trotz aller Leistungen die Welt noch immer nicht die beste aller Zeiten ist.

In dieser Verwirrung treten auch, sogar im Bereich der Wissenschaft, wieder Menschen auf, die einer diktatorischen Lenkung bessere Chancen einräumen, mit den Krisen von morgen fertig zu werden, als den menschlichen Entscheidungen auf Grund des freien Willens. Jürgen Habermas fragt etwa sogar, ob die Menschen Freiheit und Emanzipation vernünftigerweise wollen sollen?

Was sind nun die gesellschaftlichen Probleme, die heute eine Besinnung auf das Grundsätzliche verlangen und sich der Anpassung verschließen? Einige der Fragen sollen genannt sein, wobei man sicher nur Überschriften aneinander reihen kann:

Da ist einmal die Vorstellung der Menschen, daß *unsere Welt* in dieser Zeit *vollendbar* ist, daß wir in einer perfekten Gesellschaft leben können, die frei von allen Schwierigkeiten und Ängsten ist. Die Verwirklichung einer heilen Welt, die die Mühsale nicht kennt, die in allen Bereichen wohlgeordnet ist und in der man in einer Harmonie lebt, nach der wir uns sicher alle sehnen. Es ist dies sicher auch die Vorstellung einer sozialistischen Gesellschaftsordnung, zu der die Demokratie der Weg dazu ist. Wir müssen uns aber im Gegensatz darüber im klaren sein, daß wir diese Vollendung nie erreichen werden, daß aber für uns gerade der Abstand zum Ziel die Triebfeder ist, die Zustände zu verbessern. Angesichts des Perfektionismus unserer Zeit, ist meiner Meinung die Warnung notwendig, daß wir nicht vollenden können.

Als zweites möchte ich den *Verlust der Metaphysik* nennen, den Verlust des Sinns für irrationale Dinge. Allzusehr wählen wir heute die Bezugspunkte unserer Bemühungen in unserem Leben. Der Egoismus einer Lebensgestaltung findet seinen Ausdruck in einer Leistungsgesellschaft, die glaubt, sich alles leisten zu können. Dieser Egoismus aber führt zu einer Zielverwirrung: Die Frage, warum wir leben, wird nicht nur nicht beantwortet, sondern oft gar nicht mehr gestellt. Wenn wir aber ständig über Selbstverwirklichung reden und über Fremdbestimmung klagen, ersehen wir daraus, daß wir offensichtlich doch das Gefühl haben, daß noch etwas außerhalb unseres erfaßbaren Lebens mitspielt. Mögen es Träume sein oder Hoffnungen, mag es für manche der Glaube sein oder die Verheißung auf eine Erlösung; jedenfalls ist es jener Silberstreif des Lebens, der eine Orientierung geben soll.

Zum dritten aber leben wir in einer *Häresie des Rationalen,* wo wir uns der Täuschung hingeben, daß unsere Gestaltungskraft so weit reicht, daß wir die Welt völlig durchgestalten können, alles wägen und messen, die Kosten und den Nutzen bestimmen und nur nach der Zweckmäßigkeit leben können. Es kann aber nicht allein die Effizienz, die Machbarkeit allen Lebens das Ziel sein, sondern es muß auch die Freude geben, die Muße, die Narrheit. Die Mächtigen haben früher gewußt, warum sie sich Hofnarren gehalten haben, warum Feste und Feiern das Leben früher mehr bestimmt haben, warum es ein Ritual gegeben hat. Daß Sehnsüchte nach einem anderen Leben bestehen, zeigt uns das Ausflippen einer Jugend, die neben der hastenden Werktätigkeit unserer Zeit auch wieder die Zeit selbst entdecken will.

Ein weiteres Problem müssen wir in der *Idolisierung der Arbeit und der Freizeit* entdecken, eine Trennung des Lebens, die widernatürlich ist. Waren Arbeit und Freizeit früher eine Einheit, leben wir heute ein getrenntes Leben, bringen die Arbeit hinter uns, um in der Freizeit erst recht nicht zu wissen, was wir tun sollen. Daß wir dadurch jene Werkszufriedenheit verlieren, die wir mühsam durch Motivation und Mitbestimmung ersetzen wollen, ist eine weitere Konsequenz. Daß wir uns in einer immer kürzer werdenden Arbeitszeit gegen alle Prinzipien der Medizin selbst ausbeuten, wird uns langsam bewußt. Daß unsere Freizeit nicht Freiheit bedeutet, wenn wir in kollektiven Verhaltensweisen weekendgemäß die Produkte der Freizeitindustrie konsumieren, wird uns ebenso klar.

Wir leben aber auch in einem gewissen *Kult des Fleisches,* wo wir davon träumen, ewige Schönheit und ewige Jugend zu besitzen. Es ist uns gelungen, die Armut und das Alter zum großen Teil aus unserem Gesicht zu bannen, wobei wahrscheinlich die Angst davor mitspielt, auch erkennen zu müssen, daß es den Tod gibt. Wenn man die Wertorientierung verliert, bleibt einem nur noch der Versuch der Konservierung dessen, was man an sich selbst schön findet. So verwenden wir heute viel Zeit und Geld dafür, um uns so schön zu präsentieren, wobei wir die Fraglichkeit dieser Entwicklung auch selbst empfinden.

Weiters ist an die Stelle des persönlichen Gefühls für Heil und Erlösung die *kollektive Heilserwartung* getreten, womit die Sehnsüchte des Menschen in der Institution der Gesellschaft ihre Erfüllung finden. Das hat unsere Demokratie den Weg der Bedürfnisdemokratie gehen lassen, in der wir die Wünsche anmelden und vom Kollektiv erfüllt erhalten, in der wir nach Maß beglückt werden und Ordnung nicht nach Gerechtigkeit, sondern nach Gleichheit erhalten.

Zwangsläufig aber verfallen wir dadurch einer *Religion der Macht,* wo eben der Staat als Beglücker auftritt, die Verbände die Propheten des Heils sind, und wir als Menschen nur mehr Verantwortung abgeben, um uns eine Friedensordnung der Gewalt oktroyieren lassen. Gewogen wird heute nicht mehr das Argument, sondern die Stärke des Verbandes. Imponierend ist heute nicht mehr die Qualität der Tätigkeit, sondern der Output, das Ergebnis. Wer viel anbietet, ist stark, wer groß ist, kann bestimmen, wer über die Fähigkeit verfügt, Massen zu beeinflussen und zu organisieren, ist Manager dieses Lebens.

Kommt nicht der Übermut des Menschen damit zum Ausdruck, wenn er glaubt, an der *totalen Machbarkeit des Lebens* angelangt, Herr über Leben und Tod, und nicht mehr der Mühe unterworfen zu sein? Darüber ist die Beziehung zum Mitmenschen verlorengegangen, denn es gibt keinen Dienst und keinen Nächsten mehr. Wir haben soziale Systeme errichtet, dort aber, wo der Sozialbezug wichtig ist, im Gespräch zum Nächsten, ringen wir um Worte. Die Konzentration einer urbanisierten Landschaft ist auch die Konzentration des Hasses vom Nachbarn, des Mangels an Hilfe und der Vereinsamung. Ausdruck dessen ist auch das Fehlen der Mittel, von einem zum anderen zu gelangen, der Sprachschwund, den ich schon oft beklagt habe. Der Verlust der Sprache ist aber das Härteste, was einen Menschen treffen kann, weil es die äußere Dokumentation einer inneren Entwicklung ist, nämlich einsam zu sein.

Wie steht es mit den Grundsätzen in den verschiedensten Bereichen des Lebens? Wenn wir an die persönliche Sphäre denken, erhebt sich für uns die Frage, ob wir die Rechtsordnung dermaßen weiter entwickelt haben, daß der Schutz des Lebens in seinen neuen Formen auch entsprechend garantiert ist. Neu sind die Formen infolge der technischen Entwicklung, neu sind die Formen der Fertigkeiten des Menschen, neu sind die Formen infolge der Manipulationsmöglichkeiten, die uns eine moderne Medizin bis hinein in die Erbanlagen gibt. Wir haben eine Diskussion über den Schutz des ungeborenen Lebens hinter uns, wir gehen auf eine Diskussion des Schutzes des Lebens des alternden Menschen zu. Inwieweit schützen wir das Leben in Gemeinschaften, nämlich in der Familie, vor jener starken Öffentlichkeit, die die Massenkommunikationsmittel geradezu erzwingen?

Oder aber wie sieht unsere Eigentumsordnung aus? Wo Inflation und Verantwortungsdelegation nach oben die Freude am Besitz, die Gestaltung und das Interesse an der Weiterentwicklung fast zur Gänze reduziert haben.

Wie sieht es in unserer Sozialordnung aus, wo wir Gettos entwickelt haben, neue Minderheiten bestehen und selbst ein Land mit einer großen historischen Erfahrung im Zusammenleben von Nationalitäten nicht mehr in der Lage ist, Minderheitenprobleme zu lösen? Wir zahlen Milliarden für Rentner und finden nicht mehr jene Dienstnehmer, die in Krankenhäusern und Altersheimen bereit sind, ärgste soziale Probleme zu lösen.

Wir leben in einer integrierten Welt und müssen dennoch eine Desintegration in der Nachbarschaft und zwischen den Generationen feststellen. Man findet die Sprache nicht mehr, man bildet eigene Formen aus und kapselt sich ab. Von einem Gespräch kann in weiten Bereichen keine Rede mehr sein.

Nicht zuletzt leben wir auch gegen uns. In der Art und Weise, wie wir mit unserer Gesundheit umgehen, mit viel Geld das sanieren, was wir zuerst durch mangelnden Grundsatz in unserer Arbeits- und Freizeitordnung zerstört haben.

Wie sieht es in der staatlichen Sphäre aus? Mit der notwendigen minimalen Autorität des Staates, mit der Lebbarkeit und Leistbarkeit staatlicher Institutionen, mit der notwendigen Sicherung für freie Entwicklungen und den Spielformen des Lebens auf den verschiedensten Ebenen? Hat der einzelne überhaupt noch eine Chance, die notwendige Bildung zu erhalten, um mit allen Problemen fertig zu werden? Oder ist er hoffnungslos zum Scheitern verurteilt gegenüber höherwertigen Institutionen, die ihn im Sinne von Aldous Huxley nur mehr als ein Epsilon betrachten, während wenige Alphamenschen die Entwicklung steuern.

Wie sieht es nicht zuletzt in der internationalen Sphäre aus? Wo wir im Egoismus der entwickelten Länder vergessen, daß die Spannungen mit der Dritten und Vierten Welt uns auf einem Pulverfaß sitzen lassen, das nicht zu unterschätzen ist. Einer Internationalität der wirtschaftlichen Entwicklung ist heute ein nationaler Egoismus gefolgt, den unsere Generation wahrscheinlich noch schwer bezahlen wird müssen.

Nur mit Überschriften konnte eine Reihe von Problemen genannt werden, die nur zum

Teil zum modernen Themenkatalog politischer Parteien zählen, welche die grundsätzlichen Zusammenhänge unserer Gesellschaft berühren und einer eminenten Diskussion bedürfen. Sicher aber sind diese Probleme nicht lösbar, wenn wir in der Politik nicht mit der notwendigen Ehrlichkeit und Offenheit vorgehen und zugeben, daß wir sie nicht gelöst haben; oder zugeben, daß andere sie besser lösen; oder zugeben, daß wir mit Lösungen, die von anderen Politikern und Parteien angeboten wurden, auch einverstanden sein können. Wer versucht, sich zu profilieren, muß deswegen noch nicht auf Konflikt setzen. Wer aber glaubt, nur durch Konsens ein Weiterleben zu garantieren, wird auch auf seine eigene Position vergessen.

Keine Zustandsreform kann der Gesinnungsreform entbehren, sodaß unsere Politik nicht in den Institutionen, sondern in der Einstellung in Frage gestellt ist. Zu sehr haben wir uns daran begeistert, herum zu reformieren, wobei wir meistens nur mehr den Fingernagel etwa der sozialpolitischen Venus lackieren und darüber vergessen, daß dieses einstmals verlockende Weib recht alt geworden ist. Es geht heute nicht mehr um soziale oder wirtschaftliche Bezüge, sondern um den Bezug zum Menschen überhaupt. Halten wir daher einige Gesichtspunkte fest:

Wir müssen einsehen, daß es Wandel und Veränderung gibt, weil die Welt und damit auch die Gesellschaft sich im permanenten Wandel befindet. Ordnung ist daher nicht Statik, sondern ein Prozeß, eine ständige Fluktuation der Zustände, wo Grundsätze durchgehalten werden müssen. Um dieses Ziel zu erreichen, muß man nicht nur verwalten und redlich sein, sondern auch regieren. Eigene Vorstellungen und Grundsätze umsetzen wollen, gestalten und nicht administrieren.

In der Konfrontation mit den Vorstellungen der Regierung darf der Bürger nicht unterschätzt werden, oder nur als Stimmvieh und Manipulationsopfer angesehen werden. Politische Parteien und Politiker begehen oft den Fehler, den Wähler dümmer anzusehen, als er in Wirklichkeit ist.
Der Mensch ist aber nicht nur ein gesellschaftliches, sondern auch ein auf die Natur hin geordnetes Wesen, die er sich erhalten will auf die Ordnung einer größeren Welt hin. Wir müssen vom Menschen nicht nur erwarten, daß er herrschen will, sondern daß er auch dienen kann. In dieser freiwilligen Selbstbeschränkung liegt eine der großen Chancen unserer Entwicklung, daß wir versuchen, uns die nötige Unruhe zu erhalten, um Fragen zu stellen, die Geister zu unterscheiden und jenen Mut zum Wagnis an den Tag zu legen, der den Gang an die Grenzen bedeutet. Wir dürfen mit den Zuständen keinen falschen Frieden machen und uns nicht jenem Gehorsam entziehen, den wir gegenüber der Verpflichtung haben, Mensch zu sein. Wir müssen die Zeichen der Zeit lesen, die Anstiftung zum Unfrieden aufnehmen und aus jener inneren Ruhe handeln, die einmal den Satz geprägt hat, daß der Glaube Berge versetzen kann.

Wenn wir diesen Geist menschlicher Aufgabe nicht löschen, keine Ausreden verwenden, daß wir uns, wie in der Bibel geschrieben steht, einen Grund gekauft hätten, ein Joch Ochsen oder ein neues Weib, dann wird uns der Aufforderungscharakter der Politik klar sein. Wer dabei glaubt, auf Grundsätze verzichten zu können und ein Ebenbild seiner Zeit sein will, wird der Bild- und Gesichtslosigkeit verfallen. Sind Gesichtslose aber noch Menschen oder vielleicht nur mehr Kartoffeln auf Beinen? Sollten wir aber keine Grundsätze mehr anzubieten haben, ist das Urteil der Geschichte schon über uns gesprochen.

In diesen prinzipiellen Überlegungen sehe ich zwar kein optimistisches, so doch ein realistisches Bild vom Menschen und seinen Möglichkeiten. Um so ärger kann einmal der Schock sein, wenn wir weiter in der Euphorie von Veränderung um der Veränderung willen, in der Lizitation einer technischen Entwicklung und eines quantitativen Wohlstandes leben und nicht die durchgehenden Elemente erkennen, die die Geschichte der Menschheit begleiten. Hierin liegt eine eminente Funktion des Konservativen, weil eben Aristoteles immer noch nicht widerlegt ist, wenn er sagt: „In der Regel tun die Menschen einander Unrecht, wann immer sie Macht dazu haben.“ Gerade um dem zu begegnen, sind wir auf Einsichten und Orientierungen aus der Tradition angewiesen. Noch gehört Mut dazu, dieses Element in die politische Diskussion mit einzubringen. Ein Land wie Österreich, eingebunden in kontinentale und globale Entwicklungen, mit einem nicht sehr großen Spielraum begabt, wird gut daran tun, diese prinzipielle Orientierung stärker in den Mittelpunkt politischen Denkens zu stellen. Noch lenken wir uns selbst ab und glauben, Krisenbewältigung in der Erarbeitung von Szenarien und Prognosen leisten zu können, statt zu erkennen, daß die Gefahr in uns selbst liegt. Dieses kontinuierliche Element politischer Geschichte der Menschheit bedarf der Kontinuität menschlicher Bemühung. Ist das nicht konservativ?

Heinrich Drimmel

Die Gewalt der Tatsachen – Müssen wir resignieren?

„Was die Amerikaner ‚Liberalismus' nennen, ist die Ideologie des Selbstmords des Westens." Diese Behauptung stellte 1964 der amerikanische Soziologe und Publizist James Burnham auf. In der Einleitung zu seinem Buch „Begeht der Westen Selbstmord?" schreibt er weiters, daß die von ihm kritisierte Art des Liberalismus „zur typischen Verbalsystemisierung des Einengungs- und Schrumpfungsprozesses geworden ist, daß er die Schrumpfung selbst motiviert und rechtfertigt und uns damit aussöhnt". So wenig Burnham den Liberalismus seiner Landsleute geradezu als Ursache für die gegenwärtigen Selbstmordhandlungen des Westens hinstellt, so wenig greift er die Liberalen mit veralteten Methoden und Argumenten von Reaktionären oder falschen Konservativen an. Burnham gehörte in der Zeit zwischen den beiden Weltkriegen zu den Linksintellektuellen seines Landes. Er war damals Trotzkist und weiß also über den Gegner im Osten Bescheid.

Um 1964 war noch ein Rest dessen in der Weltpolitik vorhanden, was vorher in der Ära John F. Kennedy, Johannes XXIII. und Nikita S. Chruschtschow die Friedenshoffnungen von Millionen Menschen genährt hat. Burnhams Anklage gegen den Liberalismus des Westens rief daher in Kreisen, für die besagte Ära nicht nur *Episode* der Weltpolitik, sondern *endgültige Wende* war, einen Sturm der Entrüstung und heftigsten Widerspruch hervor. Es war die Zeit, in der unter fortschrittlich gesinnten Menschen ein Anti-Antikommunismus modern wurde und Burnhams Verdächtigung die Gefahren eines Kalten Krieges anstatt einer Entspannung zwischen West und Ost heraufzubeschwören schien. Eben kam der Usus der „großen Dialoge der Feinde" auf. Der 1963 unter tragischen Umständen ermordete jungenhafte US-Präsident Kennedy war eine verheißungsvolle Verkörperung jenes Industriesystems, auf das man im Westen, im Übergang von der vorindustriellen in die industrielle Gesellschaft, alle Hoffnungen setzte. Die von den Technokraten des Industriesystems entwickelte Konvergenztheorie schien den endlosen und gefährlichen, ideologisch bedingten Auseinandersetzungen zwischen West und Ost ein Ende zu bereiten und statt dessen dem rationell begründeten Vertrauen in die Fähigkeit des Industriesystems, immer mehr investieren, produzieren und konsumieren zu verstehen, überall in der Welt zu brechen. Man war geneigt, Chruschtschow die militärische Intervention des Sowjetimperialismus in Ungarn (1956) zu vergessen, weil sich über diesen offensichtlich einmaligen Exzeß die Tatsache erhob, daß Chruschtschow auf dem XX. Parteitag der KPdSU (1956) die Despotie, den Terror und den Personenkult des Stalinismus bloßgestellt und als einmalige Entartung des Marxismus-Leninismus hingestellt hat. Was nun wirklich einmalig war, entweder der Exzeß des Stalinismus oder der Exzeß des Sowjetimperialismus in Ungarn, das blieb in der Ära des beginnenden Appeasements meistens unerörtert. Appeasers lieben nicht derlei Querfragen, wenn sie daran sind, mit Diktaturen das zu betreiben, was sie Realpolitik nennen.

Hatte nicht auch Johannes XXIII. mit dem von ihm propagierten aggiornamento die rückständige römisch-katholische Kirche endlich in die Nähe moderner Zeitverhältnisse gebracht; und hatte nicht eine apertura a sinistra Erwartungen und Beifall für die Kirche in Kreisen des Liberalismus und Marxismus erweckt, wie derlei in neuester Zeit der Kirche und dem Vatikan niemals erwiesen worden war?

Offensichtlich hatte Burnham zu seiner Zeit mit seiner unerhörten Ansicht vermeintlich Unrecht. Was der Extrotzkist den Liberalen des Westens zumutete, schien nach dem glücklichen Ende des Kalten Krieges (1946–1953) nicht mehr zu sein, als Ausdruck jener Resignation, Frustration und Erstarrung, die der eben aufkommende Anti-Antikommunismus so überzeugend analysieren konnte und den man einem Extrotzkisten verzeihen mußte; der nicht verstehen wollte, daß fortan das Ansehen Trotzkis und anderer bolschewistischer Diktatoren im Westen plötzlich „in" war.

Ab Mitte der sechziger Jahre, seit dem Siegeszug der Marx-Renaissance jenes Jahrzehnts, war in der sogenannten Freien Welt des Westens, diesseits und jenseits des Atlantiks, der politisch relevante Antikommunismus der ersten Nachkriegszeit einem als „progressiv" deklarierten Anti-Antikommunismus gewichen. Das Phänomen der jüngsten Marx-Renaissance ist vielschichtig und die Ursprünge des damals entstandenen Neomarxismus liegen zum Teil weiter zurück. Unter Neomarxismus verstand man schon vor dem Zweiten Weltkrieg einen Komplex von Ideen im Umkreis des Gedankenguts der Frühschriften von Marx und Engels, Beiprodukte der Bearbeitung der Marx-Engels-Ausgabe, Moskau 1932. Im Hinblick auf den „Jungen Marx" entstand eine *marxistische* Kritik am damals etablierten Marxismus, ein Akt der Selbstreinigung. In den fünfziger Jahren formierte sich in den angelsächsischen Ländern etwas, was man New Left, Neue Linke, nannte: Eine Neuinterpretation und Neuverkündigung eines nicht durch Machtmißbrauch beschmutzten Marxismus. Nach der sogenannten Entstalinisierung erreichte diese Bewegung einen ersten Höhepunkt und sie gewann, zumal in Kreisen der jungen Intelligenz, eine bedeutende Anziehungskraft.

Schon damals war es bemerkenswert, daß Mao Tse-tung, Idol der jungen Linksintellektuellen, die Diskriminierung Stalins nicht mitmachte. Auch die amtliche Auffassung in der UdSSR wehrte sich entschieden gegen den Schluß, wonach die Exzesse des Stalinismus im Bolschewismus systembedingt sind. Vielmehr blieb man in der Sowjetunion und in Kreisen des Kommunismus sowie der linken Linken diesseits des Eisernen Vorhangs überzeugt davon, daß der Bolschewismus an sich gesund und im Prinzip der Verbrechen des Stalinismus gar nicht fähig ist. Damals lagen die beiden Bände von Alexander Solschenizyns „Archipel Gulag" noch nicht vor. Auch das liberale News Management des Westens ging vielfach zu der Version über, Stalin hätte sich in der Sache geirrt, aus persönlicher Veranlagung verbrecherisch gehandelt und dadurch der unsterblichen Idee eines humanen Kommunismus geschadet. Besser sei es, fortan in den Beziehungen zum kommunistischen Osten in Appeasement weiterzumachen und das Phänomen Stalin der Psychopathologie zu überlassen. Gleichzeitig wurde der bisherige Antikommunismus des Westens zu einem Requisit von Reaktionären und Konservativen degradiert, verdammt oder lächerlich gemacht.

Die Folgen des während der sechziger Jahre aufgekommenen Anti-Antikommunismus sind am deutlichsten in dem seither gründlich gewandelten politischen Verhalten großer Teile des deutschen Volkes erkennbar und spürbar geworden. In diesem nach 1918 und nach 1945 wohl am schwersten innerlich verletzten Volk Europas, für dessen Jugend nach dem Zweiten Weltkrieg alle bisherigen Vorbilder nur mehr Monumente von Irrtümern und schmählichen Fehlern einer nie bewältigten Vergangenheit zu sein schienen, wurde der aus Deutschland stammende Karl Marx ein unantastbarer rocher de bronce inmitten des Trümmerfeldes bisheriger Ideale. An Marx konnten die Sieger von 1945 nicht herankommen und mit der Heimholung Marxens in sein Geburtsland schienen diese Jungen und ihre uralten, noch aus dem 19. Jahrhundert stammenden Lehrer in Sachen Marxismus neuen Halt gewonnen zu haben.

Die geistig-politische *Gegnerschaft* zum Marxismus und insbesondere zum Kommunismus wurde als Relikt der glücklich überwundenen Ära Adenauer sowie anderer „Christdemokraten" und „Berufschristen" abgewertet. Eine „nüchtern-kritisch einschätzende *Analyse* des Marxismus", eine aber akademische Behandlung dieses Themas wurde modern. Der Antikommunismus jüngster Vergangenheit war jetzt „out", denn er schien nun mehr „unqualifiziert-emotional" zu sein; eine Negativhaltung, die aus einer „beschämenden Voreingenommenheit", aus einer „Verkennung historischer Größe und Bedeutung" kam. In dem Maße, in dem sich ein solcher Anschauungs- und Gesinnungswandel vornehmlich in Kreisen der Intelligenz, nicht unter den Arbeitern, breit machte, tauchten im Sprachgebrauch junger Menschen, die laut Tschou En-lai wegen ihrer Unerfahrenheit leicht zu verführen sind, der Gebrauch kommunistischer Chiffren auf, die der Marxismus seit jeher zur Brandmarkung seiner Gegner verwendete. In diesem Sinn wurde bald auch in Kreisen des Westens Antikommunismus vielfach bloßes Synonym für Kapitalismus, Imperialismus, Militarismus, Kolonialismus, Klerikalismus sowie alles dessen, was der Löwenlösung einer „peaceful coexistence" im Wege zu stehen schien und tatsächlich steht.

Die sukzessiven Wellen des Anti-Antikommunismus trieben weniger Sozialdemokraten, als vielmehr Liberale weitab nach links. In Westdeutschland und in Österreich zerbrach das in der Ära Adenauer und Raab wirksam gewesene Bündnis der christlichen Demokraten und Liberalen im Sinne von Wilhelm Röpke, Alfred Müller-Armack, Ludwig Erhard und Reinhold Kamitz. Ein im Liberalismus zu allen Zeiten latenter Antiklerikalismus, der links keinen Feind zu erkennen glaubt, wurde modern und unversehens sahen sich selbst Liberale von Rang in unmittelbarer Nachbarschaft zum Radikalismus der linken Linken und der Kommunisten. Zunächst bejahten die Vertreter eines strammen Antiklerikalismus die so entstandene politische Jagdgesellschaft, weil diese trefflich geeignet zu sein schien, die Epigonen Adenauers und Raabs aus ihren Stellungen zu schießen und solche Positionen nachher selbst zu erwerben.

Unter den mit größter Vehemenz vorgetragenen Angriffen der aus den USA importierten, angeblich ideologiefreien Neuen Linken brachen die nach 1945 aufgebauten Ersatzbauten einer demokratischen Re-education in Europa vielfach zusammen. Gängige Schlagworte wie: Pluralismus, Diskussion, Liberalität, Fair Play, Partnerschaft, Loyalität, gerieten in den Schlagschatten eines Progressismus, der lehrte, man müsse zuerst derlei „Gefängnisse der Freiheit" zerstören, ehe man an den Neubau eines Wohnhauses für die Freiheit und die Freien schreiten kann. In Österreich scheute sich eine junge Generation im ÖCV nicht, ihre zu alten Männern degradierten Alten Herren als „reaktionär, kapitalistisch und imperialistisch" (sic) hinzustellen, ohne daß sich dagegen in Kreisen, die mit diesem Urteil nicht vollends übereinstimmten, nennenswerter Widerstand erhoben hätte. Die „traditionelle Linke" links zu überholen wurde Ziel jener im ÖCV, die meinten, es sei auch in Österreich endlich an der Zeit, daß Intellektuelle dort zu stehen kommen, wo sie in fortschrittlich orientierten Ländern seit eh und je stehen: Nämlich links. Die Standortbezeichnung „Progressive Mitte" wurde Tarnbezeichnung für jene Vorhuten der Neuen Linken, die bald in Redaktionen und Studios der Massenmedien auftauchten, um kurz nachher auch an die Steuerungsapparate politischer Parteien, Verbände, kultureller Einrichtungen und Kirchen heranzukommen.

Die nach links hin abgerückten Liberalen, die bei all dem eine Zeit lang führend und fördernd mitmachten, erlebten nicht die erste Liebe des Liberalismus zum Marxismus. Linksintellektuelle Liberale erinnerten sich aufs neue des Kükens, das einmal aus dem Ei, das der Liberalismus ins Nest des Konservativismus gelegt hat, ausgeschlüpft ist und das jetzt als ein kräftiger und kämpferischer Roter Hahn auf dem politischen Hühnerhof auftritt. Längst ist die Eischale liberaler Restbestände, die einmal am Roten Küken geklebt haben soll, abgefallen; aber die ideellen Stränge des Materialismus, Positivismus und Atheismus verbinden nach wie vor gewisse Kernbereiche liberalen und marxistischen Denkens. Der Satz, wonach der als welt-immanente Erlösung von Mensch und Gesellschaft gedachte Liberalismus letzthin im Kommunismus seinen radikalsten Ausdruck findet, wollen viele deklarierte Liberale allerdings nicht hören und noch weniger gelten lassen. Vielmehr hofften Frankreichs Liberale noch während der vergangenen sechziger Jahre nach der Formel: Ni Marx – ni Jésus, irgendwo im Schlammeer der Linksideologien, abseits von Moskau und Rom, irgendeinen Haltepunkt für das zu finden, was sie wieder einmal als Neo-Liberalismus ausgeben, in Wirklichkeit ein wackeliger Spätliberalismus ist. Wackelig, auch wenn zu Zeiten das Bündnis der Technokraten mit den Telekraten, das heißt mit den Manipulatoren der Massenmedien, unerschütterlich und Heil des Westens zu sein schien.

Im Katholizismus trieb die erwähnte apertura a sinistra und die vielfach geübte Rezeption der Ideologie der Neuen Linken seltsame Blüten. Nicht wenige Bischöfe, Theologen und Intellektuelle erhoben sich wie ein Mann und versetzten das, was in 66 Generationen aus grundsätzlicher Notwendigkeit sowie historischer Gewordenheit als römisch-katholische Kirche entstanden ist, in den Anklagezustand. Nach den Anschauungen vieler „progressiver Katholiken" trägt die aus der Vergangenheit stammende „Amtskirche" die Schuld dafür, daß seit dem Zeitalter des Liberalismus so viele *Intellektuelle,* seit dem des Marxismus so viele *Arbeiter* vom katholischen Glauben abgefallen sind.

Unter progressiven Katholiken wird sorgfältig die Tatsache unter Verschluß gehalten, daß der Liberalismus am Anfang des 19. Jahrhunderts nicht nur gegen das *konservative Prinzip,* sondern vor allem *gegen die Kirche* angetreten ist. Und daß alle im Anschluß an Marx entstandenen Ersatzreligionen nicht den *Menschen* als ein Geschöpf Gottes, sondern *Gott* als eine mißlungene Kreatur menschlichen Verstandes ansehen möchten. Aber über solche und andere Differenzen gehen jene Theologen leicht hinweg, die auf eine „Solidarisierung" von Christentum und Marxismus aus sind und die vermeinen, eventuell noch verbliebene Differenzen ließen sich eher praktisch als theoretisch überbrücken.

Beträchtliche Teile des Katholizismus im Westen begannen auch auf die Linie des Anti-Antikommunismus einzuschwenken, indem sie solchen in einer Neuen Sprache gepredigten Neuen Zielen nachstrebten. Die dadurch frei werdenden Aggressionen wandten große Teile der katholischen Jugend ihrem Kampf gegen die Alten und gegen das „Veraltete in der Kirche" zu. Im Kampf gegen die „Amtskirche" übernahmen progressive Katholiken vielfach die von Herbert Marcuse propagierten Methoden einer „sexuellen, moralischen, intellektuellen und politischen Revolution".

Der in der katholischen Kirche von Vorhuten der Neuen Linken erzielte Einbruch kam den Neuen Linken, die als Junge Generation in christliche Parteien einsickerte, ausgezeichnet zu Paß. Indem auch die nach 1945 von christlichen Demokraten ins Leben gerufenen Parteien auf eine „progressive Mitte" hin, also nach links, abrückten, wurden sie eins mit jenen Kreisen im Katholizismus, die mit dem „politischen Katholizismus" Schluß machen wollten und die für eine „kirchlich-organisatorisch abgestützte Ideologiepartei" nichts übrig hatten. Besser gesagt, nichts übrig haben konnten, weil sie die Kirche Christi in eine sozial-reformatorische oder sozial-revolutionäre Bewegung umfunktionieren und verselbständigen wollten.

Nach heftigen Selbstanklagen und selbstzerstörerischen Taten wurde in maßgebenden Kreisen der katholischen Kirche eine einseitige Öffnung nach links bei gleichzeitiger Verbarrikadierung nach rechts die neue Raison d'être. Die Grenzen, die im Jahre 1971, zur 90-Jahr-Feier der Sozialenzyklika „Quadragesimo anno", Papst Paul VI. in den Beziehungen der Kirche zu Liberalismus und Marxismus ausdrücklich aufgezeigt hat, wurden von sogenannten progressiven Katholiken demonstrativ überschritten oder erst gar nicht beachtet. So konnte es in Österreich geschehen, daß Günter Nenning, hervorragende Verkörperung der Neuen Linken in diesem Land, nicht nur Vorsitzender der Publizisten in der Erzdiözese Wiens wurde, sondern auch willkommener und gefeierter Wanderprediger der Ideen der Neuen Linken in katholischen Jugend- und Studentenorganisationen; Nenning, der in seinen Grundsätzen für einen „Linkskatholizismus" die kirchlichen Sozialenzykliken als „Feigenblatt des Kapitalismus" hingestellt hat, und der das Image einer von ihm bereits als skelettiert gedachten Kirche als die „gereinigte und wahre Kirche unserer Zeit" herausstrich.

Je mehr im Westen bisherige Formen des Antikommunismus mit einer Geste des Unwillens abgetan wurden, desto mehr trat in der „Realpolitik" vieler Staatsmänner und Politiker des Westens das zutage, was Burnham als Anzeichen von Kapitulation und Übergabe aufgezeigt hat. Der Versuch über dem Verbindungsseil zwischen Liberalismus und Marxismus den Balanceakt einer ambivalenten Haltung aufzuführen, führte in vielen Fällen dazu, daß viele Seilakrobaten nach links abstürzten.

Anfangs der siebziger Jahre wurde der Ausdruck „Vietnamisierung" eine gefährliche Verbalsystemisierung: Für die einen Entspannung im Umgang mit dem Kommunismus, für andere Untergang in den Hochwässern kommunistischer Aggressionen. Für die Vietnamisierung Südvietnams bekam US-Außenminister Henry Kissinger den Friedensnobelpreis verliehen; sein kommunistischer Verhandlungspartner war angesichts der fortdauernden Aggressionsabsichten der Kommunisten in Südvietnam anständig genug, den ihm zugedachten Friedensnobelpreis nicht anzunehmen. Auch der Bundeskanzler der BRD, Willy Brandt, bekam um diese Zeit den Friedensnobelpreis zuerkannt, nachdem seine sozialistisch-liberalistische Regierung einmal mehr anerkannt hatte, was zuerst Adolf Hitler und nach diesem die westlichen Sieger im Zweiten Weltkrieg dem Kreml als Westbegrenzung seiner Machtausbreitung in Ost- und Ostmitteleuropa zugestanden haben. Aber das geschah schon in einer Zeit, in der auch im Westen ein Anti-Antikommunismus bereits „in" war und anfängliche Gegner des Kommunismus die von diesem gebrauchten Gleichungsformeln wie: Antikommunismus = Faschismus oder (im Hinblick auf die Dritte Welt) Antikommunismus = Imperialismus aus voller Überzeugung verwendeten.

Der Imperialimus des 19. Jahrhunderts, an dem Österreich als einzige europäische Großmacht von damals keinen Anteil hatte, entsprang im „Mutterland" der Demokratie und des Wirtschaftsliberalismus, in Großbritannien. Und eben dort schlägt in unserer Zeit der Imperialismus in einen Anti-Imperialismus gefährlicher Prägung um. Schon 1961 hat Sir Roy Welensky, Ministerpräsident der Zentralafrikanischen Föderation, die planlose Entkolonialisierung des Westens als eine „vorletzte Stufe zum Kommunismus" hingestellt. Mag sein, daß diese Einschätzung unter den Eindrücken der Vorfälle im früheren Belgisch-Kongo zu kraß, zu generalisierend ausfiel. Wichtiger scheint in diesem Zusammenhang ein Nachsatz Sir Roys zu sein: „Die nackte Tatsache bleibt, daß der gegenwärtige zügellose Nationalismus (in Afrika) . . . den kommunistischen Rezepten aufs Wort folgt."

Einmal wird man wohl den unentschiedenen Ausgang des Koreakrieges (1950–1953) als den Zeitpunkt der unwiderruflichen Hinwendung des Westens zu dem von Burnham aufgezeigten Prinzip der Selbstentäußerung notieren. Der seinerzeitige US-Hochkommissar im nach 1945 vierfach geteilten Österreich, Mark W. Clark, General der US-Army, stellt zu dieser Wendung in seinem Buch „From the Danube to the Yalu" folgendes fest: „The time for decision in Korea was the day (when) the Chinese Communist Government throw its legions into the fighting." Dies deswegen, weil der Westen die Fiktion annahm, wonach trotz seines Truppeneinsatzes Rotchina nicht „offiziell im Krieg" mit den von Clark kommandierten UNO-Truppen war, und so die kommunistische Version der „Stellvertreter-Kriege" in die Praxis umsetzte. Diese Praxis führte im Vietnamkrieg dazu, daß die kommunistischen Supermächte UdSSR und China ihre Aggression nach Südkorea hineintragen konnten, während die USA, die die legale Regierung Südvietnams in ihrem Abwehrkampf unterstützte, vom liberalen News Management des Westens, vor allem im eigenen Land, als „imperialistischer Aggressor" bloßgestellt wurde. Clark hat bereits zu seiner Zeit festgestellt: „In Indo-China the enemy was everywhere, in the rear and both flancs. There was no front line, as we had in Korea, but ruther a series of isolated strong points." Das war richtig gesehen. Denn seit dem Vietnamkrieg gibt es in der Auseinandersetzung mit den diversen Konfessionen des Kommunismus und Marxismus keine geschlossene Frontlinie mehr. Und die Zahl der strong points des Westens wird immer geringer; nicht nur an der Kampffront, sondern auch in the rear, in den USA und in allen Staaten des Westens.

Nach der Preisgabe Chinas an die Kommunisten (1949), nach dem ersten sieglosen Waffenstillstand in der Geschichte der USA (Korea 1953) und nach der Vietnamisierung Südvietnams wurde für jeden Partner der USA ein Bündnis mit dieser bisher stärksten Macht der Welt ein kalkuliertes Risiko, auf das sich letzten Endes nur mehr jene einlassen, für die die Parole der Neuen Linken: Lieber rot als tot, unter keinen Umständen gilt.

Nach den ungeordneten und fluchtartigen Rückzügen der Engländer, Franzosen und Amerikaner gegenüber kommunistischen Aggressionen und Infiltrationen in Asien blieb für den Kommunismus (gleichgültig welcher Observanz) nur mehr die verhältnismäßig leichtere Aufgabe, zuletzt auch den „weichen Unterleib" dieses Kontinents, also den Süden, unter ihre Kontrolle zu bringen.

In letzterer Hinsicht erwies sich zunächst Moskau erfolgreicher als Peking. Von Aden (Volksrepublik Jemen), über Irak, Ceylon, Indien, Bangladesch, Birma, Laos und Vietnam verläuft die Kette sowjetischer Kontrollstationen, in denen der Einfluß Moskaus mit unterschiedlicher Intensität, jedenfalls aber konsequent, stattfindet. In diesen Zonen wird nie mehr eine Macht des Westens die Sowjets verdrängen und an ihrer Statt die Kontrolle ausüben können. Für die von Burnham apostrophierten Liberalen ging es bei diesem Schrumpfungsprozeß des Westens gar nicht schnell genug; das nachfolgende Einsickern kommunistischer Ordnungsmächte nahmen besagte Liberale mit größter Gelassenheit zur Kenntnis. Denn der Drugstore an der Ecke ihres Wohnblocks lieferte ja täglich weiterhin jeden Bedarf.

In Afrika haben von 1963 bis dato 23 erfolgreiche Staatsputsche in den „unabhängig" gewordenen Negerstaaten stattgefunden. Mißlungene oder nur teilweise gelungene Putschversuche stehen nicht in dieser Rechnung. Wohl das spektakulärste Ereignis in dieser Serie wilder Gewaltakte war 1974/75 der Militärputsch im Kaiserreich Äthiopien. Der dortige Kaiser Haile Selassie I. war nach seinem Widerstand und schließlichen Enderfolg gegen das faschistische Italien (1936–1941) der gepriesene Held des Westens. Seine mittelalterlichen Herrschaftsmethoden auch nur zu erwähnen, war um diese Zeit Hinweis auf faschistische Gesinnung. Als aber Ende 1974 das Regime des „Löwen von Juda" von jungen „fortschrittlich" gesinnten Offizieren gestürzt wurde, krähte im Westen dem einstigen Helden im Kampf gegen den Faschismus kein Hahn nach. Vorbei war die Zeit, in der die Residenz Haile Selassies Mittelpunkt der „Organisation für die Einheit Afrikas" gewesen ist und der Kaiser selbst höchster Protektor dieser Einheit auf dem schwarzen Kontinent.

1974 wiederholte sich in Addis Abeba jene Putschmethode, die 1952 beim Sturz des ägyptischen Königs Faruk so erfolgreich erprobt wurde und seither nicht nur in Entwicklungsländern dazu dient, einen Linksumschwung einzuleiten. In Ägypten war es bekanntlich der General Nagib, der zusammen mit seinen progressiven Obristen den König Faruk zur Abdankung zwang. In Äthiopien trat 1974, in der ersten Phase des Militärputsches, gleichfalls ein „erprobter" General, nämlich Generalleutnant Aman Andom an die Spitze der Putschisten. Das Hervortreten dieses „seriösen" Militärs beruhigte das Gewissen der Liberalen im Westen. Man wollte hoffen, daß es während des weiteren Fortschritts in Äthiopien nicht Mord und Totschlag geben würde. Indessen geschah es 1974 General Aman Andom in Äthiopien ebenso wie 1952 General Nagib in Ägypten (und 1974 General de Spinola in Portugal). Derlei „Generale von gestern" stehen den fortschrittlich gesinnten und links gedrillten „Obristen von heute" im Wege. Also stürzten anfangs 1975 die äthiopischen Obristen ihren General, brachten ihn und einige seiner Vertrauten um und liquidierten bei dieser Gelegenheit gleich ein Schock Monarchisten aus der Ära Haile Selassie. Die moralische Entrüstung, die darüber im Westen entstand, war mäßig.

Beim Umsturz der Verhältnisse in Äthiopien trat unerwartet ein neuer Faktor in der Revolutionsgeschichte des schwarzen Kontinents auf. Obwohl Äthiopien in den Anfängen einer Industrialisierung steckt und es daher Massen eines Industrieproletariats gar nicht geben kann, traten in der Krise des Putsches „Gewerkschaften und Gewerkschaftsführer" an die Seite der Obristen; sie gaben einem *Militärputsch* den Charakter einer *Volkserhebung*. Das zuerst in Bolivien erprobte „moderne" Diktatursystem der Linken, bestehend aus Obristen und selbstausgewählten „Gewerkschaftern" machte diesseits des Atlantiks Schule. Es funktionierte in Portugal ganz ausgezeichnet und das liberale News Management nahm dieses System in Schutz gegen die Verdächtigungen jener, die sich als „Faschisten von gestern" oder „Reaktionäre von heute" erweisen, indem sie z. B. von der „Gefahr einer Linksdiktatur in Portugal" redeten. In Portugal entstand ein widernatürliches Bündnis von Obristen mit linksradikalen Gewerkschaftern. Die Obristen zwangen dort die Gegner einer von Kommunisten kommandierten „Einheitsgewerkschaft" diesen Widerstand aufzugeben, in der Regierung der Schaffung einer „Einheitsgewerkschaft" zuzustimmen und so ihre nichtkommunistischen Anhänger dem Terror der kommunistischen Einheitsgewerkschaft auszuliefern. Auch auf diesem Weg bringen derzeit Kommunisten zustande, was sie früher mit den Methoden einer sogenannten „Volksfront" versuchten.

In Portugal wie in Äthiopien trugen die Sieger im Militärputsch Waffen made in USA; sind die Stabsoffiziere in Militärakademien von NATO-Staaten ausgebildet worden; haben die Animateure des Umsturzes ihre sozial- und wirtschaftspolitischen Ansichten von der School of Economics (London) oder von einer Universität in den USA für den Hausgebrauch mitbekommen.

Nicht überall konnte der Fortschritt militärisch organisierter Putschisten so leicht über das Regime von gestern hinwegkommen. In der portugiesischen Kolonie Angola, die seit fast einem halben Jahrtausend einem „klerikalen Kolonialismus unterworfen" war, taten sich Missionare aus den USA sehr schwer, der kleinen Befreiungstruppe des Holden Roberto alias Gilmore (14.000 Mann von 5,2 Millionen Negern) auf die Beine zu helfen. Erst als sich Mr. Gilmore von seiner klerikalen Unterstützung emanzipierte und chinesische Ausbilder für den Buschkrieg ins Land brachte, kam seine Bewegung in Schuß. Während die Guerilla Mr. Gilmores Siedlungen der Weißen überfielen, wußten christliche Missionare nur von Greueltaten des portugiesischen Militärs zu berichten. Da war es denn an der Zeit, daß ausländische Protektoren der Befreiungsfront betreffs Angola ein Machtwort sprachen. Die 400.000 Weißen, die sehr im Unterschied zur Ausrottung der Indianer in Nordamerika, ein halbes Jahrtausend lang der Urbevölkerung ihren Lebensraum beließen, gehörten jetzt zu den Hobelscharten, die eben fallen, wenn die Großen den Hobel der Weltpolitik ansetzen. Verglichen mit den Parteigängern der drei in Angola tätigen schwarzen Befreiungsbewegungen stellen die 400.000 Weißen noch eine Mehrheit dar, vor der die übergroße Mehrheit der schwarzen Urbevölkerung weniger Angst hat, als vor den Vorboten der Macht jener „schwarzen Diktatoren", deren Machtausübung in bereits befreiten und unabhängigen Staaten Afrikas hinlänglich bekannt geworden ist.

In Portugal wie in Äthiopien gerieten die christlichen Kirchen nach den Putschen im öffentlichen Leben sogleich außer Evidenz. Die portugiesischen Bischöfe durften zwar dem Putschgeneral de Spinola noch zu seiner Befreiungstat gratulieren, aber dann wurde es still um sie. Bis ihnen die Linkspropaganda vorwarf, sie seien daran, mit der Gründung einer Christlich-demokratischen Partei für Portugal (wofür die Energie und das Interesse der Bischöfe nicht mehr reichte) einem „Neofaschismus" auf die Beine zu bringen. Studenten und Arbeiter haben denn auch den Gründungskongreß einer Christlich-demokratischen Partei Portugals, der im Jänner 1975 in Porto stattfinden sollte, mit gekonnt gehandhabten bolschewistischen Methoden gesprengt.

Der Allianz der Sozialdemokraten mit der linken Linken und mit Kommunisten, für die Salvador Allende 1970 (gestützt von nur 36,3 Prozent des Wählervolkes) in Chile ein Modell aufzog, folgten Versuche linksgedrillter Christdemokraten in Italien, das von den Kommunisten heiß begehrte „historische Kompromiß" einzugehen. Ein solches Abgleiten von Teilen der Christdemokraten nach links erfolgte nicht vom Fleck weg. Schon in den sechziger Jahren zogen in Lateinamerika da und dort Christlich-demokratische Parteien eine unüberschreitbare Demarkationslinie nach rechts hin, während sie gleichzeitig eine apertura a sinistra auch den Kommunisten anboten. 1975, im Heiligen Jahr, entschieden sich die Lokalorganisationen der Democristiani einzelner Städte Italiens, das „historische Kompromiß" mit der Kommunistischen Partei Italiens einzugehen. Eine Stellungnahme der CDU in der BRD und der ÖVP in Österreich steht dazu noch aus.

Der Indifferentismus, der sich seit den sechziger Jahren in den nach 1945 von christlichen Demokraten gegründeten Parteien ausbreitet, entspricht der Ansicht jener Theologen und Bischöfe, katholischer Publizisten und Intellektueller, die darauf verzichten, in der Ära der parlamentarischen Demokratie und des Parteienstaates die Kriterien ihres Glaubens bei Entscheidungen in der Öffentlichkeit gehörig anzumelden. Diese katholische Intelligentsia ist auch nicht in der Lage, in der herrschenden Auseinandersetzung zwischen Neopositivismus und Neomarxismus eine geistige Eigenständigkeit zu entwickeln. Via facti haben bereits große Teile des Katholizismus die alte Kampfparole der Liberalen und Marxisten: Religion ist Privatsache, akzeptiert, um sie als Alibi für ihre sträfliche Absenz bei religiös-weltanschaulichen Entscheidungen in der Öffentlichkeit vorzuschützen. Mit großer Gelassenheit nehmen solche Typen auch zur Kenntnis, wie nahe ihnen die Bolschewiken an den Leib gerückt sind. Ihre Vorhuten stehen nicht nur 50 km vor Wien; sie sind unlängst in den Kriegshafen der „blockfreien" Sozialistischen Republik Jugoslawien, in die ehedem k.u.k. Bocche di Cattaro, eingerückt und sie haben so den Traum der Italiener von der Adria als „Mare nostro" ad absurdum geführt; sie werden morgen Stützpunkte für die sowjetische „Fischereiflottillen" im NATO-Staat Portugal beziehen; und sie werden den „weichen Unterleib" Europas ebenso aufrollen wie den Asiens. In Österreich aber marschiert bei gegebenem Anlaß die Katholische Arbeiterjugend zusammen mit Kommunisten.

Im Verlauf der sechziger Jahre hat in Europa, im konkreten Fall im deutschsprachigen Raum, ein in den USA entwickeltes Denken liberaler Technokraten dem einmal im

Anschluß an Wilhelm Röpke, Müller-Armack und andere entwickelten Neoliberalismus der ersten Nachkriegszeit auf die Kriechspur der Vorwärtsentwicklung verdrängt. Ob der Neoliberalismus nach der jetzt in Frankreich gängigen Formel: Ni Marx – ni Jésus, oder unter anderen Chiffren einer angeblich ideologiefreien Sachgerechtigkeit verfährt, in jedem Fall wurden sich nach derlei neuen Zielansprachen Liberale und Marxisten einig, daß es nach Adenauer und Raab genug Klerikalismus zu beseitigen gibt. Als Mitglieder einer erfolgreichen politischen Jagdgesellschaft und inmitten einer radikalen Linken werden sich viele Liberale gar nicht der Tatsache bewußt, daß sie die einmal für sie sakrosankt gewesene Grenze der Marktwirtschaft überschritten haben und sich bereits unter dem wirtschaftlichen Kommandosystem der Linken befinden – und manchmal recht wohl fühlen.

Alle vier oder fünf Jahre wirft der linksliberale Wirtschaftswissenschaftler und Starautor John F. Galbraith eine geballte Ladung seiner „originellen" Anschauungen unter die Massen seiner Leser und Anhänger. Auch die SPÖ hat Galbraith einmal nach Wien in die kaiserliche Burg geladen, um mit Galbraiths quasi-liberalem Image Stimmenfang unter österreichischen Liberalen zu betreiben. Seit 1959 ist Galbraiths sensationell aufgemachtes Werk „The Affluent Society" die Schießinstruktionslehre für den von der Neuen Linken geführten Kampf gegen die verfluchte Überflußgesellschaft. Weder die Neue Linke noch Galbraith haben viel zur Lösung der in der „Überflußgesellschaft" entstandenen Probleme beigetragen; dafür aber haben sie Verwirrungen, Zerstörungen und Verunsicherungen ohne Alternativen heraufbeschworen. Letzten Endes half Galbraith, obwohl selbst kein Liebhaber der Neuen Linken, der Neuen Linken jenseits und diesseits des Atlantiks um ein erhebliches Stück Weges auf deren „Fortschritt" weiter.

In seinem neuesten Werk: „Economics and the Public Purpose" (bei Houghton Mufflin, Boston 1974) geht Galbraith souverän über die in Europa bereits manifest gewordenen Fehlleistungen des sozialistischen Staatskapitalismus und dessen Kommandowirtschaft hinweg, um für eine neue Dimension der Planwirtschaft das Modell eines „centralized planning of the planing system" zu entwickeln. Galbraith rechnet dabei auch auf einen Umsturz der bestehenden Gesellschaftsverhältnisse des Westens. „In persuading those who are younger" möchte Galbraith wieder einmal die Utopie eines gewaltlosen Umsturzes samt der damit verbundenen Enteignung bewerkstelligen. Beim „Rest", also bei jenen, die nicht jung sind, dürfte es laut Galbraith noch einige Zeit dauern, bis man auch mit ihnen ohne Aufregungen über „planning or about socialism" wird reden können.

Restbestände eigenen liberalen Denkens lassen Galbraith frösteln, wenn er daran denkt, wie „the coordinated planning of the planing system" nach einiger Zeit „a new orthodoxie" erzeugen wird und er nennt diese Erwägung „a schilling thought". Aber letzten Endes haben sich Liberale nie viel Gedanken über das Schicksal derer gemacht, die nach den vom Liberalismus gemachten diversen „Öffnungen" zuletzt der Teufel geholt hat.

Als der Verfasser dieser Zeilen noch der österreichischen Bundesregierung angehörte, vertraute ihm ein Botschafter der UdSSR an, es hätten sich in Österreich schon bedeutendere Persönlichkeiten als der damals amtierende Unterrichtsminister eine gewesen ist, damit abgefunden, daß letzthin der Kommunismus Herr einer neuen Weltordnung sein wird. In diesem Zusammenhang nannte der Altbolschewik eine der drei prominentesten Persönlichkeiten der freien Wirtschaft in Österreich, die einmal eben diesem Botschafter anvertraute, es sei ja wahrscheinlich, daß es einmal auch in Österreich zum Kommunismus kommen wird. Nur sollte es dabei nicht so blutig zugehen, wie nach 1917 in Rußland. Der linientreue Botschafter durfte seinen österreichischen Gesprächspartner mit dem Hinweis trösten, daß sich der Kommunismus nach seinem Sieg gegenüber „lojal'nye kapitalisty" noch immer erkenntlich gezeigt habe. Gemeint waren jene Kapitalisten, die im Kampf des Kommunismus mit diesem loyal zusammenarbeiten.

Angesichts solcher selbstzerstörerischer Handlungen des Westens und seiner Liberalen drängt sich die Frage auf: Warum ist der Westen letzten Endes nicht imstande, die unaufhörlichen Aggressionsakte des Kommunismus und anderer im Anschluß an Marx entstandenen Bewegungen aufzuhalten oder gar eine Alternative dazu zu entwickeln?

Lenin selbst gibt die Antwort darauf. In seiner 1913 entstandenen Untersuchung „Drei Quellen und Bestandteile des Marxismus" nennt er die Lehre Marxens „die rechtmäßige Erbin des Besten, was die Menschheit des 19. Jahrhunderts in Gestalt der deutschen Philosophie, der englischen Ökonomie und des französischen Sozialismus geschaffen hat". Lenins Feststellung ist in bezug auf den heutigen Westen nur durch den Hinweis zu ergänzen, daß die Vormacht des Westens, die USA, auf gleichen, wenn auch tieferliegenden Fundamenten ruht, wie jene des Kremls; auf Ideen, Methoden und Typen, die anfangs des 18. Jahrhunderts im angelsächsischen Raum und in Frankreich entwickelt wurden. Im Zeitalter der Aufklärung, unter dem Protektorat der Aristokratie, konnte sich die Macht dieser Ideen voll entfalten, um zum ersten Mal in der Amerikanischen Revolution (1775–1783) mit der Gewalt der Tatsachen zu siegen.

Das revolutionäre Prinzip, das ebenso sogenannte klassische Lehrgebäude des Arbeits- und Industriesystems sowie der in den Freimaurerlogen entwickelte religiös-weltanschauliche Indifferentismus, Kern des Liberalismus, wurden im Laufe der Zeit Hauptpunkte jener Asymptote, die sich der Hyperbel des Kommunismus bis in die Nähe eines Tangentialpunktes genähert hat. In diesem Geist wuchs der junge Marx in seinem Vaterhaus und an den deutschen Universitäten des Vormärzes heran; von dieser Ausgangssituation seiner primär atheistischen Existenz vollzog er den folgerichtigen Übergang vom bürgerlichen Liberalismus zu jenen Systemgedanken, die nachher – angesichts des Manchester-Liberalismus Englands – in ihm und im Anschluß an ihm bis dato entstanden sind.

Über solchen, West und Ost gemeinsamen geistigen Wurzelböden, kann sich keine durchgehende Konfrontation des Liberalismus mit den diversen Orthodoxien des Marxismus ergeben. Die im 19. Jahrhundert von den Liberalen in Frankreich entwickelte Formel: Pas d'ennemi à gauche, bedingt einerseits die Öffnung des Liberalismus nach links hin und andererseits die strikte Abschirmung nach rechts. Zwar tötet die in den Beziehungen vom Liberalismus zur Linken hin bestehende Öffnung nicht vollends ein gewisses Freund-Feind-Verhältnis dieses seltsamen Paares ab, dafür aber entstehen in der politischen Praxis unzählige Bündnisfälle, denen zufolge heute der Westen und der Osten über gemeinsame Feinde herziehen.

Die lange Liste der „gemeinsamen Feinde" der Liberalen und Marxisten aller Schattierungen ist eine politische Realität, die vor allem jene nicht vergessen sollte, die bei momentanen Konflikten der USA und der UdSSR von den Amerikanern ins Feuer geschickt werden, um nachher vietnamisiert zu werden. Ein Ergebnis solcher Irrtümer ist die heutige Zweiteilung Europas, dessen Territorium nur mehr Raum für die Brükkenköpfe außereuropäischer Supermächte ist. Für den Brückenkopf der USA im Westen, für jenen der UdSSR im Osten.

Und doch besteht nach all dem ein für die Europäer gefährlicher Unterschied zwischen der Konsistenz des Westens und jener des Ostens. 1973 haben auf dem Internationalen Hegelkongreß in Varna die Ideologen des Hegelianismus östlicher Prägung ihren Kollegen aus dem Westen nicht ganz zu Unrecht entgegengehalten, sie, die Marxisten, besäßen die Vorstellung von einer Hausordnung der Welt von morgen; derlei sei aber im Westen nicht einmal in Umrissen sichtbar. Für die Liberalen des Westens hat sich ihr Progreß ad infinitum zuletzt immer mehr als ein zielloser Marsch ins Chaos erwiesen. Niemand hat diese Malaise deutlicher und mehr seherisch aufgezeigt als John Dewey, der Grand Old Man dessen, was man in den USA „Education" nennt, also Education statt Religion. Dewey fröstelte zu seiner Zeit ebenso, wie zu unserer Zeit Galbraith fröstelt, wenn er sich ein: et respice finem angelegen sein läßt.

„Let us admit the case of the conservative", schreibt Dewey, „if we once start thinking no one can guarantee where we shall come out, except that many objects, ends and institutions are doomed. Every thinker puts some portions of an apparently stable world in peril and no one can wholly predict what will emerge in its place."

John Dewey (1859–1952) hat selbst nicht mehr vollends erlebt, was in dem von ihm maßgebend beeinflußten Bildungswesen der USA nach 1945 gemäß den Motiven antiautoritär, egalitär, vaterlos herangezogen wurde: nämlich eine Jugend, die hinter uralten, seit ihrer Jugend frustrierten Greisen wie Herbert Marcuse, Ernst Bloch und anderen herlief und sich auf einem „Langen Marsch" durch eine „sexuelle, moralische, intellektuelle und politische Revolution" wähnte. Marcuse, der 1967 an der Freien Universität Berlin eine Revolution nach den genannten vier Schlagwörtern ausrief, mußte bereits drei Jahre später zugeben, daß der revolutionären „Befreiung" der Menschen von traditionellen Zwängen nicht die erwartete De-Aggressivierung folgte, sondern „die Brutalisierung der modernen Gesellschaft". So hat sich etwa während der kritischen Jahren 1964–1974 in den USA die Zahl der jugendlichen Selbstmörder verdreifacht. Die Beseitigung der gewissen „Zwänge" hat nicht die von „unbelehrbaren Alten erzeugte Lebensangst der Jungen" beseitigt, sondern junge Menschen, die erste in den reformierten Schulen erzogene Generation, mehr denn je in Verzweiflung getrieben; in Verzweiflung und in eine Brutalität, von der sie auch die Formel: Make Love – not war, nicht erlösen konnte.

Hier ist nicht Raum genug, um das Anwachsen schwerer Fälle von Jugendkriminalität im Westen oder die dortige Kriminalität des Wohlstands aufzuzeigen; oder die Folgen jener kollektiven Neurose, in der die Geilblüten einer „Pornokultur" gedeihen und Vertreter einer „Subkultur" das große Geschäft machen. Bisher unaufhaltsam vollzieht sich in den Häusern des unlängst noch gepriesenen Urbanismus, der sich wie der Inhalt eines umgeworfenen Betonmischers über die Kulturlandschaft ergießt, die Atomisierung des Individuums, dessen oft tragisches Ende in der „Lichtung des Seins".

One can not wholly predict what will emerge. So die Kalkulation im Westen. Die diversen Riten des Marxismus sind mehr zu bieten imstande. Die Massenpropaganda der etablierten traditionellen Linken sowie jene der linken Linken werben in vulgärer Manier, aber immer noch publikumswirksam, für das „Arbeiterparadies auf Erden". Und die Neue Linke hat vergammelte Abkömmlinge aus Kreisen mit Besitz und Bildung gelehrt, statt bisheriger Autoritäten, Institutionen und Normen, jene aus den Beständen der Neuen Linken zu akzeptieren und die dazugehörenden Chiffren nachzuplappern. Mag man sich bei der Einschätzung der so entstandenen Lage streiten, wie groß die Gefahr oder – nach entgegengesetzter Ansicht – die Chance der Linken ist und wie nachhaltig noch das Beharrungsvermögen jener, die als passive Tatzeugen die sogenannte „schweigende Masse" bilden. Die Individuen dieser „schweigenden Masse" würden, und das sollte bedacht werden, auch eine Machtergreifung durch die linke Linke oder die Kommunisten schweigend über sich ergehen lassen. Im Gegensatz zu den Animateuren und Aggressoren der Linken halten sich diese Schweiger vom politischen Denken frei, beschäftigen sich höchstens mit Kommentaren zu der allgemein sichtbar werdenden Linksabweichung der Verhältnisse. Sie denken nicht daran, diesen Lauf der Dinge zu ändern. Fast in allen bisherigen revolutionären Umstürzen ist den Liberalen, nicht zuletzt wegen dieser Passivität der Denkenden, zuletzt die Kraft abgegangen, angesichts raffinierter Provokationen, brutaler Drohungen und maskierter Schwindeleien der Linken die gefährlichen Spätkrisen einer Zeitwende durchzustehen. Von militanten Minoritäten der Linken mit „bolschewistischen Methoden" ausmanövriert, pflegen sie in letzter Stunde „unter Protest", trotz ihrer noch intakten „Mehrheiten", in Parlamenten und Regierungen das Feld zu räumen. Und – ihre Parteigänger der Rachsucht der unduldsamen siegreichen Linken zu überlassen. So geschieht es seit dem Ende der französischen Girondisten in der Revolution von 1789 bis dato. Etwa anläßlich der Vietnamisierung von Vietnamesen, die alles, nur keine Kommunisten oder Unterworfene des Kommunismus sein möchten. Dieses enormen und höchst präsenten Risikos als Folge eines untätigen Verschweigens müßten sich die Europäer der siebziger Jahre bewußt werden. Nur bei klarer Einsicht dessen käme vielleicht noch ein Umdenken und Neudenken zustande, dessen Ergebnis ein „Vereintes Europa" sein müßte, das nicht länger in Brückenköpfen der Macht außereuropäischer Gewalten existiert.

Schwere politische, wirtschaftliche und kulturelle Krisenerscheinungen, die im Gefolge jüngsten Verhaltens von Liberalen und Marxisten aller Richtungen entstehen und allgemein spürbar werden, haben viele Enttäuschte auf die Suche nach einer neuen, einer „Dritten Kraft" geschickt. Die dabei auftretenden sogenannten „Denkanstöße" entstehen oft in ganz verschiedenen Bereichen der Existenz des europäischen Menschen: Eine Dritte Kraft angesichts von Bedrohlichkeiten und Fehlleistungen, die ihren Ursprung im Amerikanismus und im Sowjetimperialismus haben, wird gefordert; eine Dritte Kraft angesichts des Versagens jenes perpetuum mobile, von dem sich einmal die Überlebenden der Kriege ein endloses Drehmoment nach den Phasen immer mehr investieren, produzieren und konsumieren erwarteten; eine Dritte Kraft angesichts des flachen und letzten Endes trotz des Zivilisationskomforts enttäuschenden bürgerlichen und marxistischen Materialismus und Atheismus. Zu den bereits seit 1914 andauernden Folgen einer Ära ohne Frieden kommen neue, viel gefährlichere denn je zuvor auftretende Wellen eines unduldsamen Nationalismus und Rassismus, die im heutigen Territorium der Dritten Welt, namentlich in Afrika ihre Ursprünge haben. Eine Dritte Welt ist entstanden, die sich keineswegs neuartiger Formen des Kolonialismus entledigt hat, sondern vielmehr mißbraucht wird, um in dieser Welt die ständigen gefährlichen Interessenkonflikte der beherrschenden Supermächte, sozusagen auf kleiner Bühne zu inszenieren. In einer Stunde, in der schon lange Schatten über Europa fallen und nicht wenige Europäer vom Ende des alten Kontinents, der Kultur des Weißen Mannes, des christlichen Abendlandes sprechen, ist für die Europäer der Wille zu überleben von primärer Bedeutung. Überleben nicht nur im materiellen Sinn, sondern nach dem Sinn einer europäischen Ordnungsmacht im Weltganzen.

Dieser unerläßliche Wille ist allerdings in großen Teilen der alten Welt schwach entwickelt oder bereits degeneriert. Viele Europäer haben nach 1945 das vom Amerikanismus versprochene „bessere Menschentum" der westlichen Demokratie wie eine Heilslehre praktizieren wollen. Da und dort in Europa gedachte man amerikanischer als die Amerikaner zu sein. Die Marx-Renaissance der jüngst vergangenen sechziger Jahre hat aber auch, zumal in Kreisen der Intelligenz, die Parole der zwanziger Jahre: Hände weg von Sowjetrußland, erneut populär gemacht und den Anti-Antikommunismus in sogenannten Traumvillen eines neuen Wohlstandsbürgertums salonfähig gemacht. Nacheinander haben Sozialdemokraten, Liberale und Christdemokraten ihre im politischen Kampf erworbenen Formen des Antikommunismus in die politische Besenkammer gestellt und für eine beginnende Solidarisierung mit der linken Linken und dem Kommunismus „Konvergenztheorien" (auf internationaler Ebene) und „historische Kompromisse" (auf nationaler Ebene) angebahnt. Während auf der Linken zur Zeit der Marx-Renaissance eine kräftige Aufladung der Ideologien im Abschluß an Marx stattgefunden hat, gefiel man sich rechts davon, in der sogenannten progressiven Mitte, in einer „Entideologisierung", die in Wirklichkeit Ursache für Standpunktlosigkeit und Gesinnungslosigkeit wurde.

Aber noch immer gleiten die Finger linksgedrallter Futurologen und Futuristen an den Kurven einer Zukunftserwartung empor, die morgen, spätestens übermorgen in neue Zonen des Erfolges und des Wohlstands einmünden sollen. Im Interesse der Sache lohnt es sich, einen Blick auf die Mitte der sechziger Jahre unternommenen Versuche, die damalige Zukunft, die zum Teil schon Gegenwart geworden ist, zu werfen.

1967 legten Herman Kahn und Antony J. Winter ihr „Framework for Speculation on the next thirty-three years (The Year 2000)" vor. Wir sind heute in der Lage, anhand von Tatsachen zu überprüfen, was die Autoren damals für die siebziger Jahre voraussagten. Die zwei Futurologen irrten vor allem in zwei ihrer Grundvoraussetzungen:

Erstens: Die Ära des im 19. Jahrhundert entstandenen „Wissenschaftlichen Absolutismus" ist vorbei. Der daher kommende Determinismus, der den Positivismus nach Auguste Comte und den „wissenschaftlichen Sozialismus" im Anschluß an Karl Marx trug, ist durch die Entwicklung der Physik seit dem Tode Albert Einsteins widerlegt.

Zweitens: Die Zukunft hat ihre eigenen Gesetzmäßigkeiten und Eigentümlichkeiten, von denen die wichtigsten deren Offenheit und Ungewißheit ist. Der bis zum Umfang von 430 Seiten ausgedehnte futuristische Galimathias der beiden amerikanischen Autoren hat nur in jener relativ kurzen Passage (S. 384ff) Bedeutung, in denen die Ausmaler der Zukunft ihre salvatorischen Klauseln anbringen: Hinweis auf Risken „unbekannter Probleme", „unwahrscheinliche Ereignisse", „Wechsel der Akteure", „unangemessene Modelle" und „unangemessene Werte". Kurz: jene Möglichkeiten, an denen sich zu allen Zeiten und unter allen Umständen das Politische als Kunst hic et nunc zu bewähren hat.

Mit großer Entschiedenheit und mit einigem Gelächter wiesen vor zehn Jahren die jeweils zuständigen Fachordinarien deutscher Hochschulen Prognosen zurück, die 1965 Professor Wilhelm Fux unter dem Titel „Formeln zur Macht" betreffs der Zukunft von Völkern, Wirtschaftsentwicklungen und möglicher Potentiale aufstellte. Sieht man von jener Gigantomanie ab, mit der der Autor eine Zukunft Chinas und der UdSSR ausmalte, dann ergeben sich in einzelnen Diagrammen betreffs des Europas der Mitte der siebziger Jahre bemerkenswerte Haltepunkte:

- Innerhalb der Mächtegruppe der 300-Millionen-Völker ist das Freie Europa noch immer die genügend haltbare Basis einer Dritten Kraft zwischen den USA und der UdSSR.

- Die beiden kommunistischen Supermächte UdSSR und China sind vorläufig nicht imstande, das Potential des Freien Europa vollends zu überflügeln. Beide Mächte sind vielmehr bei der möglichen Ausschöpfung ihres eigenen Potentials vielfach auf das Potential angewiesen, das dem Freien Europa innewohnt.

- Die heute bestehende unverkennbare Krise des Freien Europa kommt nicht von einem unaufhaltsamen Überflügeln, in dem sich der Amerikanismus und der Kommunismus zu gefallen schienen, sondern von einer selbstmörderischen Zerstückelung und Verschleuderung des europäischen Eigenpotentials. Das während der sechziger Jahre vorwiegend unter sozialistisch-liberalistischen Einfluß geratene Europa hat den von den Großen Europäern der ersten Zeit nach 1945 begonnenen Integrationsprozeß der Alten Welt nicht fortzusetzen vermocht. Vielmehr geriet der europäische Westen nach dem Sturz der Christdemokraten in eine fortschreitende Desintegration der EWG, der OECD, des Europarats sowie der erforderlichen Anlagen zur gemeinsamen militärischen Verteidigung. Nach den politischen Münchhausiaden eines eilfertigen Progressismus in Europa ist es dem in einen Sumpf stagnierender Verhältnisse geratenen Kontinent nicht möglich, sich aus eigener Kraft allein aus dem Sumpf zu ziehen und dazu womöglich den aus dem 19. Jahrhundert stammenden Zopf liberaler und sozialistischer Vorstellungen zu benutzen.

1930 erklärte der damals bereits außer Dienst befindliche ehemalige Bundeskanzler und Obmann der Christlichsozialen Partei Ignaz Seipel, man werde vielleicht „noch einmal die Rettung Europas vor dem Bolschewismus den Chinesen verdanken". Es war ein Akt voraussehender Klugheit, daß der in allen Kreisen der Linken verteufelte Franz Josef Strauß mit seinem Chinabesuch mögliche Perspektiven angedeutet hat, deren Verfolgung für das Freie Europa von existentieller Bedeutung werden könnten.

Gewiß, der Balanceakt des Freien Europa zwischen Amerikanismus und Kommunismus bleibt auch nach der Berührung eines möglichen Haltepunkts in Fernost riskant; er bringt uns aber in die Zone günstigerer Entscheidungen, wenn im Freien Europa selbst drei Voraussetzungen neu geschaffen werden: *Erstens* die Überwindung des in den meisten, jedenfalls in den wichtigsten Staaten Westeuropas herrschenden sozialistisch-liberalistischen Kombinats, in dem der Wirtschaftsliberalismus in dem Maße von seinem eigentlichen Haltepunkt abkommt; in dem das erwähnte Experiment im Sinne Galbraiths: Concentrated planning of the planing system, also die Angleichung an die kommunistische Kommandowirtschaft Wirtschaftsmaxime des Liberalismus werden sollte.

Zweitens die Förderung der in Kreisen des Liberalismus aufkommenden Einsicht, wonach sie mit der jüngst erfolgten Frontstellung gegen die „Christdemokraten" und im Bündnis mit der Linken und linken Linken zum Teil jene Fundamente zerstört haben, auf denen das Freie Europa nach 1945 in Frieden, Freiheit und Sicherheit wiedererstehen konnte. Besitztümer, die einmal der Arbeitsertrag eines Kombinats von christlichen Demokraten und Liberalen ohne a-religiöse Komplexe gewesen ist.

Drittens, der Widerruf des totalen Verzichts auf das Konservative Prinzip, gegen das sich zuletzt nicht nur die traditionelle sowie die Neue Linke und liberale Vertreter eines „Progressismus ad infinitum" gestellt haben, sondern insbesondere auch eine neue Führungsgeneration der christlich-demokratischen Parteien sowie Vertreter einer revolutionären Theologie und Anarchisten, die einen Individualismus von gestern bis zur Atomisierung des Menschen übersteigerten.

Die fällige Alternative besteht primär nicht etwa in der Schaffung einer „konservativen Partei" für Europa oder in Experimenten mit Modellen für „konservative Parteien" in Einzelstaaten. Solange noch eine Chance besteht, daß christlich-demokratische Parteien ihre während der sechziger Jahre ausgesprochenen Verzichtserklärung auf die tragende Kraft des Konservativen Prinzips widerrufen; solange um der Freiheit Europas willen der traditionelle Antagonismus der Liberalen und der Konservativen fruchtbar gemacht wird im Spannungsfeld eines ernstgemeinten Pluralismus; solange sollten die Konservativen nicht mit dem Bau von politischen Fluchtburgen anfangen, sollte aus konservativen Motiven keine Ausweitung des herrschenden Parteiismus geben. Das Konservative Prinzip zwingt keinen formalen Traditionalismus auf, denn es behauptet sich im *Prinzip der Kontinuität* gegen die stets wiederholten Versuche eines *recommencer à zero,* mit denen die Revolutionäre aller Kaliber eine „unbewältigte Vergangenheit" vom Hals bekommen möchten, um fortan in alle Ewigkeit glücklich weiterleben zu können.

Haltepunkt des Konservativen Prinzips ist eine Metaphysik, keineswegs Erstarrung in einem bestimmten Konfessionalismus. Konservativismus bedeutet statt permanenten Bürgerkrieg der Europäer in den Kämpfen der Klassen, Rassen und Nationen, die Begegnung in einer geordneten Gesprächssituation zwecks Einigung von Partnern im Sachlichen. Das Kontinuum europäischer Kultur sowie der Kulturen der Völker widerstrebt dem Schicksal im Melting pot des Amerikanismus ebenso wie der von McLuhan anvisierten Existenz in einem „Dorf Welt", von dem die Menschheit wohl selten so weit ab war, wie in den Jahrzehnten der Kriege, die in der Welt nach Ausschaltung der deutschen und japanischen „Kriegstreiber" in nie gekannter Zahl ausbrachen. Christliche Parteien sollten es auf sich nehmen, angesichts von Kollektivismus und Individualismus jenen Solidarismus auszugliedern und zu realisieren, der bisher leider nur ein Erinnerungswert ihrer Fundamentalartikel ist und in vielem dem Konservativen Prinzip entspricht.

Lebensqualität wird nicht von einer heftig vibrierenden Lohn-Preis-Spirale hochgeschnellt, oder in permanenten Kämpfen der *Teile* gegen das *Ganze*, je nach Vorteil einer Gewerkschaft oder einer Innung. Der mechanisierte, aber krisenanfällige Haushalt der Kleinstfamilie, jenes Nonplusultra an „Lebenserleichterungen" konnte da und dort in Spitzen der Wohlstandsentwicklung erreicht werden. Aber der Besitz von „Modellen für morgen im Leben von heute" erstickte nicht den Wunsch nach ideeller Lebensqualität; vielmehr haben die Technokraten die Leistungen der Technologen dazu mißbraucht, um anstatt einer gewissen Nutzung der Natur, die Natur und das Natürliche abzutöten. Das versprochene Leben jenseits von Gefährdung, die „weitgehende Beseitigung des Risikos des Lebens" führte zu einem Leben ohne Poesie; in dem das Malerische ebenso abgeht wie ein musisches Erleben unter Lachen und Weinen.

Das Konservative Prinzip reflektiert auf das Instinktive, auf das Ursprüngliche, auf das Volks-tümliche, wo dieses nicht folkloristisch geschönt und also unnatürlich ist.

Die Philosophie des Klassenkampfes, dessen neueste psychologische und politologische Deutung, das Hervorkehren des „primär wirkenden" Geschlechtstriebs, der Appell an die „ordnende Gewalt" der Atomkraft erweisen sich immer mehr als Anliegen grober Klötze, die allein deswegen feinen Köpfen noch nicht auf die Dauer überlegen sind. Gebildete Menschen müßten sich allerdings entschließen können aufzuhören, Reisläufer im Dienst einer in die Zwänge des Klassenkampfes, des Sexualismus sowie der nackten vis absoluta einer Apparatherrschaft zu sein. Im Grunde fängt das Wirken des Konservativen Prinzips mit „Askese angesicht von Überfluß" an und erreicht es in gebändigtem Kulturgenuß die Höchstleistung.

Der Konservative scheut nicht die Frage nach einem *Sinn des Lebens,* eine Frage, die Linksliberale und alle Parteigänger der im Anschluß an Marx entstandenen Bewegungen, auch Ernst Bloch in seinem eschatologischen Fabulieren, ausklammern. Der von den Existenzialisten in eine „Lichtung des Seins" gedrängte Mensch, jener, dem Theologen eine Religion nach dem Tod Gottes anbieten wollen, richtet vielfach den vom Humanismus zur Erde gedrückten Blick aufwärts. Mögen Kirchen und Religionsgesellschaften erkennen, daß dies eine Stunde der Gnade ist; nicht bloßer Lohn für Beharrung, sondern erneuter Auftrag von oben her.

Ohne letzte metaphysische Verfestigung wird es keine Alternative zu jenem Experiment geben, das mit Descartes anfing und das seither fast alle Werte auf Null abgeschrieben hat, so daß eine „permanente Revolution" zuletzt nichts mehr niederzureißen hat; weil Chaos nicht zerstört werden kann. An Grenzen der Physik waren es Physiker, seltener Theologen, die auf Kriterien jenseits der Begrenzung der Naturwissenschaften hinwiesen: Philosophie, Metaphysik, Religion. In all dem richtet das Konservative Prinzip die Menschheit nicht auf bloße Umkehr oder Rückkehr aus, sondern auf ein Kontinuum, in dem die Asymptote des Menschlichen im Un-endlichen die Hyperbel des Göttlichen trifft.

Norbert Leser

Pessimismus und Konservativismus

Gerd-Klaus Kaltenbrunner hat bei seinen Versuchen einer Rekonstruktion und Reformulierung des „Konservatismus“ in praktischer Absicht – ich selbst bevorzuge den älteren Sprachgebrauch „Konservativismus“, da er mir weniger auf den Inhalt des zu Konservierenden abzustellen scheint, sondern mehr die zugrundeliegende Haltung anspricht – mit Recht darauf aufmerksam gemacht, daß der Konservativismus in allen seinen Spielarten von einer eher skeptischen und zurückhaltenden Beurteilung der Anlagen und Möglichkeiten der menschlichen Natur ausgeht und dem Bösen in der Wirklichkeit einen zentraleren Stellenwert einräumt als dies bei linken und progressiven Menschen- und Gesellschaftsbildern der Fall zu sein pflegt. In der Tat fehlt es nicht an historischen und gegenwärtigen Belegen für die Verbindung von Pessimismus und Konservativismus, von Edmund Burke bis dem konservativen Parteiführer und -denker Lord Hailsham mit seinem Buch „The Conservative Case“ spannt sich ein – im übrigen nicht auf die britische Tradition beschränkter – Bogen von Denkern und Praktikern, deren gemeinsames Credo in der Überzeugung von der Unvollkommenheit der Menschennatur, von der Fragwürdigkeit des Fortschritts und der Unfähigkeit der Politik überhaupt, einen letzten Beitrag zum menschlichen Glück leisten zu können, gipfelt. Vor allem die christliche Erbsündenlehre eignet sich im Rahmen konservativer Traditionen, die im Bannkreis kirchlicher Ideen stehen, als Anknüpfungspunkt und Rechtfertigung eines mehr oder minder radikalen Konservativismus und Pessimismus. Doch der Konservativismus ist von dieser christlichen Motivierung keineswegs in allen Fällen geprägt und strukturell nicht von ihr abhängig, um seine pessimistischen Konsequenzen zu ziehen und abzustützen; so hat etwa im Rahmen der sozialdarwinistischen Traditionen die Berufung auf die ehernen Gesetze einer harten Natur, die zur Härte auch in der Gesellschaft zwingt, durchaus ausgereicht, um pessimistische Konsequenzen zu rechtfertigen. Metaphysischer und anthropologischer Pessimismus gehen in einer großen Zahl von Fällen Hand in Hand mit einer konservativen politischen Philosophie und Gesellschaftsauffassung, beide Sichtweisen durchdringen einander auf vielfache und oft recht verschlungene Weise. Die Verbindung von metaphysischem bzw. anthropologischem Pessimismus mit konservativer Politik und Haltung ist jedoch keineswegs durchgängig, es lassen sich genügend Beispiele dafür anführen, daß diese einfache und glatte Zuordnung der Fülle der empirischen Phänomene nicht gerecht wird und viele Zwischenstufen übersieht, die jedoch in Wahrheit deutlich machen, daß dem Pessimismus auch optimistische Züge und Möglichkeiten anhaften und umgekehrt. Absoluter Pessimismus und absoluter Optimismus sind nicht nur angesichts der historischen Erfahrungen und der laufenden Bewährungsproben, vor die wir uns gestellt sehen, schwer haltbare und praktikable Positionen, es läßt sich zeigen, daß die Extrempositionen auch ihrer immanenten Struktur nach ein Einfallstor für die Gegenposition in sich bergen. So ist der absolute Pessimismus des deutschen Philosophen Arthur Schopenhauer, der die Verneinung des Willens zum Leben mit dem Willen zur Verfestigung der bestehenden Gesellschaftsordnung, die allein einen Schutz gegen das Böse und die Unordnung verspricht, verbindet, insofern ein Erlösungsoptimismus, als er dem Willen zum Leben, der sich von seinem unseligen Drang lossagt und ihn überwindet, das Eingehen in ein Reich der Schmerzlosigkeit und das Erlöschen in einem seligen Nichts verheißt, also nicht eine ewige Hölle der Unerlöstheit, diesen Gipfelpunkt pessimistischer Phantasien, als Endperspektive vor Augen stellt, ganz zu schweigen davon, daß Schopenhauer in seiner mehr praktischen Alltagsphilosophie der „Parerga und Paralipomena", im besonderen der „Aphorismen zur Lebensweisheit", eine behagliche Idylle möglicher innerweltlicher Erfüllung fernab vom Streit der Gesellschaft und den Leiden der Welt in Aussicht stellt. Und der absolute Optimist Lenin, den wir als philosophischen und gesellschaftspolitischen Antipoden Schopenhauers verstehen können, der sich sowohl durch seinen materialistischen Evolutionismus als auch durch seine gesellschaftspolitische Konzeption der radikalen, revolutionären Abschaffung der Klassengesellschaft toto caelo von Schopenhauer unterschied, wurde durch sein optimistisches Zukunftsprojekt nicht entmutigt, sondern geradezu bestimmt, den konkreten Menschen, dessen er sich bei Verfolgung seiner revolutionären Ziele bediente, zu verachten und als Rohmaterial der revolutionären Verwertung zu behandeln. Kein Pessimismus kommt ohne optimistische Zugeständnisse und Einbruchsstellen aus, wie es umgekehrt keinem Optimismus gelingt, sich in allen Aspekten seines Wirkens vor der Realität, die mit optimistischen Erwartungen nicht oder noch nicht in Einklang steht, zu verschließen. Dazu kommen noch die schon erwähnten historischen Erfahrungen, die uns belehren, daß es unstreitig Erfolge und Fortschritte in der menschlichen Entwicklung gibt und daß umgekehrt der absolute Optimismus nicht nur den Vorwurf Schopenhauers, „ruchlos" zu sein und die Leiden der Welt zu verhöhnen, auf sich zieht, sondern sich auch den der Naivität gefallen lassen muß. Die historische Erfahrung hat die immanenten Übergänge und Vermittlungen, die in den Extrempositionen angelegt sind, deutlich gemacht und damit einmal mehr die dialektische Natur menschlicher und ideeller Entwicklung demonstriert.

Doch es gab und gibt differenzierte Denker und Positionen, die unabhängig von den Korrekturen durch die Erfahrung oder doch zusätzlich zu ihnen, Optimismus und Pessimismus in ein ausgewogeneres Verhältnis zueinander gesetzt haben, als dies bei den klassischen Extrempositionen der Fall ist. So hat der Schopenhauer-Anhänger Eduard von Hartmann in seiner „Philosophie des Unbewußten" eine Deutung der Menschheits- und Gesellschaftsentwicklung geliefert, die den metaphysischen Pessimismus seines Meisters mit einem deklarierten sozialen Optimismus kombiniert. Hartmann teilt Schopenhauers pessimistische Endperspektive und die Überzeugung, daß der Wille zum Leben eine Aufhebung und Erlösung erfahren müsse. Doch in der Beurteilung dieser zur Erlösung führenden Wege gingen Schopenhauer und Hartmann auseinander: während Schopenhauer aus seinem metaphysischen Pessimismus auch die Konsequenz des politischen und sozialen Pessimismus zog und alle Widersprüche und Grausamkeiten der bestehenden Gesellschaftsordnung zu solchen der unveränderlichen menschlichen Natur erklärte und sie damit jeder Möglichkeit der Veränderung entrückte, meinte Hartmann umgekehrt, daß es nur auf dem Wege des politischen und sozialen

Optimismus möglich sei, den endgültigen Sieg des metaphysischen Pessimismus herbeizuführen. Solange die Menschen nämlich noch der Illusion anhingen, die Übel dieser Welt durch eine Veränderung der gesellschaftlichen Organisation aufheben zu können, seien sie auch noch der dem Pessimismus widersprechenden Meinung, daß die Abwesenheit des Glücks in ihrem Leben und in den Geschicken der Menschheit an äußeren Gründen liege.

Dem ersten Stadium der Illusionen der Menschheit, das Hartmann der Antike mit ihrer Erwartung der Erlösung durch individuelle Lebensweisheit zuordnet, sowie dem zweiten des Mittelalters, das das Glückstreben in ein transzendentes Leben nach dem Tod projiziert habe, müsse ein drittes und letztes Stadium der Illusion folgen, in dem das Glück als in der Zukunft des Weltprozesses liegend gedacht werde. Erst wenn auch dieses Stadium durchlaufen und das erstrebte Ziel dennoch nicht erreicht sei, werde die Menschheit zur Erkenntnis der Unerreichbarkeit auch dieses Zieles kommen und kollektiv den Willen zum Leben verneinen. Wenn Georg Lukacs in seinem großen Werk „Die Zerstörung der Vernunft" Schopenhauer wegen seiner Methode, alle spezifischen Übel des Kapitalismus und der Klassengesellschaft zu solchen der menschlichen Natur zu erklären und damit der Veränderung zu entziehen, als Vertreter der „indirekten Apologetik" des Kapitalismus bezeichnet hat, so könnte man Eduard von Hartmann als indirekten Apologeten des Fortschrittsglaubens und damit auch des Sozialismus bezeichnen, leistete er doch – wie Schopenhauer dem Kapitalismus – dem Fortschritt und dem Sozialismus Schützenhilfe, allerdings nur, um sie, gleich allen vorhergehenden Gesellschaftsformationen und menschlichen Illusionen dem endgültigen Untergang zu überantworten. Nichtsdestoweniger muß man ernst nehmen, was Eduard von Hartmann zur Bestimmung von Pessimismus und Optimismus in seinem System ausführte: „Der ... heutige politische und soziale Pessimismus ... ist ein zur Überwindung bestimmtes Produkt vorübergehender Konstellationen; er wird und muß in sozialen und politischen Pessimismus umschlagen und hat nichts zu tun mit meinem metaphysischen Pessimismus, der den politischen, sozialen usw. Optimismus nicht aus-, sondern einschließt."

Eduard von Hartmann verband seine Geschicke und die seines philosophischen Systems mit den Mächten des gesellschaftlichen Fortschritts, allerdings mit einem Hintergedanken, der den eigentlichen Intentionen der Anwälte des Fortschritts hohnspricht. Doch wenn man daraus den Vorwurf des Zynismus und der philosophischen Diskreditierung des Fortschritts ableiten und Eduard von Hartmann als Einschmuggler eines fremden Prinzips aus dem Lager des Fortschritts verstoßen wollte, müßte man sich überlegen, ob nicht auch unsere Vertreter des gesellschaftlichen Fortschritts dazu gezwungen waren, ihren gesellschaftspolitischen Optimismus kosmologisch oder auf einer anderen Ebene zu relativieren, ja partiell zurückzunehmen. Ist es nicht umso schlimmer, wenn die Infragestellung des Fortschritts, auf den man alle Mühe verwendet, auf einem verschwiegenen Seitenweg oder in kosmischer Vernebelung erfolgt, statt von vorneherein reflektiert und in der Spannungslage zum gesellschaftlichen Fortschritt erhalten zu werden, wie dies etwa bei Eduard von Hartmann geschieht? Oder ist Friedrich Engels, der Ahnherr des orthodoxen Marxismus mit seinem militanten Optimismus, minder pessimistisch, wenn er die Zukunft der Erde und des Menschen in seiner Weise reflektiert, die einem nur den kalten Schauer über den Rücken jagen kann? Und ist es nicht ungeheuer pessimistisch und nach optimistischen Ausführungen über die Möglichkeiten der Entwicklung in Natur und Gesellschaft doppelt ernüchternd, wenn er diese Reflexionen mit der negativen Weisheit des Mephisto einleitet: „Denn alles, was entsteht, ist wert, daß es zugrundegeht?“ Muß er dann nicht auch die Konsequenz des Mephisto „Drum besser wärs, daß nichts entstünde“ offenlassen, wenn er die kosmische Zukunft wie folgt beschreibt?: „Millionen Jahre mögen darüber vergehen, Hunderttausende von Geschlechtern geboren werden und sterben; aber unerbittlich rückt die Zeit heran, wo die sich erschöpfende Sonnenwärme nicht mehr ausreicht, das von den Polen herandrängende Eis zu schmelzen, wo die sich mehr und mehr um den Äquator zusammendrängenden Menschen endlich auch dort nicht mehr genug Wärme zum Leben finden, wo nach und nach auch die letzte Spur organischen Lebens verschwindet und die Erde ein erstorbner, erfrorner Ball wie der Mond, in tiefer Finsternis und in immer engeren Bahnen um die ebenfalls erstorbne Sonne kreist und endlich hineinfällt. Andere Planeten werden ihr vorangegangen sein, andere folgen ihr; anstatt des harmonisch gegliederten, hellen, warmen Sonnensystems verfolgt nur noch eine kalte, tote Kugel ihren einsamen Weg durch den Weltraum. Und so wie unserem Sonnensystem ergeht es früher oder später allen anderen Systemen unserer Weltinsel, ergeht es denen aller übrigen zahllosen Weltinseln, selbst denen, deren Licht nie die Erde erreicht, solange ein menschliches Auge auf ihr lebt, es zu empfangen. Und wenn ein solches Sonnensystem seinen Lebenslauf vollbracht hat und dem Schicksal alles Endlichen, dem Tode, verfallen ist, was dann? Wird die Sonnenleiche in Ewigkeit als Leiche durch den unendlichen Raum fortrollen und alle die ehemals unendlich mannigfaltigen differenzierten Naturkräfte für immer in die eine Bewegungsform der Attraktion aufgehen?“ Wenn man von seiten ostdeutscher Kritiker Ernst Bloch den Vorwurf machte, einen „Optimismus mit Trauerflor“ zu propagieren, weil er als Ende des Weltprozesses das Verschwinden des Abstandes zwischen Subjektivität und Objektivität und damit das Ende des uns bekannten Lebens voraussah, muß man dann nicht auch Friedrich Engels den Vorwurf machen, seinen gesellschaftspolitischen Optimismus und seinen kosmologischen Pessimismus nicht aufeinander abgestimmt und es der Kosmologie überlassen zu haben, Wasser in den Wein des optimistischen Freudenbechers zu gießen? Wird nicht gerade am Beispiel Friedrich Engels' deutlich, daß sich der den „Anti-Dühring“ durchziehende Optimismus nicht in allen Bereichen durchhalten läßt, weil eben die Evolution, auf die man vertraut, letzten Endes auch alle menschlichen Hoffnungen und Möglichkeiten unter sich begräbt?

Die Blochsche Mahnung, „Differenzierungen im Begriff Fortschritt“ vorzunehmen, um den Fortschritt vor falschen Vereinfachungen und ihnen folgenden vulgären Denunzierungen zu bewahren und sein eigentliches Anliegen zu retten, ist unüberhörbar geworden und muß von den Kräften des gesellschaftlichen Fortschritts beherzigt werden, wenn der Fortschritt nicht mit den Illusionen über ihn in Mißkredit geraten soll. Ebenso ist aber auch an die Vertreter des Konservativismus und des Pessimismus die Mahnung zu richten, ihre Haltungen zu überdenken und sich vor kurzschlüssigen, wenn auch plausibel klingenden Vereinfachungen einer komplexen Problematik zu hüten, um nicht ihrerseits in Gefahr zu geraten, die erhaltens- und verteidigenswerten Elemente des Konservativismus dadurch in Mißkredit zu bringen, daß man sie vorschnell zur Legitimierung änderungsfähiger und änderungsbedürftiger menschlicher Zustände heranzieht und damit naiven Anhängern des Fortschritts in die Hände arbeitet, statt ihnen den Boden zu entziehen. Die terribles simplificateurs sind es, die hüben und drüben für eine Aufrechterhaltung von Bastionen sorgen, die für die Kämpfe der Zukunft nicht mehr geeignet sind.

Der Pessimismus schwächt seine ideelle Überlegenheit, wenn er sich auf eine Allianz mit den gesellschaftlichen Kräften des status quo einläßt, der Konservativismus bedient sich einer fragwürdigen Stütze, wenn er letzte und oberste Wahrheiten und Einsichten in den Tageskampf zerrt und sie damit aus ihrem eigentlichen Geltungsbereich verdrängt. Der Pessimist muß sich eingestehen, daß seine Prämisse nicht unbedingt konservative oder gar restaurative Konklusionen impliziert, der Konservative muß sich darüber im klaren sein, daß ihm kein Gedankengebäude die für seine Haltung idealtypische Entscheidung und Präferenz für die Erhaltung des Bestehenden abnimmt. Diese Entscheidung kann sich im subjektiven Motivationsprozeß aus pessimistischen Grundlagen ableiten, diese Grundlagen selbst aber haben eine nach beiden Seiten ausbaufähige Funktion.

Wenn der Pessimismus von der Überzeugung und Aussage ausgeht, daß der Mensch böse ist oder doch mehr zum Bösen als zum Guten neigt, so hat er zweifellos viele Erfahrungen, aber auch die Zustimmung großer Denker auf seiner Seite. Doch wenn er daraus die Konsequenz der Unverbesserlichkeit der Zustände zieht, unter denen die Menschen leben und ihre Lebensverhältnisse regeln, sieht er sich jedenfalls von einem Teil derer, die seine Voraussetzung teilen und einräumen, im Stiche gelassen. So war Immanuel Kant ohne Zweifel ein Pessimist, ja Eduard von Hartmann hat ihn als den „Vater des Pessimismus" in der neuzeitlichen Philosophie charakterisiert. Kants Philosophie des „radikal Bösen" in der menschlichen Natur schreckt nicht davor zurück, den Abgrund des Menschen aufzudecken und ihn nicht bloß der Schwäche und der Unredlichkeit, sondern auch der bewußten Abweichung vom sittlichen Gesetz, also dem, was in der Sprache der christlichen Theologie Sünde heißt, zu überführen. Trotzdem ist Kant nicht daran verzweifelt, Geschichte in „weltbürgerlicher Absicht" zu studieren und auf ihre Gestaltung Einfluß zu nehmen, und er hat auch nicht darauf verzichtet, das Ziel aller Aufklärung, das vielen Konservativen ein Greuel ist, den „Ausgang aus selbstverschuldeter Unmündigkeit" zu verkünden, ohne sich freilich der Illusion hinzugeben, daß diese notwendigen Gestaltungen die Herrschaft des „radikal Bösen" in dem von ihm gemeinten Sinne aufheben werden. Aber eben weil das Böse eine den Menschen stets bedrohende und einholende Möglichkeit ist, kommt es umsomehr darauf an, im Bereiche der gesellschaftlichen Organisation für seine Niederhaltung, aber auch für seine Überformung und kulturelle Umwandlung in positive Leistungen zu sorgen. So naheliegend und verführerisch die Konsequenz des Pessimismus auch ist, die Schopenhauer gezogen hat, wenn er eine möglichst starke und monarchische Autorität zur Steuerung der Übel dieser Welt empfahl, so ist es auf der anderen Seite gerade angesichts der Macht des Bösen und Wertwidrigen wünschenswert, daß keine Autorität durch ihre unkontrollierte Machtfülle in die Lage versetzt werden kann, zu einer Plage für die Menschen zu werden, für deren Wohlfahrt sie zuständig ist. So berechtigt der Pessimismus gerade in bezug auf die Macht und die ihr immanenten Möglichkeiten des Mißbrauchs ist: aus diesen Voraussetzungen sind demokratische und nicht autokratische, liberale und nicht totalitäre Konsequenzen zu ziehen. Und was für die Macht als die Grundqualität der staatlichen Ordnung gilt, gilt im gewissen Sinne und Umfang auch für das Privateigentum als der Grundlage der von Hegel dem Staat entgegengesetzten bürgerlichen Gesellschaft: auch hier muß das Motto Verteilung und Kontrolle, aber nicht Konzentration und unbedingter Schutz lauten. Der besitzbürgerliche Stolz des Rentnerphilosophen Arthur Schopenhauer, wie Georg Lukacs ihn nannte, hätte von seinem Pessimismus, wenn er ihn nur genügend ernstgenommen und tief genug durchdacht hätte, nicht nur Bestätigung, sondern auch nagende Zweifel beziehen müssen.

Der Pessimismus ist ohne Zweifel im Recht, wenn er die menschliche Wirklichkeit als Leidenswirklichkeit qualifiziert, und er befindet sich hier in schöner Übereinstimmung mit der christlichen Botschaft, die den Menschen nicht von der Last des Kreuzes entbinden kann, sondern dieses als integrierenden Bestandteil seiner Lebenswirklichkeit bejaht. Die pessimistische Grundüberzeugung erhält durch die Überlegung Freuds, daß die drei menschlichen Leidensquellen, die im eigenen Körper, in den Schicksalsschlägen und in den menschlichen Beziehungen lokalisiert sind, praktisch unerschöpflich sind und ihre Bekämpfung nie ans Ziel gelangt, zusätzliche Nahrung. Doch ist daraus der Schluß zu ziehen, daß sie dort, wo sie menschlicher Beeinflussung zugänglich sind, nicht verstopft werden sollen? Ist es nicht umgekehrt so, daß gerade die Einsicht in die komplexe Natur der menschlichen Leiden die Intention auf den Plan ruft, wenigstens jene Leiden, die der menschlichen Planung in höherem Maße unterliegen als andere, auch dieser zu unterwerfen? Ja könnte man nicht geradezu sagen und postulieren, daß jede linke, also erklärtermaßen nichtkonservative Gesellschaftspolitik darauf hinausläuft, einen Ausgleich der ausgleichsfähigen Leiden herbeizuführen, da viele und vielleicht die überwiegende Anzahl der Leiden menschlicher Planung und gerechter Verteilung ohnehin nicht zugänglich sind? Es muß also keineswegs ein naiver Optimismus und ein kindlicher Harmonieglaube sein, der hinter den gesellschaftspolitischen Forderungen und Aktivitäten der Linken steht, sondern es kann sehr wohl auch die Einsicht in die universale Natur der Leiden und die Erkenntnis der begrenzten Möglichkeiten der Abhilfe dahinterstehen, eine Erkenntnis, die aber dann nicht zur Resignation, sondern zur Ambition führt, wenigstens in dem der menschlichen Gestaltung zugänglichen Bereich für einen Ausgleich der Leiden zu sorgen. Damit wird auch den antiegalitären Konsequenzen und Implikationen des Pessimismus die Spitze abgebrochen, ja es wird eine Möglichkeit einer vom Traditionellen abweichenden Sicht dieses Problems entdeckt und nutzbar gemacht. Die Gleichheitsforderung läßt sich als gesellschaftspolitisches Postulat und als Orientierungswert für praktisches Handeln nicht nur mit einer naiven Milieutheorie begründen, sondern auch unter Absehung von ihr. Selbst wenn sich herausstellen sollte, daß die Ungleichheiten, die die Menschen voneinander trennen, nicht oder nicht bloß erworben, sondern überhaupt oder auch angeboren sind, würde dies dem Gleichheitsstreben keinen Abbruch tun, ja im Gegenteil: wenn die menschliche Natur ohnehin dafür gesorgt hat, daß die Menschen in verschiedener Hinsicht bevorzugt und benachteiligt werden, ist es nur recht und billig, wenn die Gesellschaftsordnung ihre Aufgabe nicht darin erblickt, die bestehenden Ungleichheiten zu vertiefen und sich ins Ungemessene entwickeln zu lassen, sondern darin, wenigstens jene Güter und Bereiche, die der gesellschaftlichen Planung unterliegen, in Richtung auf Abbau der Unterschiede und Angleichung der realen Lebensverhältnisse und nicht bloß der Ausgangschancen zu organisieren. So kann, vermittelt durch zusätzliche philosophische Überlegungen, ein optimistischer Ansatz zu antiegalitären, umgekehrt aber ein pessimistischer zu egalitären Konsequenzen führen, freilich liegen diese Konsequenzen nicht ganz im Belieben des einzelnen, sondern sind sozialpsychologisch und materiell-historisch determiniert, ein gewisser Spielraum der Freisetzung verschütteter Alternativen bleibt jedoch bestehen und die Reflexion hat die Aufgabe, diesen Spielraum inmitten historischer Bedingtheiten wahrzunehmen und ihn sich nicht von den gesellschaftlichen Administratoren des Optimismus oder Pessimismus rauben zu lassen.

Optimismus und Pessimismus prallen auch aufeinander, wenn es um die positive Chiffre für menschliches Streben, nämlich um das Ziel und die Realität des Glückes geht. Auch hier ist vor einer Vereinfachung in dem Sinne zu warnen, daß der Progressismus das Glück grundsätzlich für realisierbar hält und der Konservativismus seine Erreichbarkeit verneint oder in einer individuellen bzw. gesellschaftlichen Bescheidung erblickt. Freilich lassen sich für beide Vereinfachungen Belege aus der einschlägigen Literatur produzieren, doch die Sachlage ist nicht nur komplizierter, sie wird vielfach auch sehr differenziert gesehen. Dem naiven Automatismus der Linken, die das menschliche Glück vielfach wirklich für ein Akzessorium der fortschreitenden gesellschaftlichen Entwicklung hielt, setzte nicht nur die allgemeine historische Erfahrung, sondern auch die im eigenen Bereich gemachte Erfahrung zu, daß der Mensch sein Glück zerstören kann, oder daß er sein Glück auch im Unglück anderer zu finden vermeint.

Der Mensch neigt ohne Zweifel zur Katastrophe und es spricht vieles dafür, daß es nicht das Glück, sondern die Bewältigung des Unglücks ist, die den Menschen auszeichnet und adelt. Jedenfalls lehren uns die Erfahrung und die Literatur, daß das Unglück interessanter und differenzierter ist als das Glück, bei dessen Eintritt und Vorliegen der Vorhang fällt. Der Eingangssatz von Leo Tolstois monumentalem Roman „Anna Karenina“: „Alle glücklichen Ehen sind einander gleich. Jede unglückliche Ehe aber ist auf ihre Art unglücklich“ trifft nicht nur auf die Wirklichkeit der Ehen, sondern auf die menschliche Wirklichkeit insgesamt zu, so daß angesichts dessen Zweifel daran, ob das Glück wirklich das Ziel und die exakte Beschreibung des menschlichen Erfüllungszustandes ist, angebracht erscheinen. Ein reflektierter linker Ansatz kann sich daher nicht mehr das einfache und naive Ziel setzen, Glück herzustellen, sondern nur Voraussetzungen zu schaffen, unter denen die Menschen das Glück eher erreichen können, wenn sie es wollen, wenn sie hiezu in der Lage sind und wenn es überhaupt in der Reichweite menschlichen Strebens liegt. Aus der Tatsache, daß abgeschafftes kollektives Unglück nicht automatisch und unmittelbar in menschliches Glück umschlägt, darf aber jedenfalls nicht der Schluß gezogen werden, kollektives Unglück auch dort, wo es menschlicher Planung zugänglich ist, bestehen zu lassen, nur um sich und anderen die Desillusionierung, die der Abschaffung des Unglücks automatischer auf den Fuß folgt als das intendierte Glück, zu ersparen. Wenn wir nicht wissen oder uns nicht darauf einigen können, was Glück ist, so mag dies für viele, die sich von der fortschreitenden Entwicklung die Lösung aller Probleme erwarteten, schlimm genug sein, noch schlimmer aber ist es, deswegen, weil uns die Möglichkeit der Bestimmung des Glückes fehlt, das, was allgemein als Unglück empfunden wird, beizubehalten und zu vergessen, daß gerade in der Bewältigung und Meisterung des Unglücks, der Tribut, der dem Unglück im menschlichen Dasein zu leisten ist, erbracht wird. Und wenn sich im Verlaufe des Prozesses im Sinne des Goetheschen Schatzgräbers herausstellen sollte, daß nicht das intendierte Glück, sondern das Streben nach Selbstverwirklichung im Kampf gegen vermeidbares Unglück der eigentliche Ertrag menschlichen Strebens ist, wird damit dem Kampf gegen das Unglück, obwohl es dann auf einer Illusion oder falschen Annahme beruht, nichts von seiner Würde und Bedeutung genommen. Vielleicht besteht die Einsicht, die dem Menschen in Verfolgung seiner individuellen und kollektiven Illusionen zuteil wird, gerade darin, daß es ihm nicht gegeben ist, über die Schranke des menschlichen Unglücks, die für den Christen durch die Erbsünde bezeichnet ist, zu springen, wohl aber, in der Überwindung vermeidbaren und damit auch peripheren Unglücks das Unglück der conditio humana zu entdecken und zu erfahren. Diese Einsicht könnte dann wohl auch sehr leicht mit der Schopenhauerschen Erkenntnis synthetisiert werden, daß das Glück nicht in positiven Genüssen, sondern in Abwesenheit von Leid und Schmerz besteht, eine Abwesenheit, die sich jeweils vom Hintergrund einer Existenz bestimmt, die jedenfalls von Leid und Schmerz erfüllt ist und bleibt.

Schließlich können weder Pessimismus noch Optimismus an dem Tode, den Friedrich Engels „das Schicksal alles Endlichen“ nannte, vorbeigehen, denn der Tod ist kein punktueller, in ferner Zukunft stattfindender Vorgang, sondern eine unseren Lebensweg ständig begleitende Realität, sowohl durch das Sterben unserer Mitmenschen als auch durch die Schatten, die unser eigener Tod auf unser Leben wirft. Es ist nur natürlich, daß sich die professionellen Pessimisten auf den Tod gestürzt und ihn vielfach für konservative politische Zwecke und Absichten ausgebeutet haben. Sie sind hiebei von einem berechtigten Vorwurf gegen die Linke ausgegangen, die den Tod tatsächlich nicht ernst und schwer genug nahm und ihn mit Marx bloß als „harten Sieg der Gattung über das Individuum“ gelten ließ oder mit grimmigem Achselzucken registrierte. Der Tod ist in der Tat der wunde Punkt jeder nicht reflektierten Weltschau, also auch einer nicht auf der Höhe ihrer Anforderungen agierenden linken Philosophie, besonders deutlich wird diese theoretische Hilflosigkeit gegenüber dem Phänomen des individuellen Todes in der mangelnden Reflexion eines Problems, das eigentlich für eine rationale und autonome Ethik einen lohnenden Untersuchungsgegenstand abgeben müßte: beim Problem des Selbstmordes. Doch gerade dieses Phänomen bietet der marxistischen Analyse fast unüberwindliche Schwierigkeiten, allerdings muß man gestehen, daß auch die Moraltheologie, die es in dieser Beziehung eigentlich leichter haben müßte als der Marxismus, noch keine angemessene Deutung aller Aspekte dieses Phänomens produziert hat.

Doch so richtig es ist, daß viele Formen des Progressismus am Tod vorbeigehen und seine Auswirkungen auf die eigene Theorie und Praxis höchst mangelhaft reflektieren, so problematisch ist es, ihn in den Dienst individueller und kollektiver Beharrungstendenzen zu zwingen und zu übersehen, daß er, ernst und radikal genommen, auch eine revolutionäre und egalitäre Komponente in sich birgt, die der Schweizer reformierte Pfarrer und Dichter Kurt Marti in der folgenden „Leichenrede“ wie folgt zum Ausdruck gebracht hat:

> das könnte manchen herren so passen
> wenn mit dem tode alles beglichen
> die herrschaft der herren
> die knechtschaft der knechte
> bestätigt wäre für immer
> das könnte manchen herren so passen
> wenn sie in ewigkeit
> herren blieben im teuren privatgrab
> und ihre knechte
> knechte in billigen reihengräbern
> aber es kommt eine auferstehung
> die ganz anders wird als wir dachten
> es kommt eine auferstehung die ist
> der aufstand gottes gegen die herren
> und gegen den herrn aller herren: den tod

Im Angesicht des Todes wird die Paradoxie menschlichen Handelns und Strebens offenbar, die vor allem der Arzt in seinem ständigen Kampf gegen den Tod, der trotz seiner letzten Ergebnislosigkeit nie aufgegeben wird, zu spüren bekommt. Und wenn selbst der Kampf gegen den Tod, dessen Aussichtslosigkeit kraft Naturgesetz feststeht, nicht aufhören darf, um wieviel weniger darf der Kampf um die Minderung der Leiden in der Gesellschaft, dessen Fortschritte meßbar und dessen letzte Chancen mindestens offen sind, aufgegeben werden? Und sind wir nicht verpflichtet, der Gesellschaft die Chance der Integrierung aller Ziele in Richtung auf eine möglichst vollkommene Gestaltung der menschlichen Beziehungen zu geben, die wir uns selbst geben, solange wir nach einer Integrierung aller Lebensvorgänge in der Einheit unserer individuellen und sozialen Persönlichkeit streben, und uns nicht selbst aufgeben? Die Tatsache des Todes macht das Streben nach Vervollkommung der Gesellschaft also nicht gegenstandslos, sondern ist richtig verstanden, ein solidarisierender und einebnender Faktor, ein Gleichmacher, der dazu anregt, auch die menschlichen Beziehungen sub ratione aequalitatis zu betrachten und zu gestalten.

Freilich: der Tod ist eine ständige Erinnerung daran, daß unser Tun ebenso wie unser Wissen, von dem es Paulus ausdrücklich sagt, Stückwerk ist und über diese Welt hinausweist. Es ist und bleibt das berechtigte Anliegen des Konservativismus, auf diese unvergänglichen Werte, die das Stückwerk vollenden, hinzuweisen und ihnen ein Heimatrecht im Denken und Handeln der Menschen zu bewahren. Die Mahnung an die Grenzen kann, wenn sie als Hindernis für den Weg zu einer besseren Gesellschaft aufgefaßt wird, zu einem Zurückbleiben hinter den historischen Möglichkeiten, zu einer Nichtausschöpfung des vorhandenen Potentials führen. Sie kann aber eine heilsame Erinnerung an die Möglichkeiten transzendenter Sinngebung werden, wenn der Fortschritt tatsächlich an seine Grenzen ankommt oder in seiner dialektischen Entfaltung gewahr werden läßt, daß er nicht selten um einen hohen Preis erkauft wird und neue Probleme erzeugt. Doch selbst wenn man bei einer Nachrechnung der Vor- und Nachteile zum Schluß käme, daß es Fortschritte, aber keinen Fortschritt gibt, wäre es nicht überflüssig, diese Schritte zu setzen. Hier unterscheidet sich der Konservativismus vom Progressismus, indem er aus Angst vor möglichen Fehltritten und Gefahren, die einer Entwicklung anhaften, sich scheut, diese einzuleiten und sich einem Risiko auszusetzen, während der linke Zugang eher dazu neigt, das Risiko auf sich zu nehmen, durch ein Experiment mehr Schaden als Nutzen zu stiften, in der Überzeugung, daß sich Einsatz und guter Wille langfristig auch im Ergebnis bezahlt machen. Daß auch dies freilich ohne die Annahme einer letzten, nicht materiellen Sinngebung nicht selbstverständlich ist, sondern fragwürdig bleibt, ergibt wieder einen Gutpunkt für den Konservativismus, der den Wert jeder einzelnen Bemühung im Sinne des Rankeschen Diktums, daß jede Epoche „unmittelbar zu Gott" steht, zu würdigen weiß, wenn ihm auch die Fähigkeit abgeht, Geschichte auch und vor allem als einen dynamischen Prozeß der Entfesselung ungeahnter Möglichkeiten zu verstehen. Deshalb bleiben Konservativismus und Progressismus, auch wo sie aneinander vorbeireden und vorbeileben, dialektisch aufeinander bezogen und dürfen sich nicht schmeicheln, die volle Wahrheit für sich zu besitzen. Es bleibt Geschmacksache, ob einen diese Erkenntnis eher pessimistisch oder optimistisch stimmt.

Wolfgang Leonhard

Konservative und progressive Strömungen innerhalb der oppositionellen Bewegung in der UdSSR

Frage: Herr Prof. Leonhard, was führte zur Entstehung der Opposition in der UdSSR?

Leonhard: Während der Stalin-Ära hat es in der Sowjetunion *keine* organisierte Opposition gegeben. Die Gesellschaft war so unter dem terroristischen Druck und so atomisiert, daß dafür keine Möglichkeit bestand. Anfänge der innersowjetischen Opposition sind daher erst in den sechziger Jahren zu finden, und zwar während der Chruschtschow-Ära in der Periode der Entstalinisierung. Der Beginn war von 1960 bis 1964 in den letzten vier Jahren der Chruschtschow-Ära, als die Parteilinie im ständigen Zick-Zack-Kurs zwischen Tauwetter und Liberalisierung einerseits und der Verhärtung anderseits hin und her pendelte, in der die denkenden Sowjetmenschen sich zwischen Hoffnungen auf Reformen und dem fühlbaren Widerstand der Parteibürokratie befanden. Es war jene Zeit, als sich die Kluft zwischen Regime und Gesellschaft in der Sowjetunion kraß verschärfte und mit Schreibmaschine geschriebene Novellen, Erzählungen und Gedichte unter intellektuellen Sowjetbürgern verbreitet wurden. Sie waren anfangs nicht unbedingt politisch, sondern es waren in der Regel literarische und künstlerische Werke, die aber außerhalb des parteioffiziellen sozialistischen Realismus standen und daher nicht gedruckt werden konnten. Einige Beispiele: Es gab etwa bei Studenten Zeitungen, die von Hand zu Hand weitergegeben wurden; an der Universität Wilna eine Zeitung, die hieß „Das Feigenblatt“; an den Leningrader Hochschulen gab es „Die blaue Knospe“, eine Zeitung, die hieß „Frische Stimmen“ und eine, die hieß „Ketzerei“. Aus diesen Erzählungen entstanden 1960/61 auch die ersten, eigentlich mehr literarischen Zeitschriften wie „Syntax“ und „Phönix“, und 1963 die erste, auch wiederum nur mit Schreibmaschine geschriebene Zeitschrift, die sich „Hefte der sozialistischen Demokratie“ nannten; es erschienen zwei, drei Nummern und da waren zum ersten Male politische Artikel, übrigens ein historischer Artikel unter dem Titel „Wer ermordete Trotzki?“ Diese Zeitschriften wurden von kritischen Studenten, hauptsächlich in Moskau, Leningrad und den baltischen Republiken von Hand zu Hand weitergegeben, aber es handelte sich noch um kleine Kreise, denn bis zum Sturz Chruschtschows im Oktober 1964 bestand in der Mehrheit der sowjetischen Intellektuellen noch die Hoffnung auf Reformen von oben. Die Hoffnung, daß die Chruschtschowführung selbst, wenn auch nur langsam und schrittweise, das von Stalin übernommene System der Gesetzlosigkeit und des Terrors, der Furcht und der Reglementierung aller Lebensbereiche überwinden werde. Erst nach dem Sturz Chruschtschows Mitte Oktober 1964, als der innenpolitische Kurs sich verhärtete, und vor allem seit Herbst 1965, als es zum ersten Mal wieder nach der Periode des Tauwetters zu Verhaftungen von Schriftstellern und Künstlern kam, und zwar in Leningrad, in Moskau und vor allem in der Ukraine – zu jener Zeit war plötzlich die Furcht wieder da, beson-

ders in intellektuellen Kreisen der Sowjetunion, es könne vielleicht eine Rückkehr zum Stalinismus geben.
Im September 1965 erfolgte die Verhaftung der bekannten Moskauer Schriftsteller Andrej Sinjawskij und Juri Daniel, im gleichen September 1965 fand bei Alexander Solschenizyn eine Hausdurchsuchung statt. Der *entscheidende Beginn* der innersowjetischen Opposition war im *Februar 1966* bei dem berühmten Prozeß gegen Andrej Sinjawskij und Juri Daniel. Sinjawskij und Daniel waren beide eindeutige Sowjetmenschen. Beide waren 1925 geboren, kamen mit 18 Jahren während des Krieges an die Front, beide hatten ein philosophisches Studium hinter sich und waren dann im literatur-historischen Bereich tätig. Andrej Sinjawskij hatte unter dem Pseudonym „Terz" einen handgeschriebenen Essay veröffentlicht, der von Hand zu Hand weitergegeben wurde und auch in den Westen kam; es war eine kritische Analyse über den parteioffiziellen sozialistischen Realismus, in der Sinjawskij den Widerspruch zwischen den ursprünglichen humanistischen Zielsetzungen des Marxismus und Kommunismus mit der tatsächlichen Realität der Sowjetunion verglich. In dieser Schrift von Sinjawskij befinden sich folgende bedeutsame Sätze: „Damit die Gefängnisse für immer verschwinden, haben wir neue errichtet. Nur damit die Grenzen zwischen den Staaten fallen, haben wir uns mit einer chinesischen Mauer umgeben, damit die Arbeit künftig zur Erholung und zum Vergnügen werde, haben wir die Zwangsarbeit eingeführt, damit nie wieder ein Tropfen Blut vergossen werde, haben wir getötet, getötet ohne Unterlaß. Im Namen des höchsten Zieles mußten wir alles opfern, was wir auf Lager hatten und wir mußten zu den selben Mitteln greifen, die unsere Feinde verwandten. Wir mußten die Allmacht Rußlands verkünden, wir mußten in der „Prawda", zu deutsch „Wahrheit", Lügen schreiben, einen Zaren auf einen leeren Thron setzen, Offiziersepauletten und die Folter wieder einführen. Manchmal schien es, als fehle zum totalen Triumph des Kommunismus nur noch ein letztes Sühneopfer, der *Verzicht* auf den Kommunismus."
Ähnlich wie Sinjawskij hatte auch Juri Daniel unter dem Pseudonym „Nicolai Arschach" eine Satyre, eine grotesk-satyrische Erzählung geschrieben mit dem Titel: „Hier spricht Moskau", auf russisch: gowarit Moskwa, das ist die Ankündigung des Moskauer Rundfunks. Sie ist auf deutsch veröffentlicht und in liberalen Kreisen von besonderem Interesse. Die Satyre besteht darin, daß der Autor sich vorstellt, daß das Präsidium des Obersten Sowjets einen alljährlichen „Volksermordungstag" einführt. Es war zu einer Zeit, als unter Chruschtschow viele solche Volkstage jedes Jahr eingeführt wurden und die Idee war, man könnte einen Tag einführen, an dem jeder den andern ermorden darf. Das Groteske an der Erzählung war, daß in dieser Erzählung Menschen auftreten, die das in der Parteisprache vollkommen rechtfertigen. Diese beiden Autoren wurden also wegen dieser Erzählungen im Februar 1966 vor Gericht gestellt und zu fünf bzw. sieben Jahren Zwangsarbeit verurteilt. Auf dem Prozeß wurden die Autoren angeklagt für Dinge, die in den Romanen bestimmte Personen zum Ausdruck brachten, die gar nicht die Auffassung der Autoren widergab; und das ließ die Intellektuellen erschrecken. Der Versuch, durch diesen Prozeß die Intellektuellen einzuschüchtern, schlug aber ins Gegenteil um. Es kam zu einer Welle von Protestbriefen, die nicht nur von Einzelpersonen, sondern von ganzen Gruppen unterzeichnet

wurden, die sich mit aller Schärfe gegen den Schriftstellerprozeß und alle Bestrebungen einer Restalinisierung wandten. Interessanterweise solidarisierten sich mit den verhafteten Schriftstellern *nicht nur* Künstler, *nicht nur* Schriftsteller, *nicht nur* Dichter, *nicht nur* Angehörige der literarisch-künstlerischen Intelligenz, sondern auch Techniker und vor allem Naturwissenschaftler. Und dies ist, glaube ich, eine erste Besonderheit der innersowjetischen Opposition, daß sie praktisch eine Einheitsfront von Naturwissenschaftlern, der technischen und der künstlerischen Intelligenz bilden, eine Zusammenarbeit, die viel enger ist, als in ähnlichen Kreisen im Westen.

Frage: Herr Prof. Leonhard, wogegen richtete sich nun diese Opposition? Sie nannten Einzelbeispiele; sie nannten diesen Prozeß gegen beide Schriftsteller. Es ist relativ leicht, Opposition gegen ein konkretes Ereignis, gegen einen konkreten Anlaß zu machen; aber konnten diese Oppositionellen dann zu einem generellen Ziel finden, zu einem generellen Plan?

Leonhard: Anfangs noch nicht. Sie haben völlig klar gesehen, anfangs war es nur eine Opposition gegen *einen* bestimmten Prozeß. Aber mit dem Protest gegen diesen *einen* Schriftstellerprozeß ging die Opposition von einer literarisch-künstlerischen Strömung in eine politische Richtung über und von 1966–1967, in nur einem Jahr, vertiefte sich die Kritik an Einzelproblemen des Systems zu einer Kritik am Gesamtsystem, allerdings *nicht* gegen den Sozialismus, *nicht* gegen die Grundlagen der sozialistischen Gesellschaft, sondern gegen das politische Regime, das nach Auffassung der Mehrzahl der innersowjetischen Oppositionellen, die echten Grundlagen der Oktoberrevolution verfälscht hat.

Es gab also Schriften, wie das Weißbuch über den Daniel-Sinjawskij-Prozeß; es erschienen Erinnerungen an die Stalin-Ära, um die Gefahr eines neuen Stalinismus zu verhindern, wie etwa Jewgenia Ginsburgs „Marschroute eines Lebens“, ein erschütternder Lebensbericht über die Strafanstalten der Stalin-Ära; Anatoli Martschenkos „Meine Aussagen“, der über die Verhältnisse in den Gefängnissen und Lagern unter Chruschtschow und sogar noch nach dessen Sturz berichtete; eine Studie eines jungen Doktoranden, Gallanskow, „Der Weg Rußlands zum Sozialismus“, eine starke gesellschaftliche Kritik an der Diktatur; ein Buch des ukrainischen Marxisten Iwan Tschuba unter dem Titel „Internationalismus oder Russifizierung?“, der sich mit der Nationalitätenpolitik in der Sowjetunion befaßte. Ein entscheidender Wendepunkt erfolgte dann im Frühjahr 1968, als das erste programmatisch-politische Dokument im Sinne eines Reformprogrammes erschien, und dieses Reformprogramm war von dem berühmten Naturwissenschaftler Sacharow ausgearbeitet.

Frage: Es war dies, Herr Prof. Leonhard, aber eine Kritik, wie Sie vorhin sagten, am politischen System, keinesfalls aber eine Opposition gegen die Ideologie an sich.

Leonhard: Zweifellos. In der ganzen ersten Phase kritisierten die meisten innersowjetischen Oppositionellen das Regime, die Formen der Unterdrückung. Es gab allerdings noch, über die wir noch später sprechen werden, Oppositionen, die auch die Gesamtideologie kritisierten, sich völlig distanzierten und eigene Wertvorstellungen schufen.

Frage: Sie haben vorhin als Faktum hingestellt, daß es während der Stalin-Ära unmöglich war, eine Opposition zu bilden, weil die Gesellschaft einfach zu sehr atomisiert gewesen sei. Wie ist es nun vorstellbar, daß Jahrzehnte hindurch sich eine Opposition nicht entwickeln kann auf Grund des damals politisch vorhandenen Systems? Es ist für uns praktisch undenkbar, daß so etwas Jahrzehnte lang hingenommen wird. Wo liegen die Ursachen dafür?

Leonhard: Während dieser Jahrzehnte gab es Menschen, die kritisch dachten und – wie wir inzwischen wissen – ihre Gedanken auch zu Papier brachten. Es gibt dafür sogar einen Ausdruck in der Sowjetunion: „Für die Schublade schreiben" – was unter Stalin schon eine äußerste Gefahr mit sich brachte – und auf gute Zeiten hoffen, wie man einmal diese Dinge verbreiten könnte. Und im Rahmen der innersowjetischen Opposition werden viele dieser Schriften jetzt verbreitet. Wobei ich allerdings gleich sagen muß „verbreitet", nicht in gedruckter und nicht einmal in hektographierter Form. Druckgenehmigungen gibt es in der Sowjetunion nur von der Glawid, von der offiziellen Zensurbehörde. Die Zensur ist total, d. h. nicht nur Bücher, nicht nur Artikel, nicht nur alle Zeitungen und Zeitschriften müssen von der Zensur genehmigt werden, sondern sogar Ankündigungen für Theaterstücke, selbst dann, wenn es sich um ein Theaterstück von Shakespeare handelt und die Ankündigung bereits häufig von der Zensur genehmigt worden war. Für jede neue Theaterankündigung brauchen sie eine neue Zensurgenehmigung. Sogar Visitenkarten kann man in der Sowjetunion nicht ohne Zensurgenehmigung drucken lassen. Die Zensur ist also total. Hektographiergeräte können auch nicht benutzt werden zur Verbreitung, weil in der Sowjetunion alle Hektographiergeräte nur in staatlichen Institutionen und staatlichen Wirtschaftsunternehmungen existieren dürfen. Der jeweilige Institutsleiter oder Direktor oder Abteilungsleiter ist persönlich für das Hektographiergerät verantwortlich und muß jeden Monat mit seiner Unterschrift genau berichten, was auf dem Hektographiergerät in welchen Auflagen, in welcher Menge hektographiert worden ist. Und so gibt es eben nur die eine Möglichkeit, die man auf russisch „samisdat" nennt. Samisdat ist auf deutsch „Selbstherausgabe", und das ist ein interessantes ironisches Wortspiel. Achtzig Prozent aller Bücher in der Sowjetunion erscheinen nur in zwei Verlagen: der eine heißt „Gosisdat", die Abkürzung von Staatsverlag, und der zweite heißt „Politisdat", die Abkürzung von politischer Verlag. Die kritischen Intellektuellen haben nun gesagt: Wir wollen etwas anderes, wir wollen „Samisdat", etwas Selbstherausgegebenes. Der Begriff „Samisdat" bedeutet also die Auflehnung einer mündigen Gesellschaft gegen eine allmächtige Zensur. Dieses Selbstherausgeben bedeutet, daß Menschen mit der Schreibmaschine eine Erzählung, eine Novelle, einen kritischen Aufsatz oder ein Reformprogramm in vier oder fünf Exemplaren schreiben und das an die Freunde weitergeben, an gute Freunde. Die Freunde wiederum schreiben dieses Exemplar wieder mit der Schreibmaschine ab, geben das eine Exemplar zurück und verteilen es weiter nach einem Schneeballsystem. Nach Erklärungen und Aussagen von Menschen, die jetzt aus der Sowjetunion kommen, sollen solche Schriften bis zu 10.000, besonders bekannte „Samisdat-Schriften" sogar bis zu 100.000 Exemplaren in der ganzen Sowjetunion verbreitet sein. Für uns schwer vorstellbar, denn die Menschen im Westen sind so verwöhnt, überall Taschenbücher kaufen zu können, die sie nicht einmal lesen. Wenn man sich hier vorstellt, daß Bücher von Solschenizyn von 800 Seiten Abend für Abend mit der Schreibmaschine abgeschrieben werden, zeigt das den Wert, den das freie Wort unter den Bedingungen einer Diktatur hat. Es erscheinen übrigens im „Samisdat“ nicht nur die verschiedensten Artikel, Aufsätze, Erzählungen, Novellen, Balladen, Dichtungen, sondern auch philosophische Werke, juristische Studien und natürlich politische Reformprogramme und schließlich regelmäßige Zeitungen. Und das ist vielleicht das Erstaunlichste: von 1968 bis heute, mit einer kleinen Pause, erschien regelmäßig alle zwei Monate eine Zeitung der innersowjetischen Opposition, die „Chronik der laufenden Ereignisse“. Es ist die erstaunlichste Oppositionszeitschrift, die man sich vorstellen kann. Man ist ja im Westen gewöhnt, daß Oppositionszeitschriften sehr viel Agitation betreiben, Proteste und Aufrufe; nichts davon: „Die Chronik der laufenden Ereignisse“ ist ganz nüchtern. Sie besteht fast aus einer Untertreibung. Sie berichtet nur. Die Menschen der Sowjetunion sind lauter Schlagworte so überdrüssig, daß die Opposition keine großen Worte, keine lauten Schlagworte mehr benutzt, sondern ganz nüchtern berichtet. „Die Chronik der laufenden Ereignisse“ hat den Artikel 19 der UN der Menschenrechte als Motto und bringt Kurzberichte, was mit kritischen Intellektuellen der Sowjetunion geschehen ist, wo sie verhaftet wurden, wo sie sich befinden, wie es ihnen geht, welche Rechtsbrüche in der Sowjetunion vorgenommen werden – nur in Berichtsform. Und dann noch etwas besonders Erstaunliches: eine kleine Literaturseite, wenn sie wollen, eine Art Buchbesprechungsseite, und sie heißt: „Neues vom Samisdat“. Da wird kurz über Neuerscheinungen dieser Samisdat-Literatur, dieser nicht-offiziellen Literatur, berichtet und kurz beschrieben. „Die Chronik der laufenden Ereignisse“ nimmt keinerlei politische Stellung ein; sie ist gegen das System und die Rechtsbräuche, berichtet aber über Verurteilungen von kritischen Marxisten genauso wie von Verurteilungen von Baptisten oder von Liberalen oder Sozialdemokraten. Sie selbst hält sich aus dem Problem heraus und ist der Meinung, daß man die Rechtsunsicherheit, den Terror überwinden muß, damit die verschiedenen Strömungen offen zum Ausdruck kommen können.

Frage: Wir sind vorher in der Chronik unserer Ereignisse in der zweiten Hälfte der sechziger Jahre stehengeblieben und haben dort aus aktuellem Anlaß unterbrochen. In jenem Zeitpunkt also, als sich die Opposition in der Sowjetunion zu formieren begann. Wo lagen nun damals die Strömungen innerhalb dieser Opposition?

Leonhard: Innerhalb der innersowjetischen Opposition gab es bei der Entwicklung drei Ereignisse. Das eine haben wir genannt, den großen Prozeß gegen Sinjawskij und Daniel im Februar 1966.

Das zweite war im Spätherbst 1966 die berühmte Alexander Negritsch-Kontroverse. Alexander Negritsch ist einer der berühmtesten sowjetischen Historiker, der sich auf dem Gebiete der internationalen Beziehungen, insbesondere der diplomatischen Geschichte Englands, spezialisiert hat und in der ganzen Sowjetunion unter Historikern bekannt war. Er hat ein Buch geschrieben über die Politik des englischen Imperialismus in Europa, ein Buch über die Außenpolitik Großbritanniens in den ersten Jahren des Weltkrieges. Weiters hat er noch während der Chruschtschow-Ära in einem offiziellen Verlag ein Buch veröffentlicht unter dem interessanten Titel „Der 22. Juni 1941“, d. i. der Tag des Hitler-Angriffes auf die Sowjetunion. In dieser militär-theoretischen, kritischen Studie hat er nachgewiesen, warum und wieso die Sowjetunion in den ersten Monaten des Krieges so *katastrophale* Niederlagen zu erleiden hatte. Dieses Buch war dem Problem des Stalinismus gewidmet. Aber nach Chruschtschows Sturz, als keine Kritik an Stalin mehr gestattet war, wurde nun Negritsch plötzlich *nachträglich* für dieses Buch kritisiert, aus dem Historischen Institut ausgeschlossen, sogar aus der Partei ausgeschlossen und es begann eine große Säuberung. Die Negritsch-Kontroverse zeigte also, nach dem Schriftsteller-Aspekt, einen zweiten Aspekt, nämlich den der unbewältigten Vergangenheit und das Problem des Stalinismus. Die *innersowjetische* Opposition wollte sich mit dem Stalinismus auseinandersetzen, die offizielle Publizistik gestattete dies aber nicht.

Das dritte entscheidende Ereignis war dann die Solschenizyn-Kontroverse. Im Mai 1967 war der vierte sowjetische Schriftstellerkongreß und zu diesem war Solschenizyn nicht eingeladen. Viele sowjetische Schriftsteller, auch die, die im Prinzip für das Regime waren, waren für eine Einladung und sahen mit Recht in Solschenizyn den großen sowjetischen Dichter. Solschenizyn hat in einen Brief an den Schriftstellerkongreß gegen die Zensur protestiert und dagegen, daß der sowjetische Schriftstellerverband keine unabhängige Organisation der Schriftsteller sei, sondern ein bürokratisches Instrument. Dieser Brief wurde von der Tagungsleitung des Schriftstellerkongresses nicht behandelt, ja nicht einmal erwähnt, aber 82 Schriftsteller der Sowjetunion haben diesen Brief in Schreibmaschinenform den anderen Delegierten weitergegeben und sich mit dem Inhalt solidarisiert; sie verlangten, daß man das Problem zumindest behandeln müsse.

Zu diesen drei wichtigsten Ereignissen kamen die Proteste der innersowjetischen Opposition gegen die Okkupation der Tschechoslowakei am 21. August 1968 hinzu. Die *Mehrheit* der Bevölkerung hat dieses tragische Ereignis widerspruchslos hingenommen und hat den offiziellen Beteuerungen Glauben geschenkt, aber es gab mutige Menschen in der Sowjetunion, die auf dem Roten Platz gegen die Okkupation der Tschechoslowakei protestierten und natürlich sofort verhaftet wurden. Damit war nun der Kreis geschlossen. Aus einer literarischen und künstlerischen Strömung war eine politische Opposition entstanden und im gleichen Jahr, 1968, gab es das erste programmatische Dokument von Andrej Sacharow, die Denkschrift „Gedanken über den Fortschritt, die friedliche Koexistenz und die geistige Freiheit"; ein programmatisches Dokument, das nicht nur kritisiert, sondern Reformvorschläge unterbreitet, wobei Sacharow offiziell erklärte, daß er es nicht allein verfaßt hat, sondern daß dies eine Kollektivarbeit sei. Sacharow, 1921 geboren, ein hervorragender Physiker, der übrigens an der Entwicklung der sowjetischen Nuklearforschung maßgeblich beteiligt war, und in der Sowjetunion ähnlich wie Robert Oppenheimer in den USA gegen die Wasserstoffbombe protestiert hat – es gibt also auch *dort* eine solche Bewegung, nicht nur im Westen –, hat Probleme der Abrüstung in den Vordergrund gestellt. In seiner Denkschrift, die übrigens in einem sehr maßvollen Ton gehalten ist, wird das Bestreben Sacharows deutlich, die führenden Kreise der Sowjetunion zu einer Wendung der Politik zu bewegen. Der Verfasser fordert darin die Einführung demokratischer Freiheiten und politischer Reformen in der Sowjetunion, bekennt sich zu den Ideen des Prager Frühlings und meint, daß nur durch solche Reformen und durch größere Freiheit der Sozialismus wieder attraktiv gemacht werden könnte. Als ersten Schritt fordert Sacharow die schonungslose Kritik an der stalinistischen Vergangenheit, die Rehabilitierung aller Opfer des Stalinismus und die Veröffentlichung aller Dokumente des stalinistischen Staatssicherheitsdienstes; er fordert, daß die Prozesse gegen Schriftsteller revidiert werden müssen, daß alle Gesetze und Verordnungen, die die Menschenrechte verletzen, aufgehoben werden sollen, die Zensur zu überwinden sei, um eine freie Diskussion aller politischen und sozialen Ideen zu ermöglichen, und im ökonomischen Bereich eine Wirtschaftsreform zu verwirklichen sei. Als Endziel sieht Sacharow, daß das bürokratische System durch eine sozialistische Demokratie ersetzt werden müsse. Er bekennt sich nicht ausdrücklich zum Mehrparteiensystem, erklärt aber, daß die sowjetische Entwicklung *wahrscheinlich* zu einem Mehrparteiensystem führen werde, zwar sei das Mehrparteiensystem kein Allheilmittel, noch ein unbedingt notwendiges Stadium des Sozialismus, aber es sei unumgänglich, „wenn die herrschende kommunistische Partei aus dem einen oder anderen Grund sich weigert nach der von der Geschichte vorgeschriebenen wissenschaftlich-demokratischen Methode zu regieren". Sacharow äußert die Hoffnung, daß *vielleicht* die Führer der Partei selbst den Demokratisierungsprozeß einleiten, falls dies aber nicht geschehen sollte, dann würde ein Mehrparteiensystem unumgänglich sein.

Frage: Welche Gruppen gibt es nun innerhalb dieser Opposition in der Sowjetunion, Herr Prof. Leonhard?

Leonhard: Seit diesem Dokument von Sacharow hat sich die ganze Sache viel mehr vertieft und differenziert und man kann folgende Hauptrichtungen unterscheiden:

eine liberal-sozialdemokratische Richtung, eine ethisch-religiöse, eine marxistisch-leninistische, die vom Standpunkt des *ursprünglichen* Marxismus-Leninismus das System kritisiert, und eine, die man als bürgerlich-liberal bezeichnen kann.

Vielleicht ganz kurz zu jeder dieser Richtungen:

Die *liberal-sozialdemokratische* ist etwa die von Sacharow; das heißt, auf dem Boden der gegebenen Sowjet-Institutionen soll das gesamte System demokratisiert werden. Keine Rückkehr zum Kapitalismus, zur freien Marktwirtschaft, um den westlichen Ausdruck zu gebrauchen, sondern eine Demokratisierung, Liberalisierung, Rechtsstaatlichkeit auf dem Boden des Sozialismus, ähnlich wie im Prager Frühling. Die Anhänger dieser Richtung fordern, daß der Oberste Sowjet ein echtes Organ werden soll und daß es nicht wie bisher für jeden Wahlkreis nur einen Kandidaten, sondern mehrere Kandidaten geben soll. Sie fordern unabhängige, konkurrierende Zeitschriften, Abschaffung der Zensur, Beschränkung des Staatssicherheitsdienstes, freie Ausreisemöglichkeiten, freie Kommunikation, und übrigens auch ein Verfassungsgericht, für sowjetische Verhältnisse etwas sehr Neues, wo sich die Bürger beschweren können über den Mißbrauch der Verwaltung; sogar eine Form des Ombudsmanns wird in einer dieser programmatischen Dokumente der liberal-sozialdemokratischen Richtung vorgeschlagen. Es gibt übrigens eine kleine Zeitschrift, die wieder von Hand zu Hand weitergegeben wird, die „Der Sämann" heißt, mit dem erstaunlichen Untertitel: „Organ der Sozialdemokraten in der Sowjetunion". Typisch für die liberal-sozialdemokratische Richtung ist die Demokratisierung auf dem Boden gegebener Institutionen, wobei sehr oft pragmatische Argumente benutzt werden, z. B.: diese Refor-

men seien notwendig, *damit* die Sowjetunion sich weiter entwickeln könne, damit auch die Sowjetunion in der wissenschaftlich-technischen Revolution bestehen würde.
Die *ethisch-religiöse* Richtung ist in ihren praktisch-politischen Forderungen weitgehend identisch mit der liberal-sozialdemokratischen. Auch die ethisch-religiöse Strömung verlangt freie Wahlen, freie Aussprache, Abschaffung der Zensur, Auflösung der Lager, Zurückdämmung des Staatssicherheitsdienstes, freie Möglichkeiten des Ausdrucks auf dem Boden des Systems. Unterschiedlich ist die Begründung. Die ethisch-religiöse Strömung der innersowjetischen Opposition gibt nicht eine pragmatische Begründung wissenschaftlich-technischer Fortschritte oder ähnliches, sondern setzt ethische und religiöse Imperative. Die vorherrschenden Auffassungen der ethisch-religiösen Richtung sind im Manifest von Lewentzow, das einfach dumat – „denken" – heißt, niedergelegt. Einer der berühmtesten Repräsentanten dieser Richtung ist Krassnow *Lewitin,* ein sehr modern denkender Theologe. Nicht alle Anhänger der ethisch-religiösen Richtung sind Christen. Manche gehören zu einer ganz illegalen Gruppe von Orientalisten, die vom Buddhismus beeinflußt sind. Man kann es sich also nicht so einfach machen, die ethisch-religiöse Richtung einfach schon den westlichen Kirchen einzuordnen. Es hat auch eine sehr interessante illegale Organisation, die „Sozial-christliche Union der Volksbefreiung", gegeben, deren Anhänger verhaftet wurden, insgesamt 300 Mitglieder. Nicht nur in Leningrad, wo sich das Zentrum befand, sondern in den baltischen Republiken bis nach Sibirien in Irkutsk hinein gab es Anhänger.
Erstaunlicherweise hatte dieses Programm eine Mischform: Im ökonomischen Bereich sollten die wesentlichen Industriezweige sozialistisch bleiben, die Leichtindustrie sollte den Arbeiterräten übergeben werden; der Grund und Boden sollte nationalisiert, Genossenschaften sollten stark berücksichtigt werden, freie Wahlen sollte es geben, ein freies Parlament, einen Einfluß der Kirchen und religiöse Organisationen in ethischen Streitfragen. Die aktivsten Führer dieses sozial-christlichen Bundes, und das ist vielleicht das allererstaunlichste, stammten *ausschließlich* aus treuen Parteifamilien. Das sind also nicht die alten Mütterlein, die man im Kloster Sagorsk sieht, sondern es sind Menschen, die in sowjetischen Familien, in Familien von Parteimitgliedern großgeworden sind. 26 der 29 Führer haben Marxismus-Leninismus an sowjetischen Hochschulen mit Auszeichnung studiert und einige von ihnen waren selbst Dozenten des Marxismus und Leninismus.
Die dritte Strömung sind die *Marxisten-Leninisten.* Das sind Menschen, die hundertprozentig von Marx, Engels und Lenin durchdrungen sind, die Oktoberrevolution für die Wende der Menschheitsgeschichte halten, Lenin und die leninistische Revolutionsperiode als *Vorbild* hinstellen und die Entartung des Sowjetregimes, mit einem gewissen Recht übrigens, *nach* Lenins Tod sehen, nämlich die Verwandlung einer revolutionären Herrschaft in eine neue bürokratisch-hierarchische Zwangsdiktatur unter Stalin; im Namen von Marx, Engels und Lenin verlangen sie nun die Entwicklung zu einer sozialistischen Demokratie. Die Marxisten-Leninisten sind in vielen *praktischen* Forderungen mit den beiden anderen erwähnten Gruppen in völliger Übereinstimmung. Auch sie verlangen Abschaffung der Zensur, Beschränkung des Staatssicherheitsdienstes, Rehabilitierung, Pressefreiheit. Der Unterschied besteht wiederum in der Begrün-

dung. Die Marxisten-Leninisten legen einen großen Wert auf eine Regeneration und Revitalisierung der kommunistischen Partei.
Sie fordern, daß, ähnlich wie im Prager Frühling, die ganze Partei demokratisiert werden müsse, mit freien Parteiwahlen, und daß im Interesse der Kommunisten selbstverständlich andere Organisationen zugelassen werden müßten, denn wirkliche Kommunisten könnten nur im offenen Meinungskampf ihre eigenen Auffassungen zum Ausdruck bringen und sie weiterbringen. Sie treten für einen Dialog ein und für eine Erneuerung des Marxismus – im Sinne eines humanistischen Marxismus – und unterscheiden sich von den anderen, daß sie ganz besonders stark die Arbeiterselbstverwaltung und die Einführung der Arbeiterräte betonen. Es gibt dort einen gewissen Gleichklang mit manchen Erscheinungen und Zielsetzungen in Jugoslawien.
Der führende Kopf der marxistisch-leninistischen Richtung ist Piotr Grigorenko, der legendäre Vorkämpfer der gesamten innersowjetischen Opposition, ein Mensch, der über dreißig Jahre der Partei angehörte, während des Krieges Major und später Oberst war, anschließend General und Professor für militärische Kybernetik an der Frunse-Militärakademie, der höchsten Militärakademie des Landes, der dann in Opposition gerät und die letzten Jahre in Gefängnissen und psychiatrischen Kliniken verbracht hat, dessen Mut auch von jenen bewundert wird, die *nicht* Marxisten sind. In einer Samisdat-Schrift wird Grigorenko mit Stauffenberg, dem Held des 20. Juli 1944 in Deutschland, verglichen. Zu dieser marxistischen Richtung gehört auch der Parteifunktionär Iwan Jachimowitsch aus den baltischen Republiken, der ganz besonders die frühere Revolution mit dem heutigen System verglichen hat und sich für kritische junge Menschen einsetzte; in dem berühmten Manifest von Jachimowitsch heißt es über die Oktoberrevolution: „Wir waren damals in Fetzen gekleidet, wir waren hungrig und hilflos, aber wir haben gesiegt, weil wir die Befreiung des Menschen von Ungerechtigkeit, Willkür und Rechtlosigkeit in den Vordergrund stellten, aber wir können *alles* verlieren, trotz Raketen und Wasserstoffbomben, wenn wir die Quellen der großen sozialistischen Oktoberrevolution vergessen." Besonders treffend und ausführlich sind die Auffassungen der marxistisch-leninistischen Opposition dargestellt in dem Buch von Roi Medjedew, das auch in Deutschland auf deutsch erschienen ist unter dem Titel: „Sowjetbürger in Opposition", mit dem Untertitel: ‚Plädojer für eine sozialistische Demokratie', und einer hochinteressanten Einleitung von Prof. Iring Fetscher von der Universität Frankfurt am Main.
Wir haben also die drei entscheidenden Strömungen, die es unter nachdenklichen Menschen in der westlichen Welt gibt, nämlich eine liberal-sozialdemokratische, eine ethisch-religiöse und eine marxistisch-revolutionäre Reformströmung, auch in der Sowjetunion, in dieser innersowjetischen Opposition.

Frage: Und die vierte Gruppe, von der Sie gesprochen haben, Herr Prof. Leonhard?

Leonhard: Die vierte ist eine *bürgerlich-liberale* Gruppierung, die Kommunismus und sogar Sozialismus vollkommen ablehnt und für die Verwandlung der UdSSR in eine UdR eintritt, in eine Union demokratischer Republiken. Sie hat in ihrem programmatischen Manifest einen Vorschlag gemacht, der einem westlichen marktwirtschaftlichen System, westlichen parlamentarischen System, ähnlich ist. Sie stellen

übrigens besonders stark auch die nationale Frage in den Vordergrund und treten für eine völlige Autonomie der Angehörigen der *nicht*-russischen Nationalitäten – 49 Prozent der Sowjetbürger sind ja keine Russen. Diese rein bürgerlich-liberale Gruppierung ist vom Standpunkt der sowjetischen Opposition die relativ rechtsstehendste.
Der einzige Mensch übrigens, den man nicht in eine bestimmte Richtung einordnen kann, ist Alexander Solschenizyn. Solschenizyn war früher, zu Beginn seiner Kritik, ein Leninist. Er hat so ähnlich wie die Marxisten-Leninisten den Stalinismus von den ursprünglichen Auffassungen her kritisiert, hat sich aber dann immer weiter entfernt und würde heute als Christlich-Konservativer gelten, wobei er von der gesamten intellektuellen Opposition als die Verkörperung des Gewissens geehrt und verherrlicht wird, aber für viele Angehörige der innersowjetischen Opposition zu konservativ ist.

Frage: Herr Prof. Leonhard, wenn wir diese vier Gruppen auf westeuropäische Verhältnisse übertragen, könnte man sie also mit Parteien im Sinne westeuropäischer Parteien vergleichen, nur daß sie natürlich vollkommen andere Organisationsformen haben. Und die Frage, die sich stellt, die sich also für jemanden stellt, der an demokratische Abstimmungsvorgänge denkt, ist: Wie stark sind diese Gruppen, wie viele Personen gehören diesen Gruppen an und wie sind die Gruppen überhaupt organisiert, wie treten sie also nach außen hin innerhalb der Sowjetunion in Erscheinung?

Leonhard: Zunächst bin ich ganz Ihrer Meinung, daß es sich um ähnliche weltanschauliche Strömungen handelt, die wir auch in der westlichen Welt kennen und ich hoffe, der ORF wird es mir nicht verübeln, wenn ich sage, daß ich beim Studium der Materialien der innersowjetischen Opposition manchesmal tiefere Gedanken und größere Analysen und mehr philosophische Betrachtungen finde, als man sie bei westlichen politischen Parteien in Wahlkämpfen zu spüren bekommt.
Nun zur Frage, wie die Praxis aussieht. Es gibt also bestimmte Strömungen und es gibt kleine, organisierte Gruppen. Die Form von kleinen, organisierten Gruppen haben besonders Studenten gewählt und es wurden von 1968 bis 1972 fünfzig solcher illegaler Studentengruppen aufgelöst und vom Staatssicherheitsdienst aufgedeckt. Die wirkliche Zahl muß aber viel größer sein.
Genaue Zahlen anzugeben ist natürlich sehr schwer. Man wird annehmen können, daß die Zahl aktiver Anhänger und Repräsentanten der innersowjetischen Opposition etwa zwischen 5000 bis 10.000 ausmacht. Das kann viel oder wenig sein. Die Bevölkerung der Sowjetunion beträgt 250 Millionen. Man kann sagen, aber Herr Leonhard, 5000 bis 10.000 Menschen, das lohnt doch wohl kaum, daß man sich darüber so ausführlich unterhält. Nun, man kann es auch anders sehen. Im Jahre 1909, acht Jahre vor der Revolution in Rußland, waren die *aktiven* Gegner des Zarismus auch nicht mehr. Es kommt also darauf an, in welchen historischen Kategorien man es sieht und vor allem, daß man unterscheidet zwischen den Repräsentanten der innersowjetischen Opposition, die mit ihrem Namen Reformvorschläge und Protestbriefe unterschreiben – und den vielen Menschen, die mit der innersowjetischen Opposition sympathisieren. Dabei ergibt sich folgendes Bild. Unter den Repräsentanten der innersowjetischen Opposition sind in erster Linie natürlich Intellektuelle, prominente Geistes- und Naturwissenschaftler. Wenn man aber diejenigen betrachtet, die aus politischen Grün-

den in den letzten Jahren verhaftet worden sind, bekommt man ein etwas anderes Bild. Mein Freund und Kollege Boris Lewitzky hat in seinem hochinteressanten Buch „Die politische Opposition der Sowjetunion" von 1960 bis 1972 das Schicksal von 435 politischen Häftlingen untersucht, von denen man nicht nur den Namen weiß, sondern den Geburtsort, die Biographie, die soziale Herkunft und den Beruf. Insgesamt gibt es in der Sowjetunion 1000 Lager mit etwa 1 bis 1,2 Millionen Häftlingen, die Hälfte etwa Kriminelle, die Hälfte wegen politischer Vergehen. Die Namen sind natürlich nicht bekannt. Aber aus den 435 ergibt sich folgende Situation:

Wissenschaftler einschließlich sechs Hochschuldozenten	65
Ingenieure und Techniker	69
Lehrer, Ärzte, Architekten, Juristen, Studenten	76
Schriftsteller, Dichter und Künstler	44
Angehörige der Armee und der Miliz, also der Polizei	13
Arbeiter, vor allem Facharbeiter und Lastkraftwagenfahrer	110
Kolchosbauern	5

Man sieht etwa, daß die Zahl der Intellektuellen und der Industriearbeiter je zu 50 Prozent an dieser innersowjetischen Opposition vertreten ist, sehr wenig Angestellte und Beamte und sehr wenig auf dem Land. Es ist eine städtische, urbane Opposition, deren Führung die Intellektuellen haben, die aber mehr und mehr auf die bewußteren Teile der modernen sowjetischen Industriearbeiter Einfluß zu haben beginnt.

Frage: Herr Prof. Leonhard, welche Möglichkeiten sehen Sie tatsächlich für diese innersowjetische Opposition? Es hielt vor kurzem ein Mithäftling von Solschenizyn, Dimitr Panin, in Graz einen Vortrag und er sprach davon, daß er es durchaus für möglich halte, daß eine Revolution in Rußland entstehe, eine Revolution, die auch die Mittel der Gewalt anwenden würde, um ihrem Ziel zum Durchbruch zu verhelfen. Wie sehen Sie nun die kommende Entwicklung in der Sowjetunion?

Leonhard: Ganz kurz dazu. Gegenwärtig ist die innersowjetische Opposition noch keine Kraft, die unmittelbar die Politik der Sowjetunion beeinflussen kann. Langfristig gesehen glaube ich, daß die Auffassungen der innersowjetischen Reformopposition, daß ihre Vorschläge, was und wie zu ändern ist, früher oder später in der einen oder anderen Form zum Durchbruch kommen wird und ich persönlich habe nicht nur die Hoffnung, sondern eigentlich eine ziemlich große Zuversicht, daß im Laufe dieser oder der nächsten Generation, Menschen wie Sacharow, Medjedew durch Denkmäler in den größten Städten der UdSSR geehrt werden und daß die Nachkommen der innersowjetischen Opposition einmal maßgeblichen Einfluß auf die sowjetische Politik haben werden. Ich denke allerdings, daß man mit einer evolutionären Entwicklung, einer Entwicklung von Reformen, eher zu rechnen hat als mit einer neuen Revolution, und die meisten Anhänger der innersowjetischen Opposition befürworten einen Reformweg, eine Kette großer Reformen. Nur im Falle, daß die Führung der UdSSR sich diesen Reformen völlig verschließt, kann die Situation einer revolutionären Explosion eintreten. Die Konsumenten, die protestieren dagegen, daß ihre Konsumwünsche vernachlässigt werden, Industriearbeiter, die gegen Unterdrückung und gegen riesige soziale Differenzierung protestieren, nicht-russische Völkerschaften, die gegen die Russifizierung ihrer Gebiete protestieren, könnten zusammen mit den Intellektuellen zu einem Explosivstoff werden. Ich glaube es aber nicht, ich glaube und hoffe vielmehr, daß auf evolutionärem Wege durch Reformen die gegenwärtige bürokratische Diktatur durch ein besseres liberal-sozialistisches Regime ersetzt werden kann.

Frage: Wenn Sie die Hoffnung aussprechen, Herr Prof. Leonhard, daß von seiten dieser Opposition Gewalt nicht angewendet wird, so besteht andererseits ja die Gefahr, daß diese Opposition mit Gewalt vom gegenwärtigen Regime unterdrückt werden soll. Sehen Sie diese Gefahr?

Leonhard: Ja, es ist natürlich so, daß eine große Zahl von Oppositionellen verhaftet wurde und sich lange schon in Lagern, in Gefängnissen und, was besonders bedauerlich ist, in psychiatrischen Kliniken befinden. Besonders tragisch ist der Fall von Lukowskij; aber es zeigte sich, daß die Sowjetführung sich genötigt sah, durch den allgemeinen Protest der Weltöffentlichkeit, berühmten Vertretern der innersowjetischen Opposition die Ausreise zu gestatten. Dazu gehört etwa Alexander Solschenizyn, der jetzt im Westen lebt; Pavel Litwinow, der Enkel des berühmten sowjetischen Außenministers Maxim Litwinow; Sinjawskij, der nach vielen Jahren Zwangsarbeit sich jetzt in Paris befindet; Schorest Medjedew, einer der aktivsten Kämpfer der innersowjetischen Opposition. Der Druck der Weltöffentlichkeit, das Schreiben über diese Menschen, hat das Regime genötigt – die Sowjetführung ist gegenwärtig an einer Verbesserung der Beziehungen zu den Industriestaaten interessiert –, solche Leute ausreisen zu lassen, so daß ich mir vorstellen kann, daß trotz Terror gegen manche der weniger bekannten Leute die Ideen der innersowjetischen Opposition weiterleben, noch mehr durchdacht werden und eines Tages zu einer politischen Kraft werden können.

Frage: Diese Persönlichkeiten, die Sie jetzt genannt haben, die aus der Sowjetunion teilweise emigriert sind, teilweise ausgewiesen wurden, leben im Westen und appellieren hier in diesem Westen an den Westen. Sie appellieren, daß man diese innersowjetische Opposition vom Westen her unterstützt, sei es dadurch, daß man Publikationen bringt über Verhaftungen, über Terrorvorgänge in der Sowjetunion. Wie sehen Sie die Möglichkeiten des Westens, diese innersowjetische Opposition zu unterstützen? Ist das überhaupt gewünscht von der innersowjetischen Opposition und welches Ziel sollte man hier anstreben?

Leonhard: Es ist zweifellos gewünscht. Es ist heute ganz eindeutig und es ist eine der wenigen Fragen, wo es überhaupt keine Kontroversen gibt: Je mehr im Westen über einen Häftling, der in der Sowjetunion verhaftet ist, erscheint, umso besser werden seine Bedingungen, umso größer seine Chancen der Freilassung. In dieser Hinsicht tut Amnesty International eine hervorragende Arbeit und in dieser Hinsicht ist es dringend nötig, soviel wie möglich, ohne journalistische Hetze, ohne Propaganda, rein sachlich, über Menschen, die aus Gewissensgründen in Haft sind und gefoltert werden, einfach zu berichten, denn je mehr man darüber berichtet, umsomehr hilft man diesen Menschen. Das kann natürlich nicht Aufgabe der Regierungen sein, sondern der öffentlichen Meinung, und es wäre mein größter Wunsch, daß die verschiedenen Organisationen und Institutionen außerhalb der Regierungen sich besonders um ihre Angehörigen und Sympathisierenden kümmern. Es gibt in der Sowjetunion Arbeiter, die sich in den Lagern befinden, weil sie sich für freie Gewerkschaften einsetzten. Es wäre wohl denkenswert, daß eine westliche Gewerkschaft sich besonders für solche Menschen bemüht. Die Kirchen hätten ein großes Feld, sich zu bemühen um alle jene, die aus religiösen Gründen in der Sowjetunion verhaftet werden, wobei übrigens die Baptisten einer besonders hohen Verhaftungsquote unterworfen sind. Sozialdemokraten könnten an ihre Freunde der Ceatel-Gruppe und den demokratischen Sozialisten in der innersowjetischen Opposition denken, Liberale an ihre liberalen Freunde, so daß ich wünschen würde, daß jede weltanschauliche Gruppe, Organisation und Institution, sich um die Häftlinge und um einen Mitgefährten in der Sowjetunion kümmern könnte. Außerdem können natürlich auch Regierungen ein Wort mitsprechen, indem nämlich bestimmte Verhandlungen mit der Sowjetunion, etwa auf wirtschaftlichem Gebiet, mit bestimmten Gegenleistungen im politischen Bereich verknüpft sind. Ich bin durchaus ein Anhänger der Ost-Politik, ich bin kein kalter Krieger, bin aber wohl der Meinung, daß man diese Verhandlungen und Vereinbarungen nicht ohne menschliche Erleichterungen abschließen sollte, denn Entspannung heißt ja nicht nur, daß sich Staatsmänner umarmen und große Wirtschaftskonzerne zusätzliche Gewinnmöglichkeiten in der Sowjetunion aufspüren, sondern Entspannung heißt ja, daß es den Völkern besser geht und die Menschen von Ost und West sich freier begegnen können. Verhandlungen zu verknüpfen mit menschlichen Erleichterungen in der Sowjetunion, scheint mir ein echter Sinn und Inhalt einer konstruktiven Ostpolitik zu sein.

Verzeichnis der Mitarbeiter

Busek, Erhard, Dr. jur.
Geboren 1941. 1969–1975 Generalsekretär des Wirtschaftsbundes der ÖVP. 1975 bis 1976 Generalsekretär der ÖVP. Seit 1976 Landesparteiobmann der Wiener ÖVP und seit 1978 Vizebürgermeister von Wien. Wichtigste Veröffentlichungen u. a.: Auf dem Weg zur qualitativen Marktwirtschaft, 1975.

Drimmel, Heinrich, Dr. jur.
Geboren 1912. 1954–1964 Unterrichtsminister. 1964–1969 Vizebürgermeister von Wien. Wichtigste Veröffentlichungen u. a.: 10 Reden wider den Geist, 1965. Der konservative Mensch und die Revolution, 1970. Die Häuser meines Lebens, 1975. Gott erhalte. Biographie einer Epoche, 1976. Gott mit uns. Das Ende einer Epoche, 1977.

Gehlen, Arnold, Dr. phil., Univ.-Prof.
1904–1976. 1930 Privatdozent an der Universität Leipzig. 1934 Universitätsprofessor für Philosophie in Leipzig. 1938–1940 Professor für Philosophie an der Universität in Königsberg. 1940 Nachfolger Robert Reiningers in Wien. 1947 Professor für Soziologie an der Universität für Verwaltungswissenschaften in Speyer. 1962 Professor für Soziologie an der Technischen Hochschule Aachen. Wichtigste Veröffentlichungen u. a.: Der Mensch. Seine Natur und seine Stellung in der Welt, 1940. Urmensch und Spätkultur, 1956. Die Seele im technischen Zeitalter, 1957. Anthropologische Forschung, 1961. Studien zur Anthropologie und Soziologie, 1969. Moral und Hypermoral, 1973. Einblicke, 1975.

Greiffenhagen, Martin, Dr. phil., Univ.-Prof.
Geboren 1928. 1962–1965 Professor für Politikwissenschaft an der Pädagogischen Hochschule Lüneburg. Seit 1965 Direktor des Instituts für Politikwissenschaft an der Universität Stuttgart. Wichtigste Veröffentlichungen u. a.: Das Dilemma des Konservatismus in Deutschland, 1971. Totalitarismus. Zur Problematik eines politischen Begriffs, 1972 (gemeinsam mit R. Kühnl und J. B. Müller). Emanzipation, 1973 (Hg.). Der neue Konservatismus der siebziger Jahre, 1974 (Hg.). Freiheit und Gleichheit. Zur „Tendenzwende“ in der Bundesrepublik, 1975. Die Gegenreform. Zur Frage der Reformierbarkeit von Staat und Gesellschaft, 1975 (Hg.).

Kaltenbrunner, Klaus, Dr. jur.
Geboren 1939. Seit 1962 als Verlagslektor tätig. Wichtigste Veröffentlichungen u. a.: Franz von Baader: Sätze aus der erotischen Philosophie und andere Schriften, 1966 (Hg.). August Maria Knoll: Zins und Gnade. Studien zur Soziologie der christlichen Existenz, 1967 (Hg.). Studien über Eugen Dühring, Houston Stewart Chamberlain, Arthur Moeller van den Bruck und Ludwig Klages. In: Propheten des Nationalismus

(Hg. K. Schwedhelm), 1969. Hegel und die Folgen, 1970 (Hg.). Rekonstruktion des Konservatismus, 1972 (Hg.). Konservatismus international, 1973 (Hg.).

Kriechbaumer, Robert, Dr. phil., Mag. phil.
Geboren 1948. 1973–1976 Generalsekretär der Salzburger Hochschulwochen. Seit 1976 Mitarbeiter des Instituts für Kirchliche Zeitgeschichte am Internationalen Forschungszentrum für Grundfragen der Wissenschaft in Salzburg. Wichtigste Veröffentlichungen u. a.: Die österreichischen Nationalratswahlen vom 10. Oktober 1971. In: Zeitgeschichte 1/4. Die Chance des Einzelkämpfers. In: Zeitgeschichte 3/5. Bemerkungen zu den Büchern Hermann Withalms. In: Zeitgeschichte 3/9/10. Der Kampf um die Marktordnungsgesetze 1971–1978 als Beispiel machtpolitischer Ordnungsvorstellungen. In: Österreichisches Jahrbuch für Politik 1978.

Krockow, Christian Graf von, Dr. phil., Univ.-Prof.
Geboren 1927. Ab 1961 Professor für Politikwissenschaft an der Pädagogischen Hochschule in Göttingen, ab 1965 an der Universität Saarbrücken und ab 1968 an der Universität Frankfurt. Derzeit als freier Wissenschaftler und Publizist tätig. Wichtigste Veröffentlichungen u. a.: Soziologie des Friedens. Drei Abhandlungen zur Problematik des Ost-West-Konflikts, 1962. Sozialwissenschaften, Lehrerbildung und Schule. Plädoyer für eine neue Bildungskonzeption, 1969. Nationalismus als deutsches Problem, 1970. Soziale Kontrolle und autoritäre Gewalt, 1971. Sport und Industriegesellschaft, 1972. Mexiko. Wirtschaft, Gesellschaft, Politik, Kultur, 1974. Reform als politisches Prinzip, 1976.

Leonhard, Wolfgang, Dr. phil., Univ.-Prof.
Geboren 1921. 1935 Übersiedlung in die UdSSR. 1942–1943 an der Komintern-Schule in Moskau. 1945–1947 Mitarbeiter der Abteilung Agitation und Propaganda des ZK der SED. 1947–1949 Lehrer an der SED-Parteihochschule „Karl Marx". 1949 Flucht aus der DDR. Seit 1966 Professor für Geschichte der Sowjetunion und des internationalen Kommunismus an der Yale-Universität. Wichtigste Veröffentlichungen u. a.: Die Revolution entläßt ihre Kinder, 1955. Kreml ohne Stalin, 1959. Sowjetideologie heute – Politische Lehren, 1962. Chruschtschow – Aufstieg und Fall eines Sowjetführers, 1965. Die Dreispaltung des Marxismus, 1975. Was ist Kommunismus?, 1976. Eurokommunismus, 1978.

Leser, Norbert, Dr. jur., Univ.-Prof.
Geboren 1933. 1958–1959 London School of Economics. 1960–1963 als Jurist im österreichischen Staatsdienst. 1963–1966 Assistent für Politische Wissenschaften am Ford-Institut in Wien. Seit 1971 Professor für Politikwissenschaft an der Universität Salzburg. Wichtigste Veröffentlichungen u. a.: Zwischen Reformismus und Bolschewismus. Der Austromarxismus als Theorie und Praxis, 1968. Die Odyssee des Marxismus, 1971. Sozialismus zwischen Relativismus und Dogmatismus, 1974.

Politzer, Heinz, Dr. phil., Univ.-Prof.
1910–1978. 1938–1947 Emigration nach Jerusalem. 1948–1950 Professor für deutsche Literatur an der Universität von Pennsylvania. Seit 1960 Professor für deutsche Literatur an der Universität von Berkeley. Wichtigste Veröffentlichungen u. a.: Das Kafka-Buch, 1965. Das Schweigen der Sirenen, 1968. Franz Grillparzer, 1972. Hatte Ödipus einen Ödipuskomplex?, 1974. Musikerlöste Dämonie. Rede zur Eröffnung der Salzburger Festspiele 1976.

Weinzierl, Erika, Dr. phil., Univ.-Prof.
Geboren 1925. 1948–1964 Archivar am Haus-, Hof- und Staatsarchiv in Wien. Ab 1964 Vorstand des Instituts für Kirchliche Zeitgeschichte am Internationalen Forschungszentrum für Grundfragen der Wissenschaft in Salzburg. 1969 Univ.-Prof. für Österreichische Geschichte an der Universität Salzburg. Ab 1979 Professor für österreichische Zeitgeschichte an der Universität Wien. Wichtigste Veröffentlichungen u.a.: Zu wenig Gerechte. Österreicher und Judenverfolgung 1938–1945, 1969. Österreich. Die Zweite Republik, 1974 (Hg. mit K. Skalnik). Österreich. Zeitgeschichte in Bildern 1918–1975 (zus. mit P. Hofrichter), 1975. Emanzipation? Österreichische Frauen im 20. Jahrhundert, 1975. Das neue Österreich. Geschichte der Zweiten Republik, 1975 (Hg. zus. mit K. Skalnik).

Grundsatzfragen in Tyrolia-Büchern

Emerich Coreth, Was ist der Mensch?
Grundzüge einer philosophischen Anthropologie. 212 Seiten, kart. lam.
„. . . wie Coreth stets im Gespräch mit der großen Überlieferung und in ständiger Begegnung mit dem neueren und neuesten Denken sein Thema behandelt, daran kann man ermessen, wie lehrreich und hilfreich zugleich diese Arbeit ist. Eigens sei erwähnt, daß diese Anthropologie ein Beispiel dafür ist, daß Verständlichkeit der Sprache und Klarheit des Stils sehr wohl mit gedanklicher Tiefe zusammengehen können" (Theologie der Gegenwart).

Karl Hörmann – Andreas Laun – Günter Virt, Verantwortung und Gehorsam
Aspekte der heutigen Autoritäts- und Gehorsamsproblematik. 160 Seiten, kart. lam.
Karl Hörmann fragt nach „Gehorsam statt Verantwortung?". Inwieweit wird mein Wille dem eines anderen angepaßt (der abtreibende Arzt erklärt, bei seinem Tun ja nur die Entscheidung der Schwangeren zu achten)? Wie weit also darf die Anpassung (der Gehorsam) gehen und wo liegen die Grenzen, vor denen sie (er) unbedingt haltmachen muß?

Julius Morel, Enthüllung der Ordnung
Grundbegriffe und Funktionen der Soziologie. 168 Seiten, kart. lam.
„Damit kann ein tieferes Verständnis des Regelungssystems menschlichen Mit- und Gegeneinanders gewonnen werden, also auch ein Einstieg in die Soziologie bzw. eine Bereicherung soziologischer Kenntnisse" (Korrespondenzblatt).
„Solange der einzelne die ‚Spielregeln' unserer Gesellschaft nicht durchschaut, solange ist er ohnmächtig, hilflos und ein Gefangener einer Ordnung, deren Schöpfer er sein sollte" (Kurier).

Julius Morel (Hg.), Glaube und Säkularisierung
Religion im Christentum als Problem. 92 Seiten, kart. lam.
„Ob Christentum eine ‚Religion' sei, ist uns seit Barth und Bonhoeffer zum radikalen Problem geworden" (Klerusblatt, Salzburg).
„Verschiedene Aufsätze – von Coreth, Kehl, Kern, Marlet, Meyer, Morel – gehen der Frage nach, wie weit das Christentum individualpsychologischen und sozialen Bedingtheiten unterliegt" (Canisius).

Tyrolia in allen Buchhandlungen